第三者视角：
印太大国互动研究

王晓文 ◎ 著

图书在版编目（CIP）数据

第三者视角：印太大国互动研究 / 王晓文著. --
贵阳：贵州大学出版社, 2021.12
ISBN 978-7-5691-0526-1

Ⅰ. ①第… Ⅱ. ①王… Ⅲ. ①国家战略－研究－美国、印度、日本、澳大利亚、东南亚国家联盟 Ⅳ. ①D50

中国版本图书馆CIP数据核字(2021)第255555号

第三者视角：印太大国互动研究

DISANZHE SHIJIAO YINTAI DAGUO HUDONG YANJIU

著　　者 / 王晓文

出 版 人 / 闵　军
责任编辑 / 钟昭会
校　　对 / 郭晓林
装帧设计 / 陈　艺　陈　丽
出版发行 / 贵州大学出版社有限责任公司
地址：贵阳市花溪区贵州大学北校区出版大楼
邮编：550025　电话：0851-88291180

印　　刷 / 贵州思捷华彩印刷有限公司
开　　本 / 710毫米×1000毫米　1/16
印　　张 / 15.5
字　　数 / 232千字
版　　次 / 2021年12月第1版
印　　次 / 2021年12月第1次印刷
书　　号 / ISBN 978-7-5691-0526-1
定　　价 / 56.00元

目录

第一章

导　论

一、问题的缘起与研究意义

“印太”概念自推出以来，得到越来越多的国家认可。其中，美国是印太概念的重要推动者之一。特朗普任职之后，将奥巴马的“印太战略构想”付诸实践，“印太战略”于2019年6月正式出台，“印太”从一个地理空间概念演化成为一个地缘政治概念以及国家战略体系。同时，地区秩序也呈现出由“亚太”向“印太”变迁的鲜明特征。

众多国家行为体共同参与并进行双边或多边战略互动，构成了印太体系的重要基础。我们梳理与印太相关的问题时不难发现，与“亚太”不同的是，印太语境下的国家行为体关联更为紧密。譬如，印太概念最初由澳大利亚提出，之后得到日本、印度以及美国等国家的响应；特朗普政府印太战略的核心内容之一是打造“伙伴关系”，不仅包括日本、韩国、澳大利亚、菲律宾和泰国等固定盟友，还包括新加坡、印度、斯里兰卡、越南、印度尼西亚等国家，甚至还涉及英国、法国和加拿大等西方盟友。自印太概念不断升温以来，域内国家战略互动日益密切，不仅包括美国与这些国家的战略互动，还包括他们之间的双边与多边战略互动。这种战略互动成为印太格局一大鲜明特征，同时也将决定印太秩序的最终走向。

“海权”也是本书的关键词之一。印太本质上是一个海洋概念。印太概念在21世纪重新被提及，最直接的原因是全球经济联系的日益紧密，以及印度洋的战略价值不断上升。因此，将印度洋和太平洋从战略层面上进行联结，并保障海上航道的安全，成为利益攸关国家的重要关切。同时，美国印太战略的制定也是基于美国海上战略转型的重要背景。2019年《美国印太战略》报告中也指出，美国将通过多重手段提升美国海上军事能力以及与伙伴国协调作战能力。因此，争夺海权以及维护全球海上优势，成为美国印太战略的重要目标。

本书以海洋安全为切入点，深刻剖析印太战略背景下的大国战略互动规律与地区秩序，将为美国印太战略的理论研究提供一个新的视角。笔者对印太问题进行多年的追踪研究，最早在2015年便指出，从“亚太”到“印太”的变迁，是美国印度洋战略的未来走向，以及地区力量格局变化的趋势。2019年美国《印太战略报告》的出台，标志着美国印太战略最终成型。综合笔者多年的研究积累，本书将构建一个完整的印太战略的分析框架。印太与“海洋”息息相关，美国印太战略的目标之一是应对海上威胁，所以印太战略的重要举措是加强海上力量以维护美国海洋霸权，诸多国家行为体进行战略互动的主要场所也聚焦在印太海域。因此，以“海洋”为主线贯穿本书，能够更加准确揭示印太战略的实质，使本书的逻辑更加清晰，对美国印太战略的理论研究来说也是很好的拓展与补充。

二、“印太”概念之辨

（一）印太概念的提出与界定

近几年，“印太”一词频繁出现在澳大利亚、日本以及美国等国家的官方文件和智库、学者的研究中。特朗普印太战略的制定与实施，将印太概念进一步推广。“‘印太’一词不只是对‘亚太’新态势的补充术语，还象征着美国战略重心的转移，实质上反映了这一地区的政治和经济格局，以及外交和战略层面正在发生的深刻变化。”[1]

---

① 王晓文：《美国“印太”战略对南海问题的影响——以“印太”战略支点国家为重点》，《东南亚研究》2016年第5期。

“印太地区 / 空间”的概念，早在 20 世纪二三十年代就由德国地缘政治学者卡尔・豪斯霍夫（Karl Ernst Haushofer）提出，当时是作为地缘政治研究的用语。20 世纪 60 年代，澳大利亚学者在关于地区安全的学术研究中，开始公开使用“印太”一词。“进入 21 世纪，随着印度洋地缘政治和地缘经济重要性的上升，以及大国在印度洋和太平洋地区的利益交织与博弈，这两个独立的海域开始产生关联。”[①] 学术界开始越来越认同并重视印太概念，并试图对印太这一地缘概念进行界定。从 2010 年开始，印太概念在学术界开始广泛流传。2011 年 11 月，澳大利亚洛伊国际政策研究所、美国传统基金会与印度观察家研究基金会联合发表题为《共同的目标与趋同的利益：美澳印在印太地区的合作计划》研究报告，建议“美澳印建立三边对话，推动在印太地区建立有助于经济政治安全稳定、贸易自由开放及民主治理秩序。该报告的出炉在一定程度上标志着印太概念已被三国普遍认可”。[②]

关于印太的范围具体包括哪些国家和区域，美国、日本、印度和澳大利亚四个主要倡议国都有不同的定义，这反映了不同国家的地缘政治偏向。2017 年美国《国家安全战略》（National Security Strategy）报告指出，“印度—太平洋”地区是指从印度西海岸一直延伸到太平洋西海岸的广阔区域，这样就把西印度洋巧妙地分割开来；澳大利亚《2017 外交政策白皮书》（2017 Foreign Policy White Paper）封面上的地图突出显示了一个重点区域，其范围向西仅够包括印度最西端，然后向南拱起，将大部分西印度洋地区排除在外。2017 年版的日本《外交蓝皮书》（Diplomatic Blue Book）描述了“印度—太平洋”地区的地理范围，从日本开始延伸，东至非洲大陆东海岸，向西包括东印度洋和西印度洋；2015 年的印度《海上安全战略》（Maritime Security Strategy）明确列出了印度的主要海上区域，从最西端的波斯湾和阿曼湾延伸、亚丁湾和红海、非洲的东海岸沿岸和西南

① 王晓文：《美国“印太”战略对南海问题的影响——以“印太”战略支点国家为重点》，《东南亚研究》2016 年第 5 期。

② 同上。

印度洋地区岛国；在最东端，印度东部的安达曼海，其沿岸国家包括缅甸、泰国和印度尼西亚。印度的战略文件还列出了大约十个咽喉要道，这些要道位于通往印度洋的入口和出口，以及穿过印度洋的通道。东南印度洋（延伸至澳大利亚）、中国南海和东海、西太平洋和南印度洋地区（包括南极洲）被列为“次要海域”。也就是说，对印度而言，“整个印度洋都是最关键的海域。印太应该包含印度洋在内，向东延伸至澳大利亚、中国南海以及西太平洋”。① 总之，日本和美国的印太范围最广，印度重心侧重于印度洋，澳大利亚侧重于澳大利亚周边海域，忽略了遥远的西印度洋。

对于印太的地理范围，学术界也尚无定论。中国人民大学宋伟教授认为：“学术界大概存在三种观点：第一，所谓‘印太战略弧’，就是从西伯利亚东部边缘往南，经日本、中国东南部沿海地区、东南亚，再到印度洋东部地区。这个概念的要义是将亚太体系涵盖，而不仅突出印度洋的战略重要性和西亚、非洲东部与亚太地区之间越来越密切的联系；第二，在第一种观点的基础之上，继续纳入非洲东部海岸以及西亚地区，这一观点更加突出印太地区内部的经贸联系；第三种观点放眼亚太地区以及印度洋地区，这是一个广义的、着眼于未来的印太地区概念，涵盖了一些域外国家，如美国、澳大利亚等，这些国家之间联系的趋势在不断加强。”②

笔者认为，印太本质上是一个海洋概念，同时也是一个安全概念。由于中国和印度海上军事实力的壮大导致亚洲海上力量平衡正在迅速改变，美国对中国展开的地缘竞争导致地区安全环境的不稳定，海上贸易的日益繁荣导致各个国家对海上运输通道安全的需求不断升高，因此，印太的地理范围应在“亚太”的基础之上向西扩展到整个印度洋及沿岸国家。该区域的国家基于新的安全关系和感知到的安全威胁而形成了一个安全共同体。但该区域的地理范围并非一成不变，随着国家之间的战略互动和利益关联会随之扩大或缩小，保持一定的弹性。

---

① Rahul Roy-Chaudhury and Kate Sullivan de Estrada, “India, the Indo-Pacific and the Quad,” *Survival* 60, no. 3 (2018): 183.

② 宋伟：《从印太地区到印太体系：演进中的战略格局》，《太平洋学报》2018 年第 11 期。

（二）印太的内涵与属性

关于印太的内涵和属性，国内外学者都有不同的理解和认知。赵青海认为，“印太”是一个地缘学概念，具有地缘政治、地缘经济以及地缘战略的特点。印太概念中的地缘经济含义主要强调的是亚洲经济的迅速发展，尤其是中国和印度的经济腾飞以及由此带动的海上贸易。因此，太平洋和印度洋的海上通道对该地区以及全球经济的意义不断上升。印太概念中的地缘政治含义主要是指地理上扩大的亚太。亚太主要包括东亚和西太平洋地区，排除南亚、中亚和西亚在外。而‘印太’将印度洋和印度这两个原本不属于亚太的区域也囊括进来。‘印太’概念中的地缘战略含义则意味着其象征着一种战略体系，将西太平洋和印度洋视为一个整体意义上的战略弧。[①] 吴兆礼认为，“‘印太’概念有三种地缘政治含义。第一是地理意义，也就是狭义和广义上的印太地理范围；第二是战略体系，美国、澳大利亚和印度在战略上进行融合并进一步塑造地区安全架构；第三是时间概念，象征着‘印太时代’的到来。有学者甚至认为，‘亚太时代’已经终结，世界已经进入了‘印太时代’”。[②]

澳大利亚学者罗里·梅德卡夫认为，印太一词的普遍使用，反映出并进一步影响了各国处理外交、经济和安全问题的方式的变化。可以说印太一词是人为的、偶然出现的，其在 21 世纪海上互联互通和地缘政治多极化的世界应运而生。“印太之所以成为一个战略词汇，是由于中国和印度的崛起，通过贸易、基础设施和外交手段使太平洋和印度洋之间的联系日益紧密。”[③] 可以说，印太概念具有多元性，包括了不同的方面，既是对地缘政治环境的描述，又是一个战略术语；既有包容性，又具有排他性，将中国的利益纳入一个尊重其他国家权利的地区秩序中，但也为其他国家

① 赵青海：《“印太”概念及其对中国的含义》，《现代国际关系》2013 年第 7 期。

② 吴兆礼：《“印太”的缘起与多国战略博弈》，《太平洋学报》2014 年第 1 期。

③ Rory Medcalf, “Indo-Pacific Visions: Giving Solidarity a Chance”, *Asia policy* 14, no. 3 (2019): 83-90.

制衡中国的力量作了某种准备。印度加尔各答大学圣泽维尔学院的尤德彦·达斯（Udayan Das）认为，印太概念是最近流行的一种心理地图。就地理空间而言，印太被广泛地理解为印度洋和太平洋之间的一个相互连接的空间。两大洋之间的相互联系和相互依存是全球化、贸易和各种行动者之间不断变化的平衡的力量日益增长的产物，这些力量打破了旧的边界并开辟了新的道路。印太战略构想的兴起有两个主要原因：第一，中国在该地区的影响力越来越大；第二，美国同盟体系的相对衰落及其复兴的努力。[①] 英国华威大学的玛尔金·尼乌文赫伊斯（Marijn Nieuwenhuis）认为，中国和印度的经济崛起催生了印太地缘政治词汇。21 世纪一般被称为亚洲世纪、太平洋世纪、亚太世纪，现在又被称为印太世纪。印太格局是由多个相互影响的国家利益共同塑造的。换句话说，国家的多样性转化为一系列相互竞争和相互重叠的地理想象。与传统的地缘政治分析不同，印太不被认为是一个自然或固定的范畴，既不是空间上的静态，也不是时间上的永久。相反，印太被证明是一个随意想象和政治构建的地理实体。印太地区被认为不仅是超越权力，而且是积极地帮助保持、竞争和质疑现有的权力关系。印太概念本质上讲具有政治属性。

通过对比研究发现，国内学者倾向于认为，印太是一个地缘学概念，是地缘政治和地缘经济发展到一定程度的结果。同时，印太也代表一种战略体系，具有一定的针对性和主观性，可以说是一些印太国家联合起来构建地区秩序并对中国进行遏制的表现。国外学者更倾向于认为，印太所代表的意涵较为复杂，它是一个想象的、人为创造的词汇，是由多个国家利益交织、碰撞而产生的结果，多极化是它的主要特征，并成为各个国家显示权力、运用权力的重要场所。

---

① Udayan Das, “What Is the Indo-Pacific?” The Diplomat, accessed July 13, 2019, https://thediplomat.com/2019/07/what-is-the-indo-pacific/.

（三）从“亚太”到“印太”

由此产生了一个重要问题，印太与亚太究竟有什么区别？印太是否能够完全取代亚太？从亚太到印太概念的转变，绝不仅仅是地理范围的扩大，更是功能和属性的彻底颠覆。

“亚太”概念主要由经济关切所驱动。冷战结束后，亚洲国家对安全的担忧有所下降，经济议题占据主导地位，该区域内国家的经济和贸易联系日益紧密，相互依赖程度日益加深。从20世纪80年代后期开始，各国政府使用“亚太”一词来形容该区域人口密集、经济快速发展、经贸联系日益紧密以及区域合作加强的主要特征。亚太背后的理念是将东亚和太平洋地区紧密联系在一起，一方面强调和促进新兴经济体与美国和澳大利亚等太平洋国家的相互依存，另一方面管理与协调发展中国家（中国、东南亚国家）与发达国家（美国、日本、澳大利亚）之间日益深化的贸易和投资关系。它成功地将世界的各个部分连接在了一起，形成了繁荣与和平的融合。将亚太视为一个区域，为亚太经合组织（Asia-Pacific Economic Cooperation，APEC）和东亚峰会（East Asia Summit）等区域组织和论坛的建立奠定了基础，以便更好地管理这些关系和动态。①

“印太”概念则更多强调的是安全而不是经济。从考察印太产生的原因入手有助于我们更好地理解这一问题。由于经济相互依赖和经贸联系的日益密切，各个国家对海上运输航道以及海洋安全的需求不断上升。国家之间海上依存程度加深，威胁海上安全的几大要素成为各国的重要关切，一方面是海盗、恐怖主义和自然灾害等非传统安全的威胁，另一方面是在其他国家错误地认为，中国和印度海上力量的崛起有可能引发的海上竞争以及可能性的海上争端和冲突。② 在印太概念中，经济因素依然存在，但是

---

① David Brewster, “The Indo-Pacific century: New concept, new challenges,” Asia&The Pacific Policy Society, accessed August 10,2016, https://www.policyforum.net/indo-pacific-century/.

② Jeffrey D. Wilson, “Rescaling to the Indo-Pacific: From Economicto Security-Driven Regionalism in Asia,” *East Asia* 35, no. 2 (2018): 181.

由经济相互依赖产生的安全关切则成为优先问题。中国海上力量的崛起引发了美国等地区国家的误解与担忧，美国与印度针对中国发起的地缘对抗也是一大安全问题。这些现象引发的则是地区国家间为了保证自身安全而进行的双边以及多边的自助性质的战略互动。由此产生的新安全关系则构成了印太的一大特征，并成为印太秩序的重要支撑。

目前，印太的安全取决于几大相互关联的因素的发展：中国的崛起以及印太地区国家的反制；以美国为首的亚洲联盟网络的战略利益面临的挑战；处理全球安全问题的区域差异以及台湾海峡、朝鲜半岛以及南海问题等传统安全问题。由此则引发了一系列的安全困境：中日两国由来已久的历史恩怨、朝鲜半岛的未来、东海和南海上面临的竞争与纠纷，更重要的是美国针对中国的长期地区战略竞争。印太地区的经济相互依赖也在加深，但是经济上的相互依赖并不能解决该地区的安全问题，反而使其加深。印太的安全具有一定的脆弱性，历史性的竞争长期存在，国家彼此之间的战略互不信任普遍存在，多边区域体制架构较为薄弱等。因此，全球和区域经济相互依存的增加，与潜在的冲突和战略不确定性并存，构成了该地区大国之间对长期竞争战略的偏好。

由此我们看出，印太的出现意味着安全关切超越了经济关切，成为各个国家所面临的首要问题。"从亚太到印太地区的重新划分和调整，不仅仅是将印度洋国家纳入现有的区域机构。这也意味着区域治理的功能目标发生了彻底转变。在印太语境下，经济和安全贴上了'分离'的标签，各国政府将经济和安全视为两个不同的领域，并采用优先考虑安全领域而不是两个领域的外交政策。"① 同时，印太概念也像是众多国家基于感知到的安全威胁和担忧而采取的一种防御措施。从这个层面上来讲，印太既是一个地缘政治术语，又是一个战略术语。可以说，"亚太"仍没有过时，亚太仍然代表该区域密切的经济关系。但是亚太概念已经无法描述该地区出

---

① Jeffrey D. Wilson, "Rescaling to the Indo-Pacific: From Economic to Security-Driven Regionalism in Asia," *East Asia* 35, no. 2 (2018): 182.

现的新的安全特征，新安全关系影响的范围也已经远远超越了亚太的地理范畴。因此，印太与亚太具有完全不同的含义，印太更能够准确描述印度洋和太平洋日益联结在一起、各个国家在该区域安全和经济利益交织的新现象。

三、“大国”与“战略互动”

（一）何为“大国”？

大国是指在一定时期内，在国际体系中最有影响力的国家。“近五个世纪内，世界上最强大的国家——16世纪的葡萄牙、西班牙和意大利，17世纪的瑞典和丹麦，18和19世纪的英国、法国和德国，以及20世纪的美国和苏联——都被认为是大国的代表。”[①] 笼统来讲，大国是指那些在国际体系中有主导地位的国家，其对外政策能够对其他国家和地区产生重大的影响。同样，世界大国之间的关系以及战略互动能够对国际格局产生决定性的影响。

国际关系学界对如何界定大国尚无统一的定论，不同的学者倾向于从不同的角度来定义。有的学者从单维度、单因素的视角来界定，聚焦于某一种物质性因素。比如，约翰·米尔斯海默（John J. Mearsheimer）认为大国主要由其相对军事实力来衡量。“一国必须拥有在一场全面的常规战争中同世界上最强大的国家进行一次正规战斗的军事实力，才能够称之为大国。”[②] 有的学者从人口规模的角度进行界定，如多米尼克·萨尔瓦多（Dominick Salvatore）曾提出以人口的数量来界定国家的大小，即“人口3000万以上的国家为大国，介于1600万至2900万之间的国家为中等国

① 马丁·格里菲斯等：《国际关系关键概念》，朱丹丹译，北京大学出版社，2015，第129页。

② 约翰·米尔斯海默：《大国政治的悲剧》，上海人民出版社，2008，第4页。

家，1600 万以下的国家为小国”。[①] 但值得注意的是，世界各国人口是在不断变动的，其衡量国家大小的标准也在不断变化。有的学者从经济实力的角度进行界定，汤姆·克鲁沃兹（Tom Crowards）指出，以 190 亿美元为标准的话，世界上 76% 的国家可谓小国；以 70 亿美元为标准，60% 的国家为小国；以 25 亿美元为标准，40% 的国家为小国；以 7 亿美元为标准，20% 的国家为小国。[②] 同样，各国 GDP 的总量也会随着经济发展而不断提升，其衡量标准也需要及时更新。此外，还有学者从领土面积的视角来界定国家大小，包括“可耕地”面积界定方式和地表面积界定方式两种。[③]

采用多领域、多视角的“复合指标”的方法来衡量国家大小更为客观、准确，避免了“单一指标”方法以偏概全的弱点。汉斯·摩根索（Hans Morgenthau）提出了构成国家权力的几大要素，即地理、自然资源、工业能力、战备、人口等要素。[④] 虽然摩根索并未提出衡量国家权力大小的具体标准，但他的重要贡献在于指出了不能依靠单一要素来界定国家权力，比如一国人口越多并不代表该国权力越大。有的学者综合多种物质性因素对大国进行界定，如米兰·贾兹贝（Milan Jazbec）采用人口与领土的复合指标[⑤]、大卫·韦特尔（David Vital）采用人口和经济的复合指标[⑥]、汤姆·克鲁沃兹（Tom Crowards）以人口、经济收入和领土面积为指标的“群集分析法”（cluster analysis）[⑦] 复合界定模式等。除了物质性因素之外，还有的学者

① Domonick Salvatore, Marjan Svetlicic and Joze P. Damijan (eds.), *Small Countries in a Global Economy: New Challenges and Opportunities* (New York: Palgrave, 2001), pp.72-73.

② Tom Crowards, “Defining the Category of ‘Small States’,” *International Development* 4, no. 2 (2002): 149.

③ 韦民：《小国概念：争论与选择》，《国际政治研究》2014 年第 1 期。

④ 汉斯·摩根索：《国家间政治：权力斗争与和平》，徐昕、郝望、李保平译，北京大学出版社，2006。

⑤ Milan Jazbec, *The Diplomacies of New Small States: the Case of Slovenia with Some Comparison from the Baltics* (England: Ashgate Publishing Limited, 2002), p.42.

⑥ David Vital, *The Inequality of States: A Study of the Small Power in International Relations* (Oxford: Clarendon Press, 1967), p.8.

⑦ Tom Crowards, “Defining the Category of ‘Small States’,” *International Development* 4, no. 2 (2002): 143-179.

引入了认知的视角，从“自我认知”和“外部认知”两个角度来界定国家大小，将主观与客观相结合，较为准确地体现了一国在国际上的实际影响力，有利于其根据实际国力来制定内外政策，并与其他国家形成良性互动。

值得注意的是，学术界对于国家等级的划分也不再是简单的“二分法”，而是从多层次进行划分。罗伯特·基欧汉（Robert O. Keohane）将国家与国际体系之间的关系作为界定标准，将世界各国分为“体系决定型”“体系影响型”“体系作用型”及“体系无关型”四类国家。与之相对应的是，这些国家被分别称为“大国”（great power）、“次大国”（secondary power）、“中等国家”（middle power）和“小国”（small power）。[①] 阎学通在《大国领导力》中根据实力大小将国家划分为四个等级，即主导国、崛起国、地区大国和小国。[②] 不同规模的国家在国际体系的演进中扮演着与自身能力和影响力相吻合的角色。孙西辉、金灿荣认为，国家可以大致分为大国、中等国家和小国三个类别。对于大国而言，从基础维度看可分为洲级大国、普通大国和次级大国，从实力维度和认知维度看可分为超级大国、全球性大国和地区性大国。[③]

综合学术界对大国的界定以及国际社会较为一致的认知，笔者采用的大国概念，将包含以下几种类别。第一，全球性大国，即中国和美国。中美两国的经济总量位于世界前两位，人口规模、领土面积都位于世界前列。中美两国在国际上发挥重要的影响力，且中美两国之间的关系对国际格局和国际体系的走向起着决定性的作用。虽然中国仍是发展中国家，但是国际社会认为其综合国力和影响力已经达到了世界大国的地位，中国也在主动承担世界大国的担当和责任。因此，中美两国全球性大国的地位毋庸置疑。

① Robert O. Keohane, “Lilliputians' Dilemma: Small States in International Politics,” *International Organization* 23, no. 2 (1969): 295-296.

② 阎学通：《大国领导力》，李佩芝译，中信出版集团，2020，第 73 页。

③ 孙西辉、金灿荣：《小国的“大国平衡外交”机理与马来西亚的中美“平衡外交”》，《当代亚太》2017 年第 2 期。

第二，地区性大国，即日本、印度、法国、德国和英国。阎学通对地区大国的界定是："这些国家在地区或此地区事务中有主导地位，虽然它们在一个独立的国际体系的某一局部地区没有竞争者，但在整个国际系统层面仍受主导国的影响。"[①]也就是说，地区大国在该地区事务中有主导作用，但是在整个国际体系中仍受主导国，也就是在国际体系中具有支配性影响力的国家的影响。日本和印度是印太地区公认的大国，也是美印日澳四国安全对话机制的成员。法国、德国和英国是欧洲实力最强大的三个国家，也是传统的世界大国，同时，由于与美国的跨大西洋伙伴关系，其对外政策在世界范围内具有一定的影响力。

第三，从影响力上可称为印太大国，但实力上被称为中等强国的澳大利亚。国际关系学界一般将澳大利亚定位为中等强国（middle power）。中等强国本质属于中等国家的范畴，而不是大国或者小国。"他们的实力与影响力在国际社会上属于排名较为靠前的国家，同时也较为积极、主动地参与国际事务，寻求发挥更大的影响力。在心理认同上，中等强国清晰地认识到，自己单独行动无法对体系造成有效影响，但有可能通过结成小集团或通过国际机制来实现这一目标。"[②]但是一些学者如阎学通也将澳大利亚称为地区大国。[③]在印太地区，澳大利亚位于印度洋与太平洋之间的连接处，具有显著的地缘政治优势，同时，澳大利亚是四边安全对话机制成员之一，并积极提升与美国之间的同盟关系，以及与日本和印度之间的战略伙伴关系，具有不可替代的影响力。因此，本文将澳大利亚视为印太地区大国。

第四，发挥地区大国影响力的东盟。东盟并不能称之为一个国家，而是由十个东南亚国家组成的国家联盟。虽然任何一个东盟成员国都不具备大国的实力与影响力，但是据 2019 年世界银行的统计显示（见表 1），东

① 阎学通：《大国领导力》，李佩芸译，中信出版集团，2020，第 73 页。

② Robert O. Keohane, "Lilliputians' Dilemma: Small States in International Politics," *International Organization* 23, no. 2 (1969): 296.

③ 阎学通：《大国领导力》，李佩芸译，中信出版集团，2020，第 73 页。

盟十国 GDP 相加之后的总量，位于世界排名第四位的德国和排名第五位的印度之间，具有一定的经济影响力。东盟作为东南亚地区以经济合作为基础的政治、经济、安全一体化合作组织，为推动亚太地区的经济发展与地区稳定做出了重要贡献。在印太的地区机制方面，各国对于构建以东盟的中心地位为基础的印太秩序达成了一致共识。2019 年东盟出台了《东盟印太展望》，更加巩固了东盟在印太地区架构中的重要地位。因此，本研究将东盟作为一个重要的行为体，统一纳入大国行列。

表 1：2019 年印太地区大国 GDP 总量及世界排名一览表（数据来源于世界银行）[①]

国家	国内生产总值 GDP （单位：百万美元）	世界排名
中国	14,342,903	2
美国	21,427,700	1
日本	5,081,770	3
印度	2,875,142	5
澳大利亚	1,392,681	14
德国	3,845,630	4
法国	2,715,518	7
东盟	3,173,141	位于第 4 名德国与第 5 名印度之间

（二）战略互动

广义上的互动是指两个或者两个以上的对象相互影响、相互作用的行为，这种影响和作用可能是积极的，也可能是消极的。国际关系中的互动

① 资料来源：“ross domestic product 2019”，https://databank.worldbank.org/data/download/GDP.pdf.

也是一个被广泛使用的重要概念。肯尼思·沃尔兹指出，结构概念建立在这样一个事实基础之上，即以不同的方式排列和组合的单元具有不同的行为方式，在互动中会产生不同的结果。[①] 关于行为体的互动过程，沃尔兹认为，在两个人、群体或国家的社会化过程中，A 对 B 产生影响，B 受到影响而发生变化，反过来又对 A 施加影响。A 和 B 不仅受到彼此的相互影响，还受到他们互动产生的环境的影响，他们已经成为系统的一部分。也就是说，“他们被塑造成了一个整体，使得他们以一种与处于孤立状态时完全不同的方式去感觉、思考和行动”。[②] 亚历山大·温特（Alexander Wendt）认为，“互动结构应当是‘微观’结构，从施动者的角度描述世界，有别于沃尔兹所讨论的‘宏观’结构，即从体系的角度描述世界。”[③] 温特区分了两种形式的互动，一种互动形式是通过行为体非目的性的结果实现的，另一种像是讨价还价，一个行为体得到的结果受其他行为体行动的影响。因此，行为体的行动就具有战略的特点，需要推测其他行为体的行动，从而使自己的利益最大化。[④] 阎学通则论述了互动与国际规范之间的重要关联，“在人类历史上，不同时期的不同体系的国际规范是不同的。互动是一个机制，国际规范是通过互动建立的。其中，符合现行规范的行为属于常规互动，而违反现行规范的行为属于非常规互动。常规互动能加强现行国际规范，非常规互动则能改变现行国际规范。国际规范类型的改变是通过国家间的非常规互动实现的。”[⑤]

关于战略互动，国际关系学界尚无统一的定义。柯蒂斯·西尼奥里诺（Curtis S. Signorino）指出，在战略选择中，需要一个国家或者次国家行为体具有一定的目标，同时，在实现目标的过程中，其行为要以他人的预期

① 肯尼思·华尔兹：《国际政治理论》，信强译，上海人民出版社，2008，第 86 页。

② 华尔兹：《国际政治理论》，第 78-79 页。

③ 亚历山大·温特：《国际政治的社会理论》，秦亚青译，上海人民出版社，2008，第 146 页。

④ 同上书，第 147 页。

⑤ 阎学通：《大国领导力》，李佩芝译，中信出版集团，2020，第 113 页。

行为为条件。对于两个及两个以上的行为体之间的战略互动，需要对每个行为体的选择和目标有一定的主观认识，并具备行为上产生相互依赖的条件。“战略互动的重要性在于国际体系中各国之间所产生的战略决策的相互依赖，他们的战略决策建立在对其他国家将采取的行动以及对特定行为如何回应的预期的基础之上。”① 任琳指出，在行为体之间的战略互动中，意图的传递与理解是双方保持行为连贯性的基础，承诺、威慑、攻击与防御是主要的意图传递方式。通过以上机制，国家试图让对方国家感知并接纳自己谋求合作或规避冲突的诚意，也让其确信威胁发动武力的意图，进而使对方做出合适的选择。② 结合学术界对互动与战略互动的研究，本文认为，国家之间的战略互动一般有两种情况，一是两个或两个以上的国家行为体，具有相似的战略利益，他们的相互配合能够更好地实现战略目标，因此他们主动、有意识地根据对方的战略目标和行为进行战略选择；二是两个或两个以上的国家行为体具有合作互利的基础和条件，同时也不可避免地产生了分歧与碰撞，他们在国际体系中被动地产生了相互依赖，需要猜测和揣摩对方的意图、行动，再做出自己的战略选择，从而最大限度地维护自己的利益。

为了进一步厘清战略互动的内涵与研究范畴，有必要将其与战略竞争和战略博弈这两个相近的概念进行区分。自古以来，战略竞争是国家之间互动的方式之一，也是大国关系的基本形态。在冷战时期，美国将竞争战略应用于与苏联的长期对抗中，安德鲁·马歇尔（Andrew Marshall）曾指出，美国与苏联处于长期的战略竞争状态，必须制定与苏联长期竞争的计划。马歇尔将焦点集中在美苏军备竞争领域，“在和平时期调动潜在的军事力量，即军事力量的发展、建设、部署和展示，进而影响竞争对手的选择，有利于己方战略目标的实现”。③ 美国认为自己采取的战略竞争计划

① Curtis S. Signorino, “Strategic Interaction and the Statistical Analysis of International Conflict,” *American Policital Science Review* 93, no. 2 (1999): 279.

② 任琳：《网络空间战略互动与决策逻辑》，《世界经济与政治》2014 年第 11 期。

③ 沈志雄：《大国战略竞争与中国的战略选择》，《世界知识》2018 年第 10 期。

有效地增加了苏联的战略竞争成本，促成了其最终解体。2008 年金融危机之后，美国又开始酝酿针对中国的战略竞争计划，最终在特朗普执政时期全面浮现。吴心伯认为，战略竞争是国家间竞争关系的高级形式，战略竞争往往产生于地区或全球大国之间；战略竞争是力量之争，也是地位之争；战略竞争不仅对双方国家产生影响，也会对其他国家以及国际体系带来冲击；利益交换和武力胁迫是大国战略竞争的主要方式。①

战略博弈与战略竞争含义相似，但更加强调博弈的过程以及采取的策略，即参与者应采取怎样的行为才能获胜。博弈一般具备以下要素，即努力取胜的参与者、可获得的收益、基本规则、相关信息的数量和质量、参与者的策略、总体环境、互动等。② 博弈论中基本的模型分为零和博弈以及非零和博弈。在零和博弈中只有一个结果，也就是 A 之得到的等于 B 失去的；非零和博弈并非排他性竞争，一人得到的并非另一人失去的，得失之和并不等于零。在这一类型的博弈中，冲突和竞争都可以出现。有的博弈中，参与者可能都获胜或者获益。国际关系学界对于战略博弈的研究逐渐增多，尤其是随着美国将战略重心转移到亚太地区以及印太概念的兴起。③

由此可见，战略竞争和战略博弈是战略互动的众多形式中的两种，且更多侧重于战略利益产生碰撞的情况。战略互动不仅包涵行为体利益产生碰撞的情况，也包括行为体利益相似、目标一致的情况，比如，美印日澳四国存在利益分歧与碰撞，但他们在印太地区的一致目标与利益大于分歧。

---

① 吴心伯：《论中美战略竞争》，《世界经济与政治》2020 年第 5 期。

② 詹姆斯·多尔蒂、小罗伯特·普法尔茨格拉夫：《争论中的国际关系理论》，阎学通、陈寒溪等译，世界知识出版社，2013，第 594-595 页。

③ 参见王鸿刚：《“大变局”下的中美关系与中美战略博弈》，《现代国际关系》2012 年第 5 期；吴兆礼：《“印太”的缘起与多国战略博弈》，《太平洋学报》2014 年第 1 期；成汉平：《大国战略博弈的又一关键节点——特朗普政府南海战略展望》，《人民论坛·学术前沿》2017 年第 2 期。

四、写作思路与结构安排

笔者在2016年撰写美国印太战略的相关学术论文时发现，美国与印太地区有影响力的大国之间正在进行一场错综复杂且强有力的战略互动，并成为影响中国周边海洋安全以及地区安全和格局的重要因素。笔者将此观点进行扩充，希望能够对这种战略互动进行系统而深入的研究。

时至今日，随着美国、日本等国家纷纷推出其印太战略或印太愿景，印太地区大国行为体之间日益频繁且深入的战略互动印证了笔者当时的判断。与四年前思路最初萌发之时相比，当前，印太地区国家赋予了战略互动更多的主动性，不再是更多靠美国的推动，而是纷纷申明自身的印太利益，并积极主动地将双边及多边合作以及构建伙伴关系网络化作为印太战略的核心，以期在印太事务中占据一席之地。

印太地域广阔，行为体数量众多，这一点从美国《印太战略报告》所罗列的数量庞大的同盟及伙伴国家中可见一斑。笔者选取美国、日本、印度、澳大利亚、东盟以及法国、德国和英国作为论述对象，基于以下三个衡量标准：一是实力强大且能够对印太地区及其他国家产生一定影响；二是近几年推出印太战略或者印太愿景，并参与其他印太地区国家的战略互动；三是对该国家行为体的分析为大国战略互动的规律总结贡献了价值。

“美日印澳”作为印太战略的主要推动者，其战略举措与互动也在很大程度上影响着印太秩序的未来走向。笔者将梳理“美日印澳”之间的双边以及小多边互动形式。此外，鉴于东盟作为地区秩序构建的中心，以及欧洲国家也纷纷介入印太，美国与两者之间的互动也在很大程度上影响着地区形势。

本书导论部分，将重点对“印太”进行概念辨析，包括梳理印太的兴起与概念界定，分析印太的内涵与属性，并分析“印太”与“亚太”的区别，也是对“我们是否将告别亚太时代，进入印太时代？”这一问题的回应。同时，也将对本文所运用的“大国”和“战略互动”概念进行界定。

第二章将从大战略的视角对美国印太战略进行分析，简略梳理历史上美国与印太的关联，追溯奥巴马政府时期印太概念的萌发以及特朗普上台后对印太战略的推动，详细分析特朗普政府印太战略的内涵与缔造逻辑，并从历史与未来两个时间维度对特朗普政府印太战略进行评估。

第三章和第四章将详细分析印太大国的战略互动形式。第三章首先梳理了印度、日本以及澳大利亚的印太战略，再从双边和小多边两个维度，对美日印澳四国之间的战略互动进行研究；第四章则主要梳理东盟以及法国、德国和英国的印太战略，并对美国与他们之间的战略互动进行分析。

第二章

特朗普政府的印太战略：基于大战略的分析框架

特朗普政府的印太战略是本书进行研究与分析的背景与框架。特朗普政府印太战略的最终落地标志着“印太”这一术语被美国战略界采纳并推广，也标志着美国对中国实施战略竞争政策的正式出台。本章将简略梳理历史上美国与印太的关联，追溯奥巴马政府时期印太概念的萌发以及特朗普上台后对“印太”概念的推动，详细分析特朗普政府印太战略的内涵与缔造逻辑，并从历史与未来两个时间维度对其进行评估。

第一节　美国大战略视野下的印太战略

一、从战略到大战略：由军事范畴拓展为国家战略

“战略”是国际政治领域广为流传和应用的概念之一，是人类在战争时期运筹帷幄的制胜法宝，也是和平时期在国际竞争和合作中维护国家安全利益的智慧结晶。为了进一步明确研究对象与研究目的，我们有必要先从“战略”概念的起源和内涵出发，由此界定延伸出来的“大战略”概念，并对“印太战略”进行定义。

（一）战略的起源：侧重军事内涵

战略的观念有着悠久的历史，伴随人类社会中不同群体之间的冲突与战争的出现。钮先钟指出："最初，战争只是单纯的斗力，但不久又加上了斗智，随着斗智的思考和行为的形成，最早的战略观点也就产生了。"[①] 也就是说，一开始的战略观念指在战争中如何斗智取胜。

战略一词发源于西方，词源是古希腊语中的"statos"，其含义为军队。从这个词衍生出来的"stategos"一词的意义为"将军"或"领袖"，进一步还有"strategeia"，意为"将道"或"将才"(generalship)，"strategama"意为战争中所用的诡计等。东罗马时代的莫里斯（Maurice）皇帝著有《将军之学》(Strategikon）一书，对其将领进行教育，可谓是西方的第一部战略学著作。1777 年，法国人梅齐乐（Paul Gideon Joly de Maizeroy）在《战争理论》(Theorie de la guere）中首次正式使用"战略（stratégie）"一词表示"作战指导"，确立了"战略"的军事术语地位，并在欧洲大陆广为传播。这便是"战略"一词在西方的起源。[②]

西方国家对"战略"的定义随着历史的进程而得到不断地拓展。梅齐乐将战略界定为作战的谋略或指导，具体指规模较小的军事斗争。一战爆发之后，战略的含义也得到了拓展，专注于战争全局。[③] 拿破仑在战争中运用的战略方针和具体作战方法，进一步丰富了战略理论。亲历拿破仑战争的安东尼·若米尼（Beron Antoine Henri Jomini）和卡尔·克劳塞维茨（Carl von Clausewitz）提出了系统的战略理论。若米尼在《战争艺术概论》(*Précis de l'art de la guerre*）中将战略与战术区分，认为战略是"发生在地图上的、研究整个战争区的艺术"，战术是"发生冲突的实地作战和根据当地条件配置兵力的艺术"。[④] 战略的任务就是事先制定计划，并且使军

① 钮先钟：《战略研究入门》，文汇出版社，2018，第 4 页。

② 同上书，第 4-5 页。

③ 门洪华：《中国国际战略导论》，上海人民出版社，2017，第 4 页。

④ 若米尼：《战争艺术概论》，唐恭权译，华中科技大学出版社，2016，第 54 页。

事手段与所选择的行动区域的地理现实相适合。[①] 克劳塞维茨在《战争论》（*The Theory on War*）一书中也对战术和战略做了详细的区分：斗争是由若干本身完整的单个行动组成的整体，这些行动称为战斗，它们是斗争的单位。因此，就产生了战斗和战争两种完全不同的活动，战斗本身的部署与实施称之为战术，战略则是出于战争的目的，对战斗进行运用。[②] 他进一步阐释了战略的深层含义："战略是对战斗的运用，因此，战略一定要为整个军事行动制定作战计划。战略应深入到战场上去，在任何时刻都要不停地运转。"[③] 军事家们拓展了战略概念，奠定了西方军事战略概念的基础。

在中国历史上，孙武是首位完整、系统地提出相关理论的战略家。《孙子兵法》凭借其广泛深远的影响力，被称为"兵学圣典"，其中，"上兵伐谋，其次伐交，其次伐兵，其下攻城"强调了战略对于指导战争的重要意义。该著作还指出道、天、地、将、法为战略的五大要素，以及"兵贵胜，不贵久"、"知己知彼，百战不殆"、"攻其不备，出其不意"等具体的战略战术。[④]

毛泽东是中国历史上另一位战略研究的集大成者。他将战略定义为"战略问题是研究战争全局的规律的东西"，而"研究带局部性的战争指导规律，是战役学和战术学的任务"。[⑤] 除了强调战略的全局性之外，毛泽东还指出，战略需要考虑、照顾到很多复杂的因素。"能够把战争或作战的一切重要的问题，都提到较高的原则性上去解决。达到这个目的，就是研究战略问题的任务。"[⑥] 新中国成立后，毛泽东将战略从军事领域拓展到政治领域，比如他在 1958 年指出："从战略上看，必须如实地把帝国主义和一切反动派，都看成纸老虎。从这一点上，建立我们的战略思想。"[⑦] 此外，

① 李少军：《国际战略学》，中国社会科学出版社，2009，第 12 页。
② 克劳塞维茨：《战争论》，孙志新译，北京联合出版公司，2014，第 70-71 页。
③ 同上书，第 133 页。
④ 李少军：《国际战略学》，中国社会科学出版社，2009，第 3 页。
⑤ 毛泽东：《毛泽东选集》（第一卷），人民出版社，1991，第 175 页。
⑥ 同上书，第 178 页。
⑦ 毛泽东：《毛泽东著作选读》（下），人民出版社，1986，第 807 页。

毛泽东还开创了中国的国际战略思想。从新中国成立前夕开始，他提出了一系列针对世界新形势下维护中国安全与地位的国际战略，如“一边倒”战略、建立“反帝、反修”统一战线，以及“一条线”和“一大片”等战略思想。

战略概念经过不断拓展，已经超越了最初的军事内涵的范畴。战略概念发展到现在，不仅包括在战争时期对战争全局的运筹帷幄，还增添了在和平时期如何在复杂的世界形势下更好地维护国家利益而做出的总体指导方针这一新的内涵。

（二）大战略：一种最高层次的战略

两次世界大战以来，经济、政治、科技等因素对战争的影响越来越大，传统的战略概念已经无法满足大规模战争的需要。战略的范畴得到进一步的拓展，不仅包括战争时期的准备、实施以及结束等各个阶段，也包括如何综合地运用政治、经济、军事和外交力量等各个方面。[①] 国家为了实现特定目标，开始依赖越来越多的非军事因素。随着对战略观念的拓展，一个新的战略观念，也就是“大战略”的概念，应运而生。

大战略的英文为“grand strategy”，这个概念最初由谁发明和使用已经无从考证。克劳塞维茨曾在 1830 年提到过这个名词：“有人说政治不应干涉战争指导，这种人根本不知大战略为何物。”[②] 李德·哈特（Basil H.Liddell Hart）界定的大战略概念对西方战略理论影响深远。哈特区分了大战略和战略，指出大战略是一种高级战略，其任务是协调和指导一个国家或一群国家的一切力量，使其达到战争的政治目的[③]，而战略是把大战略应用到较低的一个阶层中。也就是说大战略是高层次的战略，就像战术是把战略应用到较低的一个阶层中一样。大战略要努力发展国家的经济和人

① 周丕启：《合法性与大战略：北约体系内美国的霸权护持》，北京大学出版社，2005，第 52-53 页。

② 钮先钟：《战略研究入门》，文汇出版社，2018，第 17 页。

③ 李德·哈特：《战略论——间接路线》，钮先钟译，上海人民出版社，2010，第 277 页。

力资源，从而维持作战需要的力量和精神上的资源，也要负责规定各军种之间的力量应该如何分配，以及协调军事和工业之间的关系。哈特还揭示了大战略的本质，认为传统战略学只是关注战争“地平线”，而大战略的视野超越了战争，着眼于战后的和平。大战略不仅要联合使用各种不同的工具，还要限制它们的用法，避免损害未来的和平状态。[①]

继哈特之后，他的学生保罗·肯尼迪（Paul Kennedy）与其他新一代大战略研究者在其研究基础上进行了进一步的修正和补充：第一，肯尼迪等人认为大战略不只适用于战争时期，也适用于和平时期。只要一国有根本的政治目标，就应当有为其服务的大战略；第二，保持目的与手段间的平衡。战争时期要考虑赢得战争的方法与代价，和平时期要注意国家资源开发和实力建设，并按照国家的能力来规定目的；第三，拓展了大战略研究的时间和地理范围，极大地丰富了大战略理论。[②]

与哈特齐名的约翰·弗雷德里克·查尔斯·富勒将军（John Frederick Charles Fuller）对大战略也颇有研究。1923 年，富勒详尽分析了大战略家（Grand strategist）的责任，“大战略家的第一职责即为评估其国家的经济和财政地位，并发现其优劣之所在。第二，他必须了解其国民的精神特性，其历史、社会以及政府制度。大战略家必须是富有学识、具有远见以及敏锐的史学家、哲学家和战略家”[③]。此外，美国预备役海军上校约翰·柯林斯（John M. Collins）在 1973 年的《大战略》一书中将大战略定义为：“在各种情况下运用国家实力的一门艺术和科学，以便通过威胁、物力、间接压力、外交、计谋以及其他手段，对敌方实施各种控制，以实现国家安全这一目标。”[④] 柯林斯的研究与当时所处的冷战大背景密切相关，

① 李德·哈特：《战略论——间接路线》，钮先钟译，上海人民出版社，2010，第 278 页。

② 张春、时殷弘：《大战略——理论与实例分析》，《世界经济与政治》1999 年第 7 期。

③ 钮先钟：《战略研究入门》，文汇出版社，2018，第 22 页。

④ 约翰·柯林斯：《大战略》，中国人民解放军军事科学院译，战士出版社，1978，第 43 页。

因此大战略的主要目标是保证国家安全，且手段丰富多样。

美国的战略界以“大战略”为蓝本，将其应用到“国家战略”中，这两个概念没有什么本质差异。学者对大战略的目标进一步拓展，认为不仅包括国家安全利益，还应包括其他目标，如国家发展。美军 1953 年版的《美国联合军事术语辞典》(*Dictionary of US Military Terms for Joint Usage*) 以及 1979 年版的《军事及有关名词辞典》认为，国家战略是在和平和战争时期提升并运用一国的政治、经济和心理等实力，以实现国家目标的艺术和科学。①

我国学者对大战略的关注也帮助了我们更加全面地理解大战略，并更好地运用大战略的理论进行相关研究。时殷弘认为：“国家大战略是国家政府本着全局观念，为实现国家的根本目的而开发、动员、协调、使用和指导国家所有政治、军事、经济、技术、外交、思想文化和精神等类资源的根本操作方式。”② 时殷弘系统总结了大战略的基本问题与内在机理，提出“大战略为之服务的国家根本目标是大战略的头号问题”，“大战略必须有足够强健和经久的国内民众心理和舆论支持，必须有同样足够强大的国际吸引力或国际认可度”，“大战略思维需要有反映大战略本质的全局观念、敏锐坚定的分寸或平衡意识和宏大的远见”等重要观点。③ 周丕启将国家大战略定义为“国家在国际关系中对综合运用政治、经济、外交、军事以及其他手段来实现国家安全的筹划和指导，构成大战略的要素主要包括战略目标、战略实力和战略途径”④。他指出，如果一个国家缺乏正确的大战略作为指导，其安全将得不到保证，甚至将逐渐衰败。⑤

大战略理论为国家战略的谋划与制定提供了基础，也为我们在实践中，衡量一国的国家战略是否有效地促进了国家利益提供了标准和参考，

① 钮先钟：《战略研究入门》，文汇出版社，2018，第 25 页。

② 时殷弘：《国家大战略理论论纲》，《国际观察》2007 年第 5 期。

③ 同上。

④ 周丕启：《国家大战略：目标与途径》，《现代国际关系》2006 年第 10 期。

⑤ 周丕启：《大战略的本质与特点》，《国际论坛》2007 年第 2 期。

从而更好地服务于本国的政治目标和国家利益。

二、冷战后的美国大战略的演进与调整

美国的大战略理论在二战后进一步发展，并得以应用到国家安全的战略实践中。1947 年，美国《国家安全法》获得通过，并成立了以总统为首的国家安全委员会，为筹划实施美国大战略提供了制度性保障。① 从 1987 年起，美国政府先后出台了 17 份《国家安全战略》报告，成为分析美国安全政策的重要依据，也为制定和实施大战略奠定了坚实的基础。由于大战略理论在美国战略界得到重视与应用，二战至今，美国的安全政策中体现出清晰、连贯的大战略设计。

冷战时期，在美苏两极对峙的国际格局下，美国明确了苏联这一威胁目标并采取了遏制战略，综合运用政治、军事、经济、意识形态、外交等手段，赢得了冷战，并在苏联解体之后登上了世界霸主之位。美国战略界重新就大战略的选择开始了争论，出现了新孤立主义战略、选择性接触战略、合作安全战略以及单极霸权战略等多种战略选择。② 其中，单极霸权战略最符合美国长期追求的战略目标，即维持其长久的领导地位，并利用其实力和影响力来塑造国际秩序。冷战后美国大战略的演变呈现三大特征，“具体战略目标的设定由非传统安全向传统安全转变，对威胁的界定出现从模糊到逐渐清晰的变化，以及在具体战略实践过程中的‘威胁导向型’特点”③。

美国在冷战后的大战略主要目标集中于维护美国的国际主导地位，深化和扩大所谓的西方“自由秩序”，并压制任何可能破坏这种国际环境的

---

① 葛汉文：《“拒绝衰落”与美国“要塞化”：特朗普的大战略》，《国际安全研究》2018 年第 3 期。

② 门洪华：《关于美国大战略的框架性分析》，《国际观察》2005 年第 1 期。

③ 韩召颖、黄钊龙：《对冷战后美国大战略的考察：目标设置、威胁界定与战略实践》，《当代亚太》2019 年第 5 期。

危险。冷战结束后，苏联这一威胁目标消失，甚至早在苏联解体之前，美国前总统老布什就修正对苏联的判断，呼吁不再将苏联视为邪恶帝国，而应当“超越遏制”，使苏联融入国际社会中。1992年，五角大楼发布的一份《国防计划指南》可以被视为后冷战初期美国维持并长期保持全球领导地位的战略框架。文件指出：“美国必须展现出自身在建立和保护新秩序中的领导能力，让潜在的竞争对手相信，他们不必追求发挥更重要的作用，也不必采取更咄咄逼人的姿态来保护自己的利益。”[①] 老布什政府时期，建立自由主义国际秩序以及维持美国领导地位目标的设立为冷战后美国大战略奠定了基调。

1993年，克林顿用“扩展战略”代替“遏制战略”，将“全球民主化”、经济实力和军事安全明确为对外政策的三大支柱。[②]1994年发布的《国家安全战略》报告界定了冷战结束后新的威胁，虽然苏联的威胁已经消失，但美国面临的危险却更加多样化：种族冲突、“流氓”国家的严重威胁、大规模杀伤性武器的扩散等，美国的安全政策目标与首要任务是“保护国家的安全——我们的人民、我们的领土和我们的生活方式”[③]。该报告的主题是“参与和扩展”（Engagement and Enlargement），主要战略目标是通过更加积极地“参与”世界事务，“扩展”美国的利益、价值观和政治经济模式，即“增进安全、促进繁荣和推进民主”，确立美国在21世纪“独一无二的世界领导地位”。[④] 可以说，冷战时期的战略威胁的消失，使美国的国家利益“泛化”，美国开始有能力、有条件推行以前想追求却无力追求的“扩展民主”这一战略目标。同时，由于美国民主扩展的对象、安全的主要保障，以及经济联系的对象都在欧洲，这

① “Excerpts From Pentagon's Plan: ‘Prevent the Re-Emergence of a New Rival’,” The New York Times, accessed March 8, 1992, https://www.nytimes.com/1992/03/08/world/excerpts-from-pentagon-s-plan-prevent-the-re-emergence-of-a-new-rival.html.

② 萨本望、尚鸿：《美国克林顿政府外交政策评析》，《外交学院学报》2001年第2期。

③ The White House, “A National Security Strategy of Engagement and Enlargement,” last modified July 1994, https://nssarchive.us/wp-content/uploads/2020/04/1994.pdf, p.1.

④ 萨本望、尚鸿：《美国克林顿政府外交政策评析》，《外交学院学报》2001年第2期。

一时期美国的战略重心仍在欧洲。[①]“可以说，老布什和克林顿两届政府有效地利用了后冷战初期的权力真空所赋予美国的优势性地位，推动了一种结合了自由主义与现实主义的扩展型大战略。”[②]

“9·11”事件的发生使美国的全球战略进入“反恐时代”，美国迅速调整与其他国家之间的关系，推进全球战略部署，实现了诸多在一般情况下无法达到的目标，如扩大在南亚的影响、顺利进入中亚等[③]，并确定了之后十几年全球安全的主要议程。同时，恐怖主义这一清晰的威胁目标使美国进一步明确了全球战略安全目标。2002 年的《国家安全战略》报告指出：“保卫我们的国家不受敌人的侵犯是联邦政府的首要和基本的承诺”，“打击全球恐怖分子的战争是一项持续时间不确定的全球事业。”[④]在打击恐怖主义之外，布什延续了克林顿政府时期推广民主的战略，“美国在世界上拥有前所未有的、无与伦比的力量和影响力。在对自由原则和自由社会价值的信念的支撑下，这个地位带来了无与伦比的责任、义务和机会。我们必须利用这个国家的强大力量来促进有利于自由的力量平衡。”[⑤]布什执政的八年时间，美国大战略都是围绕“反恐”这一基本目标来开展的。一方面，美国“先发制人”，先后发动阿富汗战争、伊拉克战争；另一方面，美国模仿西方民主制度重建两国政权，并在中东其他国家甚至是中东以外的亲美国家大肆输出民主，试图消除恐怖主义和极端主义滋生的土壤。可以说，“反恐”和“民主化改造”是布什政府时期美国大战略的主要目标，并呈现出明显的“单边主义”和“先发制人”的特点。

奥巴马执政时期，美国面临极为复杂的国际形势压力——两场反恐

① 韩召颖、黄钊龙：《对冷战后美国大战略的考察：目标设置、威胁界定与战略实践》，《当代亚太》2019 年第 5 期。

② 刘国柱、杨楠：《后冷战时期美国大战略的演进：基于战略惯性的视角》，《浙江大学学报（人文社会科学版）》2019 年第 4 期。

③ 门洪华：《关于美国大战略的框架性分析》，《国际观察》2005 年第 1 期。

④ The White House, “The National Security Strategy of the United States of America,” last modified September 2002, https://2009-2017.state.gov/documents/organization/63562.pdf.

⑤ 同上。

战争使美国深陷泥潭并引起全球反美浪潮、金融危机爆发带来的沉重打击、中国崛起引发“美国衰退”以及“权力转移”等言论的兴起。奥巴马上台之后便对布什政府的战略错误进行修正，正如奥巴马所说：“现在我们经历了八年的战斗，付出了巨大的人力和物力的代价”，“美国将必须以结束战争和防止冲突的方式展现我们的实力，而不仅仅是我们发动战争的方式。”[①] 奥巴马政府的大战略内容与特点主要体现在以下几个方面：第一，战略重心由反恐逐渐转向应对大国竞争，在战略实施方面，美国退出反恐战场，积极撤军；第二，战略目标强调维持美国在不断变化的世界格局中的领导地位，重振美国经济的繁荣，依靠同盟和战略伙伴来维持美国的霸权，并倾向于采取“选择性干预”的方式来保存其实力；第三，地缘战略重心由中东地区转向亚太地区。2014 年的《防务评估报告》将维持“亚太地区的和平与稳定”置于首要优先事项，其后是“欧洲和中东地区的安全”，“以全球方式打击重点是中东和非洲的暴力极端主义分子和恐怖主义威胁”则位列第三。[②] 总之，奥巴马政府时期的美国经历了由“反恐时代”向“后反恐时代”的过渡，大战略目标是保存美国的实力并维持在世界上的领导地位。

特朗普时期的美国大战略经历了更大的变动，这一时期美国的安全战略目标调整为应对大国战略竞争。2017 年的《国家安全战略》报告界定了当前世界形势与主要威胁，指出当今世界是充满竞争性的，政治、经济和军事方面的竞争不断增多。其中，美国面临的主要威胁包括“中俄为代表的传统大国威胁、朝鲜和伊朗的独裁政府和核扩散，以及以恐怖主义为代表的非传统安全”。与之前各届政府将美国利益“泛化”所不同的是，特朗普政府描述的威胁集中于安全和经济领域，不重视意识形态。对于国

① The White House, “Remarks by the President in Address to the Nation on the Way Forward in Afghanistan and Pakistan,” last modified December 1, 2009, https://obamawhitehouse.archives.gov/the-press-office/remarks-president-address-nation-way-forward-afghanistan-and-pakistan.

② 资料来源：“Quadrennial Defense Review 2014”, https://archive.defense.gov/pubs/2014_Quadrennial_Defense_Review.pdf, p.v.

际格局中最具影响力的中美关系，特朗普认为过去二十年的接触政策已经失败，与作为美国的“战略竞争者”的中国打交道是百害而无一利的，似乎只有完全对立才是对美国最好的保护。在此战略思维的影响下，美国确立了“美国优先”和“实用主义”的战略指导方针，在战略路径上增强美国的经济实力和军事实力，放弃对多边机制的支持并让同盟和战略伙伴分担防务成本，尽可能地减少战略成本的无谓消耗，集中力量用以应对与中国的战略竞争。

可以看出，冷战后，美国大战略经历了一定的改变与调整，战略目标由反恐逐渐过渡为应对大国战略竞争，战略重心也由中东逐渐转移至印太地区。美国大战略的根本目的仍然是维持美国在世界的领导地位，其调整反映了美国对自身战略优势和主导权逐渐被侵蚀的“战略焦虑”。同时，“印太战略”也是美国大战略调整、美国对华战略竞争下的产物，对中国有明显的战略指向性。

三、印太在美国战略思维中的变化：历史与现实

美国与印太的关联具有悠久的历史。虽然历史上从未使用“印太”这个词汇，但为了保持全文的统一性，此处也使用印太来代指该区域，从宏观上分析从美国进入该区域，逐渐扩大该区域的存在到将战略重心转移至该地区的全过程。此外，奥巴马政府时期官方以及学术界都对印太战略有一定的研究与推广，只是尚未出台正式的印太战略，但这都为特朗普政府印太战略的推出打下了基础。

与葡萄牙、西班牙、荷兰以及英国相比，美国可以说是印太地区的后来者。1784 年，在美国独立后不久，第一艘来自美国的商船“中国皇后号”（The Empress of China）从大西洋到印度洋，经爪哇岛进入太平洋和南海，最终达到广州。美国最初是由于商业贸易和传教动机来到印太，从此之后，美国一直在印太保持利益存在，与其他国家之间的争夺与博弈也从未间断。

19 世纪中期开始，美国在亚洲和太平洋地区的战略日益清晰。亚伯拉罕·林肯（Abraham Lincoln）担任美国总统时期的国务卿威廉·亨利·西沃德（William Henry Seward）认为，主宰全球商业是美国的命运，太平洋将成为通往亚洲市场财富的一条大道。[①] 美国与中国前后签订了《望厦条约》《天津条约》等不平等条约，逐渐扩大了在华权益；购买阿拉斯加，实现了领土向太平洋的延伸；吞并夏威夷，发动美西战争，入侵并占领了菲律宾，并在 1898 年至 1899 年占领了关岛和萨摩亚的一部分；随后迫使中国实行“门户开放”政策，进一步攫取经济利益。至此，美国一跃成为太平洋地区主要的殖民大国之一，不再依附于任何国家，走上了独立对外侵略扩张之路，并试图建立一种以“门户开放”原则为基础的世界秩序。

美国著名地理学家尼古拉斯·斯皮克曼（Nicholas Spykman）在二战时提出的观点，为美国海外力量的扩张以及势力渗透起到了一定的推动作用。斯皮克曼认为，保持欧洲和亚洲的均势非常重要，如果欧洲和亚洲都被咄咄逼人的帝国所控制，从而将美国从全球贸易中孤立出来，并威胁到美国的最终安全，那么美国受两大洋保护的独特地理优势将变得无关紧要。[②] 美国必须永远地认识到，无论在战争还是和平时期，欧洲和亚洲出现的势力集群与美国之间都有着不可割舍的联系。[③] 他提出，美国必须在遥远的欧洲与亚洲保持军事存在，这在一定程度上影响了二战之后美国在亚洲与太平洋地区的政策。美国对日本实行直接占领，至今在日本建有 23 个军事基地，54000 名美国军事人员驻扎在那里，并通过美日同盟使日本成为美国在印太的重要战略支柱。冷战的爆发以及美苏两大阵营对立，使美国进一步扩大了在太平洋的势力范围。朝鲜战争爆发后，美国扶植南韩政权，通过建立美韩同盟，将韩国变成另一个防务支柱。美国还与菲律宾、越南签订《东南亚集体防务条约》，建立军事同盟，共同遏制共产主

① 资料来源："The Question of American Strategy in the Indo-Pacific", https://www.hoover.org/sites/default/files/research/docs/auslin_webreadypdf.pdf.

② 同上。

③ 尼古拉斯·斯皮克曼：《和平地理学》，俞海杰译，上海人民出版社，2016，第 80 页。

义势力。上述国家共同构成了二战后美国在亚太的同盟体系。

随着二战后英国实力的衰弱，英国退出苏伊士以东地区，为了避免印度洋形成“权力真空”以及防止苏联势力渗透，美国接管印度洋地区，实现了力量渐增的目标。美国通过缔结条约，获得了迪戈加西亚岛（Diego Garcia）的使用权。1979 年爆发的伊朗革命、苏联入侵阿富汗以及两伊战争一系列危机使美国加大了对印度洋地区的力量投入，美国试图在地区国家之间构建关于苏联威胁的统一认知，不断加强与巴基斯坦的双边安全关系，对巴基斯坦提供军事和经济援助；大力加强海军力量建设，成立了快速部署力量，加强沿海地区的基础设施建设，并重点加强了在波斯湾地区和西南亚地区的防御力量；强化迪戈加西亚岛的军事力量建设，20 世纪 80 年代初该岛的后勤支援能力已得到很大提升，并将支援能力扩展到空军领域，为远程轰炸机提供临时支援。随着美苏两国不断加大军事投入，两国在印度洋上呈现出剑拔弩张的态势。

冷战结束后，伊拉克入侵科威特，使美国明确中东地区仍是美国在未来一段时间的战略重心，美国开始使用军事干预的方式来加强对中东地区的霸权渗透。美国先是通过海湾战争实现了在波斯湾的军事布防，建立第五舰队，负责西印度洋海域一带，并对重要的战略要冲都实现了占领，第五舰队直到现在仍在保障美国在波斯湾地区的利益。除此之外，美国在更多印度洋沿岸国家，如巴林、科威特、阿曼、卡塔尔以及沙特阿拉伯等地加大海军基地部署。“9 • 11”事件之后，美国前总统布什发动了反恐战争，虽然使美国损失惨重，但却使整个印度洋地区的海上部署置身于美国的监管之下。[①] 同时，美国领导的由 20 多个西方国家组成的驻守巴林的联合海上部队（Combined Maritime Force）覆盖印度洋上约 250 万平方英里的广阔区域，大约从西部的肯尼亚和坦桑尼亚两国边界到东部的巴基斯坦和印度两国边界。此外，美国通过打击海盗的集体行动或单独行动，加大了在

① P. V. Rao, “Indian Ocean Maritime Security Cooperation: The Employment of Navies and other Maritime Forces,” *Journal of the Indian Ocean Region* 6, no.1 (2010): 130.

印度洋上的军事影响。

奥巴马执政时期，其战略重心转移，主要表现为在中东进行战略收缩，转而向“亚太”地区调整，这象征着美国战略由中东到亚太、由陆地向海洋的两个维度的转变。中国的崛起引发了地区力量格局的变化，美国试图利用军事、经济、外交等多重手段来维持地区平衡并维护美国的霸权与其他利益。“亚太再平衡”战略主要包括重新调整军事部署，加强在亚太的军事存在，将60%的美国海军舰艇转移到亚太地区；积极推动东亚区域组织，特别是加强与东盟的合作，维护东盟的中心地位；通过跨太平洋伙伴关系（Trans-Pacific Partnership Agreement）确立美国在亚太地区的领导地位。[①]“亚太再平衡”战略是21世纪美国对外战略的重大调整，并引领了未来很长一段时间内美国的战略方向，也从此开启了与中国的大国竞争之路。

奥巴马执政时期，印太概念就已经在美国官方和学术界流传，但只是停留在“构想”阶段，始终未出台正式的印太战略。2010年10月底，时任国务卿的希拉里·克林顿（Hillary Clinton）在夏威夷发表《美国介入亚太》的演说，强调“美国正在重新调整在印太地区的战略部署，并加强与印度海军在太平洋地区的合作，因为我们知道‘印度—太平洋’地区对于全球贸易和商业的重要价值”[②]。2011年，希拉里在《美国的太平洋世纪》一文中，再次重申了美国对印度洋地区的重视和在印太范围内的战略调整，“亚太地区成为世界政治的主要驱动力，而从印度洋到太平洋——印度次大陆到美国西海岸的广阔区域——正通过航运和战略紧密联系在一起”。“如何将印度洋和太平洋之间日益增长的联系转变为一个可操作的

① Renato Cruz De Castro, “21st Century U.S. Policy on an Emergent China: From Strategic Constrainment to Strategic Competition in the Indo-Pacific Region,” *International Journal of China Studies* 9, no. 3 (2018): 265.

② Hillary Rodham Clinton, “America’s Engagement in the Asia-Pacific,” US department of State, accessed October 28,2010, https://2009-2017.state.gov/secretary/20092013clinton/rm/2010/10/150141.htm.

概念是我们亟待解决的问题。”[①] 美国在2014年发布的《四年防务评估报告》（Quadrennial Defense Review）中明确指出：“美国将继续努力帮助维持亚洲中部和西南部地区局势的稳定，并加强美国在印度洋地区的存在以深化美国在亚洲的‘再平衡’战略。”[②] 时任国务院助理国务卿的柯特·坎贝尔（Kurt Campbell）指出，如何将太平洋与印度洋联系起来并使之成为可操作的概念，是美国面临的下一个挑战。时任国务卿约翰·克里（John Kerry）将美国新的战略伙伴缅甸形容为“印太经济走廊”（Indo-Pacific Economic Corridor）。2013年，时任副总统乔·拜登（Joe Biden）访问印度时，特别强调了印度洋地区对于美国“重返亚太”战略的重要价值。美军太平洋司令部司令、海军上将塞缪尔·洛克利尔（Samuel Locklear）号召在“印度—亚洲—太平洋”（Indo-Asia-Pacific）地区范围内开展广泛合作，这不仅有助于应对全球气候变化等安全挑战，而且对于减少跨国性威胁和降低引发地区不稳定的因素也大有裨益。他还认为，“印度—亚洲—太平洋”地区在美国全球战略中具有与日俱增的重要价值。[③] 这表明，在奥巴马政府时期，美国官方就试图建构印度洋和太平洋战略联结。白宫档案进行的统计表明，奥巴马政府的外交战略中有537次提到“亚太”，6次提到“印太”。[④] 虽然“亚太”仍是主流，但也说明印太这一概念正在逐步得到认可和流行。

奥巴马政府时期，美国学术界也对印太这一概念和构想进行了高度的关注和讨论，在一定程度上也推动官方层面最终将印太构想付诸实

---

① Hillary Rodham Clinton, “America’s Pacific century,” Foreign Policy, accessed October 11, 2011, https://foreignpolicy.com/2011/10/11/americas-pacific-century/.

② United States Department of Defense, “Quadrennial Defense Review 2014,” last modified March 4,2014, p.17.

③ US Department of Defense, “Locklear Calls for Indo-Asia-Pacific Cooperation,” India America Today, accessed February 8, 2013, https://www.indiaamericatoday.com/article/us-commander-locklear-calls-for-indo-asia-pacific-cooperation/.

④ 张家栋：《美国“印太”倡议及其对中国的影响》，《印度洋经济体研究》2018年第3期。

践。2013 年 5 月，美国亚太安全研究中心（Asia-Pacific Center for Security Studies）召开学术研讨会，围绕“印太地区的海上合作”，探讨了地缘政治挑战、跨国安全问题以及多边合作等国际问题，它是由美国国防部发起的，旨在加强美印中三方在印太地区海上合作的“1.5 轨道”三边会谈。该中心主任丹·利夫（Dan Leaf）倡议建立防止因外部因素引起海上冲突和事故发生的机制和途径。[①]2013 年 6 月，美国海军分析中心发布了一项研究报告，对印度洋和太平洋各海域的研究实情进行了总结，认为随着亚洲地区的政治经济融合、大国竞争以及美印战略关系的日益紧密，“印度洋—太平洋”地区正将日益融合为一个广泛的战略区域。虽然目前美国的战略根基仍在亚太地区，但在未来的 10 至 15 年，美国的战略重心将转移到印太地区，这是不可避免的趋势。[②]

奥巴马政府的印太战略构想的主要举措是构建战略支点国家。冷战以来，美国依靠在太平洋和印度洋地区的同盟体系，来维护其在这两个重要区域的利益。冷战初期，美国先后与日本、韩国、澳大利亚成立的美日同盟、美韩同盟、美澳同盟，作为美国在太平洋地区的桥头堡，被用来遏制苏联等共产主义势力。冷战后期，美国开始关注日益重要的印度洋地区，并将主张“依靠与美国利益相关的地区性友好国家来保持间接存在”的“尼克松主义”应用到印度洋地区。为此，美国一方面强化了与传统盟友日本、澳大利亚的合作，另一方面通过情报传递、兵力投送、联合军演等手段，在军事上加大了与马来西亚、新加坡、新西兰等国的联系。[③]进入 21 世纪，美国意将其在亚太地区的“轴辐”安全体系扩大到印度洋地区。

---

① The Asia-Pacific Center for Security Studies, “Maritime Cooperation in the Indo-Pacific Region,” last modified May 31, 2013, http://www.apcss.org/maritime-cooperation-in-the-indo-pacific-region/.

② Michael A. McDevitt, “The Long Littoral Project: Summary Report A Maritime Perspective on Indo-Pacific Security,” last modified March 2013, https://www.cna.org/cna_files/pdf/irp-2013-u-004654-final.pdf.

③ Larry W. Bowman and Ian Clark, *The Indian Ocean in Global Politics* (New York: Westview Press, 1981), p.110.

美国在强化美日同盟的基础上，除了唤醒曾在冷战时期给美国以重大支援的美澳同盟，还将印度拉入其战略伙伴体系之中。印度、澳大利亚、日本三国成为奥巴马政府时期美国在印太地区重要的战略支点国家。

从奥巴马执政时期官方和学术界对印太战略的定位中可以看出，印太战略实质上是美国“重返亚太”战略的延伸与深化，目的是将印度洋与太平洋从战略上联结在一起。在印太区域内进行战略联结与整合，对于美国来说是一种以低成本获得最大收益的有效战略设计。美国的印太战略将美国在该地区的重要盟友和战略伙伴纳入一个范围更大的安全结构中，这个结构扩大了美国利益受保护的范围，有助于地区国家之间的相互协作，以及维护地区繁荣和稳定。此外，美国设想在西起波斯湾地区至西太平洋的广阔区域内，建立一个由美国盟友和战略伙伴组成的网络化战略伙伴体系，这些国家彼此之间的合作无疑将会增强自身军事实力，减轻对中国崛起的焦虑与恐惧，并对中国的利益拓展进行围堵和遏制，稀释中国在印太地区的影响力。美国在确保自己霸权地位的同时，促使该地区多极化趋势的加强。

四、特朗普政府的印太战略：大战略调整的产物

特朗普任职以来，与美国高层官员不断在公开场合阐释美国官方对印太战略内涵的认知，并通过经济与立法等手段强化了美国在印太地区的利益与存在。2019 年 6 月，《印太战略报告》出台，标志着美国印太战略的成型，该战略将从备战（Preparedness）、伙伴关系（Partnerships）以及推进地区网络化（Promoting a Networked Region）三方面来具体实施。

特朗普任职后，有意改变“亚太再平衡”战略，尤其是注意规避“再平衡”（rebalancing）和“重返”（pivot）这样的字眼。最终，特朗普政府选择了“自由和开放的印太”（A free and Open Indo-pacific）概念作为其地区政策。有学者称这与美国和日本高层密切往来有关，因为这个表述是日本极力推广的。在印太战略正式出台之前的两年时间，特朗普以及

美国高层官员便在多个国际场合提出并阐述美国构建“自由和开放的印太”理念。

2017 年 10 月 18 日，时任美国国务卿雷克斯 • 蒂勒森（Rex Tillerson）发表演讲，大量阐述了美印关系以及“自由与开放的印太”战略，这是美国官方首次在重大演讲中公开提及印太。演讲提到，美印两国领导人致力于进一步深化战略伙伴关系，两国在经贸往来、防务、反恐等方面的合作取得了一定的成效。当今世界尤其是印太地区需要美国和印度这一强有力的伙伴关系，印度和美国必须促进更大的繁荣和安全以建立一个自由和开放的印度太平洋。印太地区，包括整个印度洋、西太平洋及其周边国家，将成为 21 世纪全球最重要的部分。演讲还提到，为了促进印太地区的繁荣，加强地区互联互通非常重要，能够为地区国家提供可持续发展。印太地区的稳定需要美印发挥合作伙伴的作用，需要印度挖掘作为国际安全舞台主要角色的潜力。蒂勒森还呼吁美国、印度、日本以及澳大利亚进一步加强接触和合作，来促进印太地区的法治、繁荣与稳定。①

2017 年 11 月 10 日，特朗普在亚太经合组织领导人峰会上发表的演讲被政府官员称为印太战略的开幕式。②特朗普声称，美国对一个自由开放的印太地区的愿景，就是让在这个地区拥有不同文化和不同梦想的主权独立的国家可以在自由与和平中实现共同繁荣。特朗普强调了公平贸易的重要性，这既是“美国优先”原则的体现，也是特朗普印太战略的重要内容。特朗普呼吁各国与美国建立新的伙伴关系，共同努力加强印太地区所有国家之间的友谊和商业纽带，共同促进繁荣与安全。这一伙伴关系的核心，则是在公平和互惠原则基础上的强有力的贸易关系，希望双方公平地遵守规则，在同等程度上开放市场，通过私人投资而不是政府规划者来引

① “Defining Our Relationship with India for the Next Century: An Address by U.S. Secretary of State Rex Tillerson,” last modified October 18, 2017, https://www.csis.org/analysis/defining-our-relationship-india-next-century-address-us-secretary-state-rex-tillerson.

② Brian Harding, “The Trump Administration's Free and Open Indo-Pacific Approach,” *Southeast Asian Affairs* 2019, no. 1 (2019): 63.

导投资。[①]

随后，两份官方文件大量运用了“印太”一词，并将印太作为对美国最重要的区域进行分析。2017 年 12 月，特朗普发布上台后首份综合安全政策文件《国家安全战略》报告。该报告明确将印太地区定义为一个整体的地理单元，认为从印度西海岸到美国西海岸的广阔地区是世界上人口最多并最具经济活力的地区。报告称，在印太地区，一场关于自由与压制的世界秩序之间的地缘政治竞争正在上演，整个地区的国家都在呼吁美国持续发挥领导作用，做出集体反应，维护尊重主权和独立的地区秩序。美国需要从政治上深化同盟和伙伴国的战略关系；经济上鼓励区域合作，维护自由和开放的海上航道、透明的基础设施融资、畅通的贸易以及和平解决争端；军事和安全方面，美国将保持具有威慑能力的前沿军事存在，加强长期存在的军事关系，并鼓励与盟友和合作伙伴发展强大的国防网络。[②]

2018 年 1 月，美国国防部发布《强化美国军事竞争优势：2018 年版美国国防战略报告综述》[③]（Sharpening the American Military's Competitive Edge: Summary of 2018 National Defense Strategy of The United States of America）。该报告仍有一定篇幅涉及印太地区，并将中国视为印太地区最大的威胁，错误地认为中国在不断利用经济和军事优势争夺印太地区霸权，迫使周边国家重新调整印太秩序，短期内实现军事现代化并夺取印太霸权，长期将谋求取代美国的全球领导地位，美国的防御战略最深远的目标是使两国之间的军事关系走上透明和互不侵犯的道路。该报告将扩大印太地区的联盟和伙伴关系并加强盟友之间的安全关系网络视为优先事项，建立一个能够威慑侵略、维护稳定和确保自由进入共同领域的网络安全架构。

---

① The White House, “Remarks by President Trump at APEC CEO Summit | Da Nang,” Vietnam, accessed November 10, 2017, https://www.whitehouse.gov/briefings-statements/remarks-president-trump-apec-ceo-summit-da-nang-vietnam/.

② The White House, “National Security Strategy of the United States of America,” last modified December 2017.

③ 以下简称《国防战略报告》。

2018年6月，国防部长詹姆斯·马蒂斯（James N. Mattis）在香格里拉对话会（Shangri-La Dialogue）上对特朗普政府的印太战略进行了详细阐释。马蒂斯声称，“美国将留在印太地区，这是美国的首要任务，也是利益所在，与这些地区是密不可分的。我们的印太战略在安全、经济和发展方面都进行了投资，这表明了我们对盟友和伙伴的承诺，支持我们建立一个与地区国家共享原则基础上的、安全、可靠、繁荣和自由的印太地区的愿景”。马蒂斯还介绍了特朗普印太战略的四大主题：第一，加强对海上空间的关注，协助盟友和安全伙伴建设海军、提升执法能力，以改善对海洋秩序和利益的监测和保护；第二，加强美国和其他国家军队的互操作性；第三，加强法治、公民社会和透明治理；第四是由私营部门主导的经济发展，印太地区需要更多的投资，包括基础设施投资。[①] 同时，马蒂斯还强调了东盟的重要性，强调东盟和以东盟为中心建立的机构（东盟地区论坛、东盟防长扩大会议、东亚峰会、亚太经济合作论坛、三边和多边机制等）在印太战略中的中心位置。

2018年7月，时任美国国务卿迈克·蓬佩奥（Mike Pompeo）在2018印太商业论坛（Indo-Pacific Business Forum）上就印太战略发表了主旨演讲，详细阐述了“自由和开放的印太”的内涵。蓬佩奥声称，“自由”的印太含义是指美国希望所有国家能够保护他们的主权不受其他国家的胁迫。在国家层面，“自由”意味着良好的治理和公民享有基本权利和自由的保证。“开放”的印太是指美国希望所有国家都能享受开放的海洋和航空通道，和平解决领土和海洋争端，这是国际和平和每个国家实现本国目标的关键。经济上的“开放”是指公平互惠的贸易、开放的投资环境、透明的国家间协议、促进区域联系的互联互通，这些是本地区实现可持续增长的途径。此外，他宣布了美国将投资1.13亿美元以支持印太地区的数

---

① US Department of Defense, “Remarks by Secretary Mattis at Plenary Session of the 2018 Shangri-La Dialogue,” last modified June 2,2018, https://www.defense.gov/Newsroom/Transcripts/Transcript/Article/1538599/remarks-by-secretary-mattis-at-plenary-session-of-the-2018-shangri-la-dialogue/.

字经济、能源和基础设施建设的新举措：一是加强数字互联和网络安全伙伴关系。美国将通过技术援助和公私伙伴关系支持通信基础设施的发展，推动以市场为导向的数字监管政策，加快伙伴网络化安全能力建设以应对共同威胁；二是“亚洲优势”（Asia Edge）计划，意味着通过能源促进发展和增长，在整个印太地区发展可持续和安全的能源市场；三是加大基础设施投资，致力于促进国家主权、区域一体化和信任的互联互通。①

2018 年 11 月，美国副总统迈克·彭斯（Mike Pence）在东亚峰会和亚太经合组织会议的演讲中强调，美国正在推动印太地区的繁荣。在过去两年中，美国企业宣布了 1500 多个新项目，并在该地区进行了 610 多亿美元的新投资，美国在印太地区的总投资现已超过 1.4 万亿美元，并将持续增加。彭斯还谈到了特朗普政府在印太地区的一些新举措，如改革融资机构，为印太地区国家提供更好的选择用以支持基础设施建设；创建“美国—东盟”智慧城市伙伴关系旨在加强东南亚的网络经济，并将美国的商业专长用于满足该地区的数字需求；以及“印太透明倡议”（Transparency Initiative）的发起，将有助于增强该地区公民的权能，打击腐败。②

特朗普于 2018 年 12 月 31 日签署了《亚洲再保证法案》（Asia Initiative Act）。据白宫表示，该法案确立了美国在印太地区加强美国安全、经济利益和价值观的多方面战略。该法案将批准 15 亿美元的开支，用于美国在东亚和东南亚的一系列项目，并为印太地区和其他目的制定一个长期的战略远景和一个全面的、有原则的美国政策。该法案强调美国与中国、印度、东盟 10 个成员国以及东北亚盟国日本和韩国的关系，强调对朝鲜的政策并重申对台湾的支持，呼吁总统制定外交战略，包括与美国的盟友

① US Department of State, “America’s Indo-Pacific Economic Vision,” last modified July 30, 2018, https://www.state.gov/remarks-on-americas-indo-pacific-economic-vision/.

② The White House, “Remarks by Vice President Pence at the 2018 APEC CEO Summit | Port Moresby, Papua New Guinea,” last modified November 16,2018, https://www.whitehouse.gov/briefings-statements/remarks-vice-president-pence-2018-apec-ceo-summit-port-moresby-papua-new-guinea/.

和伙伴合作，在包括东海和南海在内的印太地区开展联合海上训练和航行自由行动。[①]

2019 年 6 月，美国国防部发布《印太战略报告》（Indo-Pacific Strategy Report），标志着印太战略正式出台。该报告共 55 页，分为五个部分。《引言》介绍美国与印太地区的历史关联以及特朗普的“印太愿景”；第二部分罗列印太地区当前面临的主要威胁与挑战；第三部分阐述与印太相关联的美国国家利益与国防战略；第四部分介绍美国印太战略的具体内容；《结语》重申同盟和伙伴国的责任。该战略报告将中国、俄罗斯以及朝鲜视为印太地区的威胁。报告强调美国的军事优势正逐渐减退，地区力量的失衡可能会鼓励竞争者颠覆现有的有利于美国的“自由开放”的秩序。对此，美国需要从三个方面来努力维持美国在印太地区的影响力，即备战（Preparedness）、伙伴关系（Partnerships）以及推进地区网络化（Promoting a Networked Region）。现将特朗普印太战略关键内容提炼如下。

报告指出，“自由开放的印太”愿景源自几大重要原则：第一，尊重各国主权和独立；第二，和平解决争端；第三，以开放投资、透明协议和互联互通为基础的自由、公平、互惠贸易；第四，遵守国际规则和准则，包括航行和飞越自由的规则和准则。报告罗列了美国在印太地区面临的挑战和威胁：一是将中国视为“修正主义国家”（Revisionist Power），污蔑中国在该地区正在依靠军事现代化、强制行动以及经济手段来实现其利益；二是将俄罗斯形容为“复苏的邪恶行为体”（Revitalized Malign Actor），认为俄罗斯正在利用经济、外交和军事手段来实现在印太地区的影响力，破坏美国的领导地位和以规则为基础的国际秩序；三是将朝鲜描绘为“无赖国家”（Rogue State），在朝鲜实现最终的、可核实的无核化之前，朝鲜对地区以及全球安全依然构成一定威胁，同时，需要继续警惕其他大规模杀伤性武器、导弹威胁和安全挑战；四是一些普遍存

① Ankit Panda, “Trump Signs Asia Reassurance Initiative Act Into Law,” *The Diplomat,* accessed January 3,2019, https://thediplomat.com/2019/01/trump-signs-asia-reassurance-initiative-act-into-law/.

在的跨国威胁，包括恐怖主义、非法武器、毒品、人口和野生动物贩运、海盗、危险的病原体、武器扩散、自然灾害以及国家治理方面的问题。

美国的印太战略主要从以下三个方面来实施。一是“备战”。报告称美国要通过提升武装力量部署、危机应对以及与盟友之间的合作等能力，应对对手的挑战。报告指出，一旦对手决定通过武力推进他们的利益，他们很有可能在冲突开始时享有军事优势，竞争对手会迅速利用他们的能力来实现有限的目标，并阻止美国与其同盟之间的联系。因此美国需要建立更具杀伤力的军事力量，面对任何可能性的冲突都具有决定性的优势。由此，美国在该地区部署了2000余架战机，200艘舰艇和潜艇以及超过37万的兵力。美国将力求在南亚、东南亚以及大洋洲壮大规模并拥有更加动态以及分布式的存在。同时，关岛作为美国在印太地区的战略枢纽，承担美国在整个印太地区的关键行动和后勤保障。“备战”就意味着美国将对来自中国的威胁更加敏感，冲突爆发的可能性也就上升，其应对也更加敏捷并更具杀伤力。

二是“伙伴关系”。报告利用了很大篇幅来梳理了美国的同盟国和伙伴关系国家，美国希望打造一种“四圈层”架构，并更加注重在南亚、东南亚和太平洋岛国三个战略方向上着力拓展安全关系。[①] 第一圈层是美国在印太地区的盟友，包括日本、韩国、澳大利亚、菲律宾和泰国；第二圈层包括新加坡、蒙古和新西兰等；第三圈层主要是印度洋和东南亚地区的伙伴国，如印度、斯里兰卡、越南、印度尼西亚等。至此，从东北亚的蒙古，途经日本、东南亚国家和澳大利亚，向西至印度，美国欲打造的安全架构将中国北部、东部、南部以及西南部包围，给中国带来了极大的战略压力；第四圈层则是英国、法国和加拿大等西方盟友，美国认为这些盟国为维护印太地区和全球的自由和开放原则提供了至关重要的支持。

三是“地区网络化”。报告指出，印太地区的共同安全依赖于美国的军事存在、不断增长的联盟网络和促进互操作性和协调的密切伙伴关系。

① 赵明昊：《美国推进印太战略的四个趋向》，《世界知识》2019年第13期。

美国应进一步加强建立在双边基础上的多边安排，鼓励发展亚洲内部的安全关系，建立基于共同目标的伙伴关系。该报告强调了美日韩、美日澳、美日印的三边关系是美国优先考虑的机制；美国继续支持东盟在地区安全架构中的中心地位；美国支持美印日澳四国重新建立四方磋商机制，这是讨论四国各自印太愿景的重要论坛。另外，报告强调要加强亚洲内部安全关系，鼓励各国在双边和多边基础上，开展防务协议和安排，加强训练、演习和行动，建立伙伴能力，稳定印度太平洋地区。

第二节　特朗普政府印太战略的缔造逻辑

特朗普政府的印太战略遵循“美国优先”的外交原则，将中国视为战略竞争对手，并以此为目标导向。特朗普政府印太战略一个突出的特点是重视经济的作用，同时，延续奥巴马时期的战略构想，将印太同盟体系的构建作为战略实施的重要支柱。以上特征构成了特朗普政府印太战略缔造的基本逻辑。

一、美国优先：印太战略的缔造原则

印太战略是特朗普政府对外政策中的一部分，因此，我们必须将其置于美国对外政策的大框架中考量，把握美国外交政策的制定原则与战略思维，从而更加有助于我们理解印太战略的缔造逻辑。“美国优先”（America First）是特朗普执政后推出的口号和执政总纲。特朗普认为，美国过去的政策支持全球化，极大地损害了美国的利益：牺牲了美国工业，支持了外国工业，导致美国制造业走向“空心化”；补贴支持外国军队，却不断消耗美军实力；宣扬贸易自由，却无视公平，贸易赤字不断飙升；宣扬气候变暖，阻碍传统能源开发，民众生活成本上升。特朗普声称：“我们不会

再让这个国家或其人民屈服于全球化的虚假歌声。”[①]“未来属于爱国者而不是全球主义者。”[②]

2017 年 1 月，特朗普在就职演说中阐释了“美国优先”的施政理念。“长久以来，我国首都的一小群人攫取了政府的利益，而人民却承担了代价。华盛顿繁荣昌盛，但人民没有分享它的财富。政客们发了大财，但工作机会却流失了，工厂倒闭了。当权派保护的是他们自己，而不是我们国家的公民。”“从今天开始，一个新的愿景将治理我们的国家，就是‘美国优先’。每一个关于贸易、税收、移民、外交事务的决定都将有利于美国工人和美国家庭。我们必须保护我们的边境不受其他国家的破坏，这些国家制造我们的产品，窃取我们的公司，破坏我们的工作。”“保护将带来巨大的繁荣和力量。我们将带回我们的梦想。我们将在我们辽阔伟大的国土上修建新的道路、高速公路、桥梁、机场、隧道和铁路。我们将让我们的人民不再依赖福利，重新回到工作岗位，用美国人的双手和美国人的劳动重建我们的国家。”[③]

特朗普政府“美国优先”的外交政策主要有以下几方面的表现。第一，将重心转回国内。正如特朗普所言：“当我们在国内重建美国的力量和信心时，我们也在恢复我们的力量和在国外的地位。”“民族国家，而不是国际秩序，才是幸福与和谐的真正基础。”围绕此出发点，特朗普上台后的一些表现都体现了这个原则：退出“跨太平洋伙伴关系协定”(TPP)、伊朗核协议、《巴黎气候协定》、联合国教科文组织、《全球移民契约》谈判以及联合国人权理事会等多边舞台，特朗普在全国步枪协会（National

① Ishaan Tharoor, “After Clinton, Trump’s real enemy is ‘globalism’,” The Washington Post, accessed November 3, 2016, https://www.washingtonpost.com/news/worldviews/wp/2016/10/28/how-globalism-became-the-boogeyman-of-2016/.

② Madeleine Carlisle, “Trump Defends ‘America First’ Policy in U.N. Speech, Says the Future Belongs to ‘Patriots’ Over ‘Globalists’,” last modified September 24, 2019, Time, https://time.com/5684890/trump-un-address-america-first/.

③ The White House, “The Inaugural Address,” last modified January 20, 2017, https://www.whitehouse.gov/briefings-statements/the-inaugural-address/.

Rifle Association）发表演讲时宣布将撤回对《联合国武器贸易协定》（United Nations Arms Trade Treaty）的支持。2020 年全球疫情暴发之际，特朗普先于 4 月份宣布暂停缴纳世界卫生组织会费，再于 5 月份宣布中止与世卫组织的联系。第二，经济利益优先。签署行政令，要求“买美国货，雇美国人”，创造更多本土就业岗位，降低失业率；进行国内经济结构性改革，改进税制，尝试改革医保，放松金融管制；以缩小贸易逆差为目标，鼓吹贸易保护主义，从区域主义转向双边主义，重启《北美自由贸易》谈判，发动对华贸易战，并将目标转向欧盟。第三，提升军事实力。信奉“以实力保和平”（Peace Through Strength）和“强人”哲学，主张恢复美国的“军事荣耀”，巩固美国在全球的优势地位，“让美国重新伟大”，并以提高军事实力为重要目标。特朗普提出，“应大幅增加美国军费，扩大军队规模，研制和装备更先进武器，升级导弹防御系统和核武库，强化网络战能力，努力呈现最高水平的军事准备状态”。①

特朗普政府印太战略的缔造也充分遵循了“美国优先”的原则。首先，“美国的国家利益”部分明确列出了美国的核心利益：保护美国人民、美国和美国人的生活方式；通过公平互惠的经济关系促进美国繁荣，解决贸易失衡；通过重建军队，使其保持卓越地位，以实力维护和平，并依靠盟国和伙伴承担起保护美国免受共同威胁的责任；通过在多边组织中竞争和领导来提高美国的影响力，美国的利益和原则得到保护。可以看出，特朗普不再像奥巴马一样强调追求美国的领导地位，而是细化成具体目标和利益。

其次，“备战”色彩浓厚，提升军事实力、加强军事合作是特朗普政府印太战略的重要内容。《国家安全战略》和《美国国防战略》都把印太地区当作维护美国安全的优先地区。美国参谋长联席会议主席声称，美国

① 赵明昊：《“美国优先”与特朗普政府的亚太政策取向》，《外交评论》2017 年第 4 期。

在该地区的军事能力表明，印太地区是美国军事主要努力的重点。[①]美国在该地区不断加大军事投入，确保军事优势，并将太平洋司令部更名为印太司令部。《印太战略报告》中明确提出要提高联合部队的杀伤力、弹性、灵活性和战备能力；同时也要加强与日本、印度和澳大利亚之间的军事协调和互操作性。这几个报告都以提升美国的军事实力、建立美国全面的军事优势为首要导向。

再次，将经济手段纳入印太战略中，以倡导美国主张的贸易规则为目标。特朗普在经济方面的两大考量是“获益”以及注重“公平贸易”。《印太战略报告》指出，美国需要加大包括基础设施在内的投资，振兴发展，和金融机构加强合作。并强调要将印太建设成为运转良好、透明的市场以激励全球商业投资。关于“公平贸易”，特朗普指出，“多年来，美国几乎无条件、系统地开放经济。我们降低或终止了关税，减少了贸易壁垒，并允许外国商品自由流入我国。但是，尽管我们降低了市场壁垒，其他国家却没有向我们开放市场。从今天开始，我们将在公平和平等的基础上竞争。我们不会再让美国被利用。”[②]通过投资获益、强调贸易的公平性甚至实行保护措施，体现了“美国优先”的原则。

最后，以“交易方式”对待同盟关系，获取美国的相对利益。特朗普“将美国提供的安全保障和承诺视为商品，要求同盟和伙伴国增加‘付费’并切实承担自身责任”。[③]特朗普在竞选期间表态，美国不再当世界警察，不再进行没有必要的投资；执政后，特朗普多次公开批评盟友并认为他们长期“搭便车”。特朗普一再抨击北约盟国在国防上的开支不足，催促德国和其他国家为他们的武装部队提供更多的资金，对其太平洋盟友日本和

---

① Jim Garamone, “Milley Describes Indo-Pacific Region as U.S. Military's ‘Main Effort’,” last modified November 13, 2019, https://www.defense.gov/Explore/News/Article/Article/2015053/milley-describes-indo-pacific-region-as-us-militarys-main-effort/.

② The White House, “Remarks by President Trump at APEC CEO Summit | Da Nang Vietnam,” last modified November 10, 2017, https://www.whitehouse.gov/briefings-statements/remarks-president-trump-apec-ceo-summit-da-nang-vietnam/.

③ 赵明昊：《“美国优先”与特朗普政府的亚太政策取向》，《外交评论》2017 年第 4 期。

韩国也是如此。2019 年 11 月，时任美国国家安全顾问约翰·博尔顿（John Bolton）向日本和韩国提出，特朗普要求日本支付相当于之前的 4 倍（80 亿美元左右）的军费；要求韩国从 10 亿美元增加到 50 亿美元。① 特朗普政府印太战略两个重要部分是“伙伴关系”和“地区网络化”。美国网罗了印太地区众多国家。使之成为其合作伙伴，并推动这些国家在该地区建立网络化的合作机制和伙伴关系，这实际上是在借助其他国家的力量，变相降低美国维持在印太地区地位和利益的成本。

二、战略竞争：印太战略的目标导向

冷战结束 30 年以来，中美两国关系的发展是一个不断调整的过程，从根本来讲是由两国的结构性矛盾决定的。中美两国关系从“体系内外—实力强弱”逐渐走向“体系两强”，中美两国综合实力差距不断缩小，中国国际地位不断上升，影响力不断加大，美国对中国的崛起感到焦虑和担忧，对华战略日益消极。“这就表现为美国对华战略从‘接触’逐渐演变为‘接触＋防范’，再演变成‘接触＋规制’的过程。”② 因此，特朗普上台后对华战略呈现出的强硬态度，没有脱离冷战后美国对华战略的总体框架。

特朗普上台后，美国战略界的对华认知越发负面，“中国强硬论”“中国取代美国论”“中国渗透论”等甚嚣尘上，对华的态度不断强硬。比如，特朗普政府中国政策顾问、国防部前官员白邦瑞（Michael Pillsbury）污蔑称，中国长期对美国进行“战略欺诈”，中国的真实战略意图就是削弱美国的全球领导地位，并把美国赶出亚洲，因此，美国需要加大对中国的压制。特朗普政府另一核心智囊彼得·纳瓦罗（Peter Navarro）甚至荒谬地

① Lara Seligman and Robbie Gramer, “Trump Presses Japan to Pay Up for U.S. Troops,” Foreign Policy, accessed November 18, 2019, https://foreignpolicy.com/2019/11/18/trump-japan-south-korea-pay-united-states-troops-billions-asia-pacific/.

② 达巍：《美国对华战略逻辑的演进与“特朗普冲击”》，《世界经济与政治》2017 年第 5 期。

指出，帮助中国加入世界贸易组织是美国迄今犯下的最大错误，中国的崛起导致了“美国的衰落”。2017 年 3 月，美国前助理国务卿谢淑丽（Susan Shirk）等民主党背景的战略界人士也在一份共同撰写的报告中表示，奥巴马政府的对华政策“过软”，对中国的“反击”不力。同年 9 月，美军参谋长联席会议主席约瑟夫·邓福德（Joseph Dunford，Jr）毫不掩饰地表示，到 2025 年中国将成为美国的最大威胁。①

特朗普政府的印太战略更多由“危机驱动”，具有“问题导向”和“目标导向”。也就是说，印太战略主要是针对印太地区的主要威胁而制定的，并将中国设定为该地区最大的威胁。特朗普政府的印太战略将中国定位为“战略竞争者”，中国成为其战略实施的最大的动力。我们从《印太战略报告》可以看出，渲染“中国威胁论”是该战略报告的重要内容，污蔑中国正在挑战美国在印太地区的霸权地位、重组地区秩序，并通过军事和经济手段提升地区影响力：在南海，中国持续在有争议的岛屿上部署反舰巡航导弹和远程地对空导弹，并在与声索国有争议的地区加强军事力量；在东海，中国海上执法舰队和飞机在钓鱼岛附近巡逻，“破坏”了地区稳定，不符合印太地区“自由和开放的原则”；在台湾问题上，“中国从未放弃使用武力，加紧完成对台作战准备”；中国军队正进行重组，以提高其开展复杂联合作战能力，提升指挥与控制、训练、人员和后勤系统水平，部署和开发的武器包括巡航和弹道导弹系统、现代战斗机和轰炸机、航空母舰、现代舰艇和潜艇、两栖攻击舰、地对空导弹系统、直升机、直接攻击型反卫星导弹和自治系统等。在经济议题上，《印太战略报告》对中国也颇多指摘，尤其针对“一带一路”倡议。该报告污蔑称，中国的对外投资虽然会给相关国家带来好处，但也有负面的经济效应，如债务危机，甚至会损害对方国家主权。“中国绕过正常的市场机制进行投资和项目融资，导致当地的工厂和工人标准降低、机会减少，导致大量的债务积累。”2019 年 2 月，印太司令部司令菲利普·戴维德森在参议院军事

① 赵明昊：《特朗普执政与中美关系的战略转型》，《美国研究》2018 年第 5 期。

委员会作证时指责道："中国正通过损害该地区国家主权的方式，使用其经济权力工具……这些资金短期看是快钱，但是带有附加条件，即不可持续的债务、降低的透明度、对市场经济的限制，以及对自然资源进行控制而带来的潜在损失。"

总体来说，特朗普上台后，印太地区政策从奥巴马时期的"再平衡"转变为了"战略竞争"。

但是，我们也要避免将"战略竞争"引发的悲观情绪放大。可以看出，特朗普对华战略较少受意识形态影响，虽然他曾经抨击过中国的制度和意识形态，但从未说要塑造或者改造中国，特朗普更多的是从国家层面以及全球体系层面来定位中美关系。彭斯曾表示，美国是希望通过改变所谓的"不公平贸易"，扭转美国利益受损的局面。同时，中美两国相互依存的程度并没有减弱，两国在全球和地区事务上紧密合作，从而抑制了美国对华战略走向负面极端的冲动。因此，我们需要理性、全面地理解美国对华的战略竞争。

三、经济意涵：印太战略的关键手段

经济是特朗普政府的关键组成部分，即"经济安全就是国家安全"。2017 年 12 月，特朗普强调："促进美国的繁荣是我们国家重要的战略支柱，美国的战略制定第一次认识到经济安全就是国家安全。国内的经济活力、增长和繁荣对于美国在国外的力量和影响是绝对必要的。任何用繁荣换取安全的国家最终都会两败俱伤。"2017 年《国家安全战略》比以往任何时候都重视为了实现美国繁荣而必须采取的关键步骤：一是呼吁削减税收和减少不必要的监管，呼吁基于公平和互惠原则的贸易，对不公平的贸易行为和知识产权盗窃采取坚决行动，采取新的措施来保护美国国家安全、工业和创新基地；同时该战略建议全面重建美国的基础设施——"我们的道路、桥梁、机场、水路和通信基础设施，并在未来实现美国能源主导和自给自足。”[①] 也就是说，特朗普认为经济上的繁荣和增长可以让国家更加安全。强大的经济为美国提供了资源，从而增强其军事能力和在国际上投射实力的能力。

《印太战略报告》指出，“要以开放投资、透明协议和互联互通为基础的自由、公平、互惠贸易”。关于如何促进“自由、公平、互惠”的贸易，特朗普在《2018 贸易政策议程和 2017 年度报告》(2018 Trade Policy Agenda and 2017 Annual Report）中指出了贸易政策的五大支柱：第一，通过确保经济安全来支持国家安全；第二，加强美国经济建设，通过将减税（Tax Cuts）和就业法案（Jobs Act）签署为法律，提高美国公司和工人的全球竞争力；第三，重新就双边贸易协定进行谈判；第四，捍卫和执行贸易法律，开展一系列贸易保护行动；第五，倡导对世贸组织进行合理和公平的改革，完善有效的市场规则，扩大贸易并惠及更多国家。[②]2018 年 4 月，时任美国东亚及太平洋事务局副助理秘书长亚历克斯・黄（Alex N. Wong）在谈到印太战略时指出：“美国每年与印太地区的双边贸易额为 1.4 万亿美元，在该地区的外国直接投资每年为 8600 亿美元，而且这两个数字都在上升。”他谈到了关于公平贸易的两个关键因素：“一是为贸易协定制定自由贸易的规则，在双边基础上努力降低贸易壁垒，并通过亚太经合组织等组织改革本地区的经济体，使贸易和投资更加开放；二是必须确保自由贸易规则的执行，必须确保各国不能滥用规则，不能强迫技术转让，不能窃取知识产权等。”[③]

① The WhiteHouse, “Remarks by President Trump on the Administration’s National Security Strategy,” last modified December 18, 2017, https://www.whitehouse.gov/briefings-statements/remarks-president-trump-administrations-national-security-strategy/.

② The White House, “President Donald J. Trump’s Policy Agenda and Annual Report for Free, Fair, and Reciprocal Trade,” last modified February 28, 2018, https://www.whitehouse.gov/briefings-statements/president-donald-j-trumps-policy-agenda-annual-report-free-fair-reciprocal-trade/.

③ The White House, “Briefing on The Indo-Pacific Strategy,” last modified April 2, 2018, https://www.state.gov/briefing-on-the-indo-pacific-strategy/.

贸易方面，美国与印太地区的两个同盟和伙伴国取得了很大的突破。2019 年 10 月，《美日贸易协定》（U.S.-Japan Trade Agreement）和《美日数字贸易协定》（U.S.-Japan Digital Trade Agreement）签署。两国政府于 2019 年 4 月开始谈判，不到半年就签署了这两份商品贸易协议。协议呼吁日本开放农业市场，达到 TPP 所规定的程度。日本立即将对美国牛肉的进口关税从 38.5% 降低到 26.6%，并将在 2033 财年将关税削减 9%。日本对来自美国的磨碎奶酪、葡萄酒和高端猪肉产品的关税最终将降至零。与此同时，贸易协定生效时美国取消对日本空调部件和燃料电池的关税。[①] 根据贸易协定，日本将取消或降低大约 72 亿美元的美国农产品出口关税，一旦这项协议得到实施，美国进口到日本的农产品将有 90% 以上免税或享受特惠关税待遇。《美日数字贸易协定》包括确保数据可以不受限制地跨境传输的高标准的条款，保护消费者隐私，促进遵守应对网络安全挑战的共同原则，支持有效使用加密技术。该协议将促进美国和日本之间价值约 400 亿美元的数字贸易。[②]

2018 年 7 月，美国授予印度“一级战略贸易授权”（Tier 1 Strategic Trade Authorization），允许印度在没有特定许可证的情况下可以大量出口。商务部长威尔伯•罗斯（Wilbur Ross）表示，“这一地位反映出印度努力改善自己的出口控制制度、遵守多边出口规则，以及其作为美国防务伙伴的地位日益上升。这次授权为印度提供了更高的供应链效率，不仅用于国防，还用于其他高科技产品”。前国防部官员、现供职于美印商务委员会（US-India Business Council）的本杰明•施瓦茨（Benjamin Schwartz）表示：“从美国目前对印度的出口来看，其中 50% 符合 STA-1 的条件。这可以增

① JiJi, “Japan-U.S. pact takes effect to promote goods, digital trade,” The Japan Times, accessed January 2, 2020, https://www.japantimes.co.jp/news/2020/01/02/national/japan-u-s-pact-takes-effect-promote-goods-digital-trade/#.XlYsI6gzZRY.

② US Department of State, “A Free and Open Indo-Pacific: Advancing a Shared Vision,” last modified November 4, 2019, https://www.state.gov/a-free-and-open-indo-pacific-advancing-a-shared-vision/, p.14.

加 21 亿美元的贸易，让美国出口商在全球市场上更具竞争力，帮助印度获得更先进的美国技术。”[①]

基础设施方面，近年来美国推动并成立了多个机构，开展多项促进基础设施投资的有效行动。2018 年 7 月，美国启动了“基础设施建设交易及协助网络”（Infrastructure Transaction and Assistance Network，简称 ITAN），通过优化美国市场来促进私营部门投资的发展，为孟加拉国、马尔代夫、尼泊尔、菲律宾、越南等国提供帮助和支持；同时，美、澳、日签署三方谅解备忘录，宣布建立三边伙伴关系，共同合作开发印太地区的基础设施。澳大利亚前外长朱莉·毕晓普（Julie Bishop）称，“三边伙伴关系认识到需要更多的支持来促进‘印太’地区的和平与繁荣”。[②] 该声明称，该协议将调动在能源、交通、旅游和技术基础设施方面的投资；2018 年 10 月，美国通过《更好地利用投资促进发展（建设）法案》（the Better Utilization of Investments lead to Development，简称 BUILD Act），合并海外私人投资公司和美国国际开发署发展信用局，成立美国国际发展金融公司（U.S. International Development Finance Corporation），并进一步提高权限，这使美国政府的发展融资能力增加了一倍，总额达 600 亿美元，并为其配备新的功能，如股权投资和基金可行性研究的能力；2019 年 9 月 ITAN 旗下推出了一个新的“交易顾问基金”（Transaction Advisory Fund），帮助合作伙伴评估潜在基础设施项目的财政和环境影响；另外，创立了“蓝点网络”（Blue Dot Network），将汇集各国政府、企业和民间社会组织，提供全球公认的、遵守最佳实践的基础设施方面的高标准。

---

① “US gives India Strategic Trade Authorisation-1 status: All you need to know about what this means,” last modified Firstpost, July 31, 2018, https://www.firstpost.com/world/us-gives-india-coveted-strategic-trade-authorisation-1-status-all-you-need-to-know-about-what-this-means-4856681.html.

② “Japan, U.S. and Australia plan infrastructure push to counter China in Indo-Pacific,” The Japan Times, accessed July 31, 2018, https://www.japantimes.co.jp/news/2018/07/31/national/politics-diplomacy/japan-u-s-australia-plan-infrastructure-push-counter-china-indo-pacific/#.XlZD26gzZRY.

能源是美国在印太地区重点关注和投资的领域。特朗普政府在2018年印太商业论坛启动了“通过能源促进亚洲发展和增长倡议”（简称“亚洲优势”）（Asia Enhancing Development and Growth though Energy，The Asia EDGE Initiative），以加强能源安全，促进能源多样化和扩大贸易，并增加整个地区的能源供应。“亚洲优势”项目利用美国政府、私营部门和国际金融机构的专业知识和资源，倡议与志同道合的利益攸关方合作。在经济和人口持续增长的推动下，印太地区已经成为全球能源需求增长的中心，东南亚和南亚在全球能源体系中的地位也在提高。预计到2040年，中国的能源需求仍将占全球总量的四分之一，东南亚经济规模将达到当前的两倍，将会带动近三分之二的能源需求增长，这种需求的增长反过来又会使该地区更加依赖能源进口，该地区每年的净进口支出也将超过3000亿美元。然而，能源获取在一段时间内仍然是一个挑战，据估计，东南亚6.4亿人口中约有十分之一仍处于断电状态。[①] 巨大的市场需求使美国看到了机遇，美国与日本、澳大利亚和印度展开了能源合作，并对地区国家的电力、天然气、清洁能源等项目的开发进行投资和支持。此外，美国国际开发署于2019年与亚洲开发银行合作，为亚洲和非洲的项目调动70亿美元的能源投资，清洁能源系统的产能将提高60亿瓦，在接下来的5年里，地区能源贸易将增加10%。

数字经济也是一个重要领域。美国国务院于2019年发布的《自由开放的印太：一个共同的愿景》强调，互联网和数字经济为世界经济带来了巨大的增长，提高了人们的生活水平。而印太地区是这个世界上几大联系最紧密、技术最先进的经济体所在地。保持开放和互操作性的跨境数据流是未来十年的一个主要挑战，同时将保护数字经济免受网络安全威胁。2018年印太商业论坛上，特朗普政府发起了“数字连接与网络安全伙伴关系”（Digital Connectivity and Cybersecurity Partnership）的倡议，

① Jane Nakano, “Energy Opportunities under the Free and Open Indo-Pacific Vision,” CSIS, accessed December 10, 2018, https://www.csis.org/analysis/energy-opportunities-under-free-and-open-indo-pacific-vision.

致力于改善参加倡议国家的数字连接，并增加美国技术出口的机会。除了建立公私合作伙伴关系以建设数字基础设施外，该倡议还将部署技术援助，以改善伙伴国的监管政策和网络安全。[①] 东盟是美国重点关注的合作伙伴。2018 年 11 月，在新加坡举行的“美国—东盟”峰会上，彭斯重申了美国对东盟的承诺，强调“东盟是美国不可或缺和不可替代的战略伙伴，两者利益是交织在一起的，愿景是一样的”。[②] 通过建立“美国—东盟智慧城市伙伴关系”（U.S.-ASEAN Smart Cities Partnership），帮助东南亚城市推动数据驱动技术创新并管理市政资源，刺激美国对该地区数字基础设施的投资。

四、同盟网络：印太战略的重要支柱

冷战结束以后，美国与亚太地区国家建立了一系列双边同盟，形成了“中心—轮辐”（hub and spoke）同盟体系。美国的对华战略竞争、地区领土争端、非传统安全等使亚洲力量格局和安全局势也随之产生了变化。美国认识到单靠双边同盟不足以应对复杂的地区形势的变化，因此采用了多边合作的形式来作为双边同盟体系的有益补充。奥巴马政府时期，美日韩、美日印、美日澳三组三边合作形式都得到了有效的推动。此外，奥巴马政府还加入东亚峰会，推动 TPP 谈判，发起“湄公河下游合作倡议”等。由此，美国在亚太地区的同盟体系在奥巴马执政时期便呈现出网络化的特征，在塑造亚太秩序和地区力量格局方面占据了很重的分量。

---

① US Chamber of Commerce, “Indo-Pacific Business Forum Highlights,” last modified July 30, 2018, https://www.uschamber.com/event/indo-pacific-business-forum-highlights.

② “Pence in Southeast Asia: Ways forward for U.S.-ASEAN cooperation on infrastructure development,” Brookings, accessed November 27, 2018, https://www.brookings.edu/blog/order-from-chaos/2018/11/27/pence-in-southeast-asia-ways-forward-for-u-s-asean-cooperation-on-infrastructure-development/.

特朗普政府的印太战略格外重视同盟和伙伴国的作用，并在伙伴关系的基础之上，进一步完善多边合作和地区架构。《印太战略报告》中宣布的印太战略三大支柱中有两个与同盟和伙伴国有关，分别是“伙伴关系”和“地区网络化”。《印太战略报告》指出：“美国在印太地区的参与植根于我们长期的安全联盟，这是我们战略的基石。互利的联盟和伙伴关系对我们的战略至关重要，提供了任何竞争对手都难以企及的持久、不对称的战略优势。”特朗普关于同盟网络体系的战略考量呈现出以下几方面特点。

第一，印太地区同盟和伙伴数量庞大、地域范围广阔。上文中提到，特朗普政府努力在印太地区打造一个“四圈层”伙伴关系，重点列出23个国家和地区，当然，与美国开展合作的印太国家和地区不局限于此，比如还包括一些太平洋岛国。这些盟国和伙伴所涉及的地域范围尤其广阔，从印太地区中心位置的日本、韩国，向南延伸到澳大利亚、新西兰，以及菲律宾、泰国、新加坡等东南亚国家，向西南囊括印度、斯里兰卡、孟加拉国等南亚国家，向北波及中国北部的邻国蒙古，向东越过太平洋，到达加拿大、英国和法国。我们可以看出，其一，庞大的同盟和伙伴网络体系说明了特朗普政府已经将战略重心转移到印太事务上来，印太战略是其对外战略的核心部分；其二，盟国和伙伴之间自助性的安全合作，能够节省美国维护印太安全的成本，也是美国进一步塑造地区安全架构的重要支点；其三，特朗普政府意将众多国家和地区囊括到其印太战略体系中，从而增加其遏制中国的筹码。美国格外重视台湾的战略地位，至今已开展了一系列实质性行动，如与台湾的“新南向”政策对接，颁布《与台湾关系法》（Taiwan Relations Act）以支持提升台湾的有效威慑能力等。

第二，以印度、日本和澳大利亚为核心，突出强调印度的重要性。在这个同盟和伙伴网络体系中，可以说，印度、日本和澳大利亚这三个国家居于体系的核心地位。一方面是因为这三个国家是印太地区除了中美两国之外经济和军事实力最强大的国家。国际货币基金组织的统计数据显示，预计到2020年，美国的GDP总量为22.32万亿美元，中国为15.27万亿美元，日本、印度与澳大利亚三国GDP总量相加能够达到10.24万亿，将远高于排名世界第三日本5.41万亿的GDP总量，足以对地区力量格局产生重大影响；另一方面，相对而言，日本和澳大利亚与美国的双边关系最为牢固，同时，美国与印度的战略关系以及印度对美国的重要性也在上升。美日同盟不光是两国安全战略的核心，也是它们参与印太事务的重要基石。美澳安全同盟也具有一定的历史和利益基础，二战和冷战时期澳大利亚都对美国给予了军事上的相应支持，美国和澳大利亚被多个条约捆绑在一起，并作为“五眼联盟”（Five Eyes）的成员共享情报。[①] 澳大利亚在战略上与美国逐渐靠拢，并将美国视为重要的战略伙伴以及印太地区稳定的重要力量。印度是美国格外重视并且有潜力的重要伙伴，美印战略关系不断取得实质性进展。一方面，美国认为拥有地理优势和实力的印度，是其在印太地区最佳战略伙伴；另一方面，美国看中了印度巨大的发展潜力。

第三，美国对同盟和伙伴国安全依赖加重，注重让盟国分担防务成本。其中，日本、韩国、澳大利亚、菲律宾和泰国等同盟处于核心位置，可以看出安全考量在特朗普印太战略中占据首位。由于美国实力衰退以及特朗普的商人思维更加“精打细算”，特朗普政府不再愿意让美国当“世界警察”，尽可能减少用以维护印太安全和自身利益的成本，因此美国在安全上更加倚重同盟和伙伴国，更多地借助他们的力量来实现美国的印太构想。在与同盟国的安全合作方面，特朗普注重让对方承担防务成本。2017年5月，特朗普在布鲁塞尔会谈上对北约盟国喊话，所有北约成员国必须支付他们的国防开支的公平份额。特朗普对印太地区的盟友也是如此。上任以来，特朗普对日本和韩国态度强硬，多次提出“无理要求”，经济上批评日本贸易对美不公，军事上也要求大幅上涨军费，引起盟友不满。2019年11月，美国政府要求日本和韩国分别增加军费至80亿和50亿美元，日韩两国表示不堪重负。

① Jacob L. Shapiro, “The Importance of Australia to the United States,” GPF, accessed February 3, 2017, https://geopoliticalfutures.com/the-importance-of-australia-to-the-united-states/.

第四，以东盟为中心，以网络化架构塑造印太地区秩序。特朗普政府拉拢印太地区众多同盟和伙伴国，欲打造一个网络化的安全架构，并进一步塑造印太地区秩序。《自由开放的印太：一个共同的愿景》报告中强调，美国的联盟和伙伴关系网络一直是印太地区稳定与和平的核心。任何国家都不可能孤立地塑造该地区的未来，如果没有一个强大的由主权国家合作构成并保障其集体利益的网络，该地区的愿景就不完整。也就是说，促使印太地区国家在双边及多边的基础上加强合作，并进一步形成网络化的地区安全架构，才是特朗普政府塑造同盟与伙伴关系的终极目的。基于上述目标，美印日澳四国组成的四边安全对话于 2017 年复兴并得到进一步发展；美日印和美日澳两组三边对话也在有序推进，通过“小多边主义”的方式，美国同这几个国家在基础设施发展、海上安全和反恐以及价值观等方面进行了接触和意见交换；2018 年美国主持“湄公河下游倡议”（Lower Mekong Initiative）部长级会议；美国在亚太经合组织（APEC）框架内展开合作，并发起了“美国支持亚洲经济增长计划”（Economic Growth in Asia）；美国于 2016 年发起了“海上安全倡议”（Maritime Security Initiative），是按照《国防授权法案》（NDAA）第 1263 条发起的，最初是作为一个五年的权力机构，专注于增强合作伙伴的海上能力。2019 年，美国将权限延长至 2025 年 12 月，并扩大了该倡议的范围，这个范围囊括了南亚区域。此外，全球和平行动计划（Global Peace Operations Initiative）是美国政府提升伙伴能力以支持联合国和平行动的主要工具，包括孟加拉国、柬埔寨、印度尼西亚、马来西亚等 12 个印太伙伴。值得注意的是，美国多次在公开场合重申并肯定了东盟在印太地区的中心地位，并加入东盟开展的多边合作，如东盟地区论坛（ARF）、东盟防长扩大会议（ADMM-Plus）以及美国与东盟海上军事演习（ASEAN-U.S. Maritime Exercise）。

第三节　特朗普政府印太战略的评价与前景

本节将从时间视角出发，从历史和未来两个维度对特朗普印太战略进行全面评估。一是将特朗普政府时期的印太战略和奥巴马政府时期的“再平衡”战略进行对比，考察印太战略对“再平衡”战略的继承性与差异性；二是在客观把握与评估印太战略的局限性之后，对拜登政府时期印太战略的走向进行展望。

一、印太战略与“再平衡”战略：延续性与差异性

特朗普上台后，避免延续使用奥巴马政府外交战略上的措辞。虽然在战略表述上改头换面，但是战略思想和内容具有一定延续性，仍未摆脱奥巴马政府亚太战略的基本框架，这具体体现在以下几个方面：第一，对印太地区重要性的认知一脉相承。早在奥巴马政府时期，美国就已经认识到，全球经济和战略重心已经转移到亚太地区，美国在该地区有重大利益，必须防止另一种挑战美国地区和全球霸权的力量出现。特朗普政府关于美国战略重心的想法与奥巴马政府如出一辙，仍然承认亚太地区的重要性，并且在此基础上将范围扩大到印太地区。特朗普认为，印太地区的繁荣与稳定是美国在全球的首要利益，印太是对美国未来影响最大的地区。特朗普对印太地区的重要关切主要包括两个方面，一是美国错误认为中国崛起对地区秩序和美国霸权带来挑战，伴随中国军事力量的增强，印太各国的焦虑与担忧上升；二是朝鲜的核武器问题对地区安全带来的威胁。对于特朗普政府来说，朝鲜是全球和平与稳定的“一个明显而现实的危险”，美国前国防部长马蒂斯也指出，一个拥有核武器的朝鲜是不能被接受的。特朗普政府结束了奥巴马政府时期对朝的“战略忍耐”，转而采取强制外交，加大对朝施压力度，运用军事和外交手段来应对朝鲜核问题。

第二，对印度洋战略价值的重视没有改变，并延续了海权竞争的战略思想。美国对印度洋战略价值的认知已有时日。2012 年奥巴马政府发布的《维持美国的全球领导地位：21 世纪国防优先任务》中强调："从西太平洋和东亚地区到印度洋和南亚地区，都与美国的经济和安全利益密不可分，同时，给美国带来了大量的机遇和挑战。"2014 年版《四年防务评估报告》中进一步表明："美国将继续努力维持亚洲中部和西南部地区局势的稳定，并加强美国在印度洋地区的存在以深化美国在亚洲的'再平衡'战略。"特朗普的印太战略实质上就是更加强化了印度洋重要的战略价值，成立印太司令部更是从官方角度承认并提升了印度洋的重要地位。同时，马汉的"海权论"重新占据主导地位。冷战后美国海洋战略经历了从"由海向陆""应对地区冲突"转向"重返海洋控制"，而中国海军正在从"近海防御"转型到"远海护卫"，中美海权不可避免产生竞争，从这个意义上讲，特朗普的印太战略也是从海权竞争的角度来应对中国的"一带一路"倡议。

第三，依靠盟友的战略思路没有改变，尤其注意对印度的拉抬。奥巴马的"亚太再平衡"战略的一个重要举措便是依靠盟友和伙伴关系，以双边和多边的形式来维护地区安全。其中，除了美国在亚太地区的传统盟友日本和韩国之外，奥巴马政府还积极拉拢印度和澳大利亚；借助地区多边机制来开展与地区国家的经济合作，如 TPP、亚太经合组织、东亚峰会；与盟友和伙伴建立三边合作，如美日韩、美日印、美日澳等；并依托双边和多边机制来应对非传统安全，如借助巴基斯坦等双边联盟反恐，组建经联合国安理会授权、重点打击亚丁湾和索马里东海岸海盗的联合特遣部队（CTF-151）。特朗普实施印太战略以来，依然以日本、印度、澳大利亚为核心，推动四边安全对话复苏并取得了一定的进展。美国对印度的拉抬并未改变，奥巴马政府时期就将印度定位为"亚洲经济的支柱与安全提供者"，并"让印度加入美国期望建立并主导的'网络辐条'安全体系"。特朗普则一如既往对印度示好，2019 年 7 月特朗普与莫迪会晤的时候宣布，两国是"全球和平与稳定的中心"；2020 年 2 月特朗普访印时声称："美国热爱印度，美国尊重印度，美国将永远是印度人民忠实的朋友。”2019年美国国务院发布的《自由开放的印太：一个共同的愿景》报告也强调印度对于特朗普印太战略的重要性——“强大的美印伙伴关系对美国的印太愿景至关重要”。

虽然特朗普印太战略没有脱离奥巴马“亚太再平衡”战略框架，政策具有一定延续性，但该战略仍被赋予了新的内涵和定位，实施手段也有一定的不同。第一，特朗普将中国定位为“战略竞争者”。奥巴马的“亚太再平衡”战略在一定程度上也是对中国崛起的一种回应，但是奥巴马政府给中国的定位是“负责任的利益攸关者”，在对中国展开战略竞争的同时，也承认中国在国际体系中应有的地位。但是特朗普政府完全将中国置于美国的敌对立场，将中国定位为“战略竞争者”，错误认为中国的军事手段和经济手段对地区秩序的稳定带来了威胁，给美国的地区和全球霸权地位带来了挑战。尽管美国一再声称，印太秩序并不排斥中国的加入，可从事实上来看，美国设想的印太体系是将中国排除在外的，而且印太战略也是针对中国而制定，可以说，特朗普政府领导下的美国与中国处于针锋相对的态势。第二，突出强调经济手段，注重经济收益。特朗普将经济实力作为国家安全的重要保障和驱动力，正如特朗普政府所说，从未有哪届美国政府像现在这样重视经济的作用，尤其注意以利益为导向。特朗普退出 TPP 等多边协定，就是因为美国并没有通过 TPP 获得收益，他们认为这对美国来说是不公平的。第三，美印日澳四边安全对话正在发挥实质性作用。2007 年美印日澳开展第一次对话，但在 2008 年，该组织便随着澳大利亚的退出而解散。十年之后，四边安全对话于 2017 年再次活跃在国际政治舞台上。美印日澳四国一致认可该小多边合作形式的重要作用，以此来遏制中国的立场更加坚定，美国也希望以此为核心来推动美国印太战略体系的扩展以及印太秩序的最终形成。

综上，与奥巴马的“再平衡”战略进行对比，特朗普印太战略呈现出较多的继承性，归根结底是因为亚洲地缘战略的重要性未曾改变过。同时，特朗普政府在战略思维上更加渲染中国的威胁，战略举措上更强调收益导向的经济手段和小多边的安全合作形式。

二、印太战略的评估：基于大战略的视角

印太战略是特朗普就任总统后推出的以遏制中国为战略目标的地区战略。印太地区作为美国的战略重心，是这一时期美国大战略的重要组成部分，也是特朗普政府时期美国大战略在印太地区的缩影。特朗普上台后颁布的相关战略措施，遭到美国国内战略界和学者的广泛批评。有人认为特朗普政府虽然有大战略设计，但是该设计存在一定的缺陷，并给美国带来了极为不利的影响。从大战略的视角来看，印太战略具有以下几个特点。

首先，特朗普政府时期的印太战略是对美国传统大战略的背弃。从国际秩序上来讲，冷战之后的历届政府都在寻求自由主义国际秩序，并坚定地认为美国对这个国际秩序承担着不可推卸的领导责任。根据霸权稳定论，霸权国提供世界需要的公共产品，虽然承担了一定的成本并做出了自我牺牲，但是为世界的稳定发挥了重要作用。同时，美国对民主、自由、人权等价值观的宣扬也构成了支撑自由主义国际秩序的基础。然而，特朗普政府的做法却背离了历任政府的一致目标。特朗普上台后使美国退出多边机制，责怪盟友分担太少而让美国承担了太多的无用成本，这些都不符合一个霸权国家的行动惯例。甚至在美国一直看重的人权方面，特朗普政府宣扬，哪怕不符合人权标准，只要符合美国的利益，美国仍愿意与他交往。可以说，特朗普政府的大战略已经偏离了自由主义国际秩序信仰的轨道，逐渐向现实主义靠拢。虽然沃尔特等现实主义学者并不支持和欣赏特朗普的外交风格，但他们中的很多人强调，从现实主义的角度来看，特朗普的一些外交政策观点具有战略意义，例如提倡更公平地分担负担等。①

① Edoardo Baldaro, Matteo Dian, “Trump’s Grand Strategy and the Post-American World Order,” *Inter Disciplinary Political Studies*, Issue 4(2018): 35.

其次，特朗普政府的印太战略缺乏清晰的、系统的大战略设计。时殷弘指出："大战略的思维方式，特别是包括反映大战略本质的全局观念、敏锐坚定的'分寸'或平衡意识和宏大的远见。""对于政策行为之结果要进行大战略式的综合评估。要有较为全面的力量对比、胜负对比和成本效益评估，从全局观念出发将每个局部和在这局部上的得失放在它们恰如其分的地位。"① 也就是说，大战略的制定要具有全局意识，审慎地衡量该战略将会导致的得与失，并对收益进行预先评估，这就要求制定大战略的战略家的思维具有极高的素质，甚至要接受大战略式教育。特朗普是商人出身，缺乏政治经验，不受约束，对于内政和外交中的各种规则和共识熟视无睹。在政策制定的过程中，特朗普也常常依靠直觉进行决策，以利益为导向，并非深思熟虑，"有时候完全忽视周围幕僚的参考意见。而一旦在力排众议，按自己意志行事获得成功后，他更将自身独裁直觉决策奉为圭臬"。② 特朗普缺乏大战略设计的素养导致了这一时期美国大战略存在缺陷。罗杰·克里夫（Roger Cliff）指出，特朗普政府从未明确阐明其战略，2019 年底发布了关于印太战略情况最新进展的报告，但并未阐述这些努力背后的总体战略。③ 美国和平研究所的布莱恩·哈丁（Brain Harding）指出，特朗普的个人本能和行动往往削弱了政府的政策，破坏了他原本的意图。尤其是他教条式的贸易保护主义、对联盟根深蒂固的怀疑态度等，搅乱了政府试图构建战略的清晰度，而最大的问题之一是特朗普是否支持自己政府的战略。④

第三，特朗普本人及其国家大战略在国际社会上缺乏广泛的支持。时殷弘指出，"大战略必须有足够强健和经久的国内民众心理和民众舆论支

① 时殷弘：《国家大战略理论论纲》，《国际观察》2007 年第 5 期。

② 唐纳德·特朗普、梅瑞迪丝·麦基沃：《永不放弃——特朗普自述》，蒋旭峰、刘佳译，上海译文出版社，2016，第 9-12 页。

③ Roger Cliff, "A New US Strategy for the Indo-pacific," *NBR Special Report*, June 2020, p.6.

④ Brian Harding, "The Trump Administration's Free and Open Indo-Pacific Approach," *Southeast Asian Affairs* 2019, no. 1 (2019): 66.

持，必须有同样足够强健和经久的国际上的吸引力或尽可能广泛的国际可接受性，否则不仅缺乏追求实现国家根本政治目的的两项必要的大战略手段或资源，而且毁伤特定的大战略本身的生存和贯彻。”[①] 特朗普政府调整了全球战略部署，加速了从中东撤军的进程，调低了北约的战略地位，从中东和欧洲两个方向进行战略收缩。在其传统盟友中，欧洲一直是与美国战略关系最为紧密的地区，“跨大西洋共同体”代表了共同的价值观、文化纽带以及安全关切，因此被美国抛弃的欧洲盟友极为不满，并导致了他们开始寻求一条不依附于美国的、独立自主的道路。日本是美国在印太地区最为坚实的盟友，但是特朗普上台后与日本讨价还价，一切以美国的利益为核心，引发了美日之间的分歧。美国与盟友关系的变化导致对方国家对外战略的调整，并进一步引发了地区秩序乃至全球秩序的变动。印度学者布拉玛·切拉尼（Brahma Chellaney）认为，“特朗普无法从战略上进行思考，导致了对国家关系的长期破坏，甚至颠覆全球秩序，并加速了美国在全球范围内的影响力的下降。”[②] 从民意调查数据来看，世界各国对特朗普的政策普遍缺乏信心。2019 年关于“是否认为特朗普在国际事务上做正确的事”这一问题的调查，法国的支持率为 29%，与 2016 年奥巴马任职时期的 84% 相比，大幅度下降（见表 2）。支持率反差较为明显的还有德国、意大利、荷兰、瑞典、英国、澳大利亚、日本、韩国、巴西、墨西哥等国家。2017 年 5 月，关于“哪个国家在亚洲具有最大的影响力”这一问题的调查（见表 3），澳大利亚、印度尼西亚、日本和韩国，对美国影响力的评估都有所下降，日本和韩国的降幅尤其大。在之前的调查中，48% 的日本受访者认为美国是当今亚洲最具影响力的国家，到 2019 年这一比例已降至 14%；韩国则从 60% 下降到 31%，澳大利亚则从 22% 下降到 11%。

---

① 时殷弘：《国家大战略理论论纲》，《国际观察》2007 年第 5 期。

② Brahma Chellaney, “Trump’s grand strategy,” The Japan Times, accessed August 1, 2018, https://www.japantimes.co.jp/opinion/2018/08/01/commentary/world-commentary/trumps-grand-strategy/.

表 2：关于三任美国总统信任度的民意调查情况表[①]

Confidence in U.S. presidents

% who have confidence in U.S. President ____ to do the right thing regarding world affairs

	George W. Bush						Barack Obama								Donald Trump		
	2001	2003	2005	2006	2007	2008	2009	2010	2011	2012	2013	2014	2015	2016	2017	2018	2019
	%	%	%	%	%	%	%	%	%	%	%	%	%	%	%	%	%
Canada	-	59	40	-	28	-	88	-	-	-	81	-	76	83	22	25	28
France	20	20	25	15	14	13	91	87	84	86	83	83	83	84	14	9	20
Germany	51	33	30	25	19	14	93	90	88	87	88	71	73	86	11	10	13
Greece	-	-	-	-	-	-	-	-	-	30	35	27	-	41	19	17	25
Italy	33	43	-	-	30	-	-	-	-	73	76	75	77	68	25	27	32
Netherlands	-	-	39	-	-	-	-	-	-	-	-	-	-	92	17	19	25
Spain	-	26	18	7	7	8	72	69	67	61	54	58	58	75	7	7	21
Sweden	-	-	-	-	21	-	-	-	-	-	-	-	-	93	10	17	18
UK	30	51	38	30	24	16	86	84	75	80	72	74	76	79	22	28	32
Bulgaria	-	-	-	-	27	-	-	-	-	-	-	-	-	-	-	-	26
Czech Rep.	-	-	-	-	36	-	-	-	-	77	75	-	-	-	-	-	28
Hungary	-	-	-	-	-	-	-	-	-	-	-	-	-	58	29	31	33
Poland	-	-	47	-	29	41	62	60	52	50	49	55	64	58	23	35	51
Slovakia	-	-	-	-	21	-	-	-	-	-	-	-	-	-	-	-	34
Russia	-	8	28	21	18	22	37	41	41	36	29	15	11	-	53	19	20
Ukraine	-	-	-	-	19	-	-	-	37	-	-	44	51	-	-	-	44
Australia	-	59	-	-	-	23	-	-	-	-	77	-	81	84	29	32	35
India	-	-	-	-	-	-	-	-	-	-	53	48	74	58	40	-	56
Indonesia	-	-	19	20	14	23	71	67	62	-	53	60	64	-	23	28	30
Japan	-	-	-	32	35	25	85	76	81	74	70	60	66	78	24	30	36
Philippines	-	-	-	-	-	-	-	-	-	-	84	89	94	-	69	78	77
South Korea	-	36	-	-	22	30	81	75	-	-	77	84	88	-	17	44	46
Israel	-	83	-	-	57	-	56	-	49	-	61	71	49	-	56	69	71
Lebanon	-	17	23	-	34	33	46	43	43	39	37	35	36	-	15	-	23
Tunisia	-	-	-	-	-	-	-	-	-	28	24	27	-	-	18	17	12
Turkey	-	8	8	3	2	2	33	23	12	24	29	24	45	-	11	-	11
Kenya	-	-	-	-	72	-	94	95	86	-	81	78	80	83	51	56	65
Nigeria	-	-	-	-	-	-	-	84	-	-	53	53	73	63	58	59	58
South Africa	-	-	-	-	-	32	-	-	-	-	74	72	77	73	39	39	42
Argentina	-	-	-	-	5	7	61	49	-	-	44	31	40	-	13	11	22
Brazil	-	-	-	-	-	-	-	56	63	68	69	52	63	-	14	16	28
Mexico	-	-	-	-	28	16	55	43	38	42	49	40	49	-	5	6	8

Note: Lithuania was excluded due to a processing error.
Source: Spring 2019 Global Attitudes Survey. Q38a.
"Trump Ratings Remain Low Around Globe, While Views of U.S. Stay Mostly Favorable"
PEW RESEARCH CENTER

---

① Pew Research Center, "Trump Rateings Remains Low around Globle, while Views of US Stay Mostly Favorable," last modified January 8, 2020, https://www.pewresearch.org/global/2020/01/08/little-trust-in-trumps-handling-of-international-affairs/.

表 3：关于“哪个国家在亚洲的影响力最大”的调查表[①]

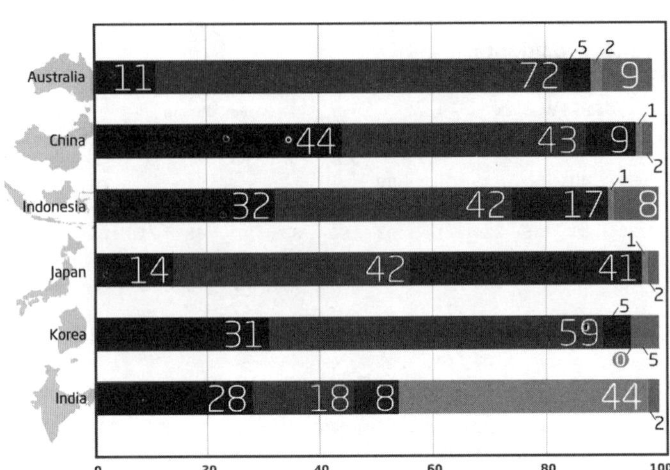

三、印太战略的实施制约与障碍

2019 年 11 月，美国国务院发布了《自由开放的印太：一个共同的愿景》报告，描述了特朗普政府如何实施印太战略以及取得哪些成绩。该报告指出，美国深入参与印太事务，双边贸易额达到 1.9 亿美元；美国加快与地区盟友合作的步伐，维护地区规则和价值观；推动对印太地区的投资，自特朗普政府上台以来，国务院和美国国际开发署（USAID）已经向该地区提供了超过 45 亿美元的外国援助。不可否认，特朗普政府的印太战略实施了大量举措，增强了美国在印太地区的影响力。但是，特朗普政府的印太战略面临着来自美国国内以及国际社会上的批评，批评者认为该战略从战略指导思想到具体实施都存在一定的制约和局限，影响印太战略的未来发展。

① *数据来源*：The Asian Research Network, “Survey on America’s Role in the Indo-Pacific”, May 2017, p.8.

首先，特朗普政府印太战略缺乏清晰的战略指导与规划。亚洲海事透明倡议（Asia Maritime Transparency Initiative）的主任、战略与国际研究中心东南亚研究项目组的研究员格雷戈里·波林（Gregory B. Poling）指出，特朗普政府的印太战略基本包括三个主题——为各国提供中国“一带一路”倡议的替代方案，确保印太海域的自由以及追求自由、公平、互惠的贸易。然而通过最新报告以及特朗普近两年的举措并没有看出美国政府实现这些愿景的战略指导。该报告反映了印太战略的实施情况，但只在一个方面提供了战略方向，即创造中国“一带一路”倡议的替代方案。在南海问题上，美国没有尝试来界定南海战略或海洋自由；美国政府过度关注贸易，则会损害与同盟和伙伴之间的关系，而且并没有描述一个连贯的区域贸易战略，甚至没有定义战略目标。它只是一个没有明确的总体战略的愿望。[①] 也就是说，特朗普在印太地区实施的战略更多是受到“危机驱动”和“目标导向”的影响，并且会用很多篇幅来过度渲染所谓的来自中国的“威胁”，印太战略更多被定位为与中国影响力相抗衡的、可供各国选择的、“一带一路”倡议的替代方案。从根本上讲，印太战略并没有根据该地区地缘政治经济的动态变化而做出一个严肃且明确的战略规划。特朗普的个人特质和执政风格使其对政策制定和执行过程的兴趣不大。政府机构设置方面，国务院缺乏统一的机构管辖印太地区事务，机构分管使国务院内部及国务院与国防部之间难以实现“无缝对接”。[②] 可以看出，特朗普的个人风格、外交理念以及对政府机构的设置导致了印太战略缺乏系统连贯的战略指导。

其次，特朗普印太战略被批评缺乏“包容性”，削弱了美国在印太地区的软实力。特朗普一再宣称维护印太地区的开放与自由，但实际上，特朗普的印太战略体系对中国及美国盟友都缺乏包容性。美国一再声称欢迎

① Gregory B. Poling, “For Lack of A Strategy: The Free and Open Indo-Pacific,” last modified November 13, 2019, https://warontherocks.com/2019/11/for-lack-of-a-strategy-the-free-and-open-indo-pacific/.

② 赵青海：《新瓶旧酒：特朗普政府的印太战略》，《人民论坛·学术前沿》2018 年第 8 期。

中国在印太地区有所作为，但实际上印太战略是排斥中国的，美国用印太战略来抗衡中国以及削弱中国的影响力。其中，“自由”和“开放”二字也都是针对中国而言，抨击中国的做法违反了以上两个原则，但实际上美国无法做到包容中国。美国对待地区盟友也是从注重收益的角度出发，一再声称要保护地区盟友和伙伴的利益，但实际上始终以美国的利益为重。特朗普政府这种狭隘的战略思维和“计较得失”的实际做法削弱了特朗普政府印太战略的“合法性”以及美国的软实力。

美国西点军校社会科学系的教员扎卡里·格里菲思（Zachary Griffiths）和汤姆·福克斯（Tom Fox）认为，为了保持在印太地区的领导地位，美国必须为该地区提供更好的选择，不能够以排他的心态对待中国，也不能强迫该地区的伙伴在中美两国之间做出选择。如果不与该地区最大的强国在一些共同感兴趣的领域进行接触，美国将无法保持其地位；同时也要为美国的地区伙伴“做大蛋糕”(grow the pie)。美国应该运用双赢谈判的思维逻辑，帮助他们追求利益而不是强迫他们进行选择。①

第三，美国面临来自盟友和伙伴国家方面的障碍。美国与地区同盟和伙伴国通过经济和安全上的合作不断提升战略关系，但是他们也存在一些分歧，从而给战略实施带来很大的不确定性。就日本和印度这两个美国在亚太地区最重要的合作伙伴来说，日本是美国最坚实的盟友，但是两国在国际事务上的立场也并非完全一致。特朗普退出“跨太平洋伙伴关系协定”，但是日本仍将多边机制作为其参加地区事务的平台；2019 年 10 月，美日两国达成的《美日贸易协定》更像是美国单方面的胜利，美国无视日本方面的强烈要求，仍然对来自日本的汽车和汽车零部件征收进口关税；另外，美国要求日本上涨军费，引起日本不满。特朗普保护主义的行为损害了其与日本的双边关系，美日两国的分歧很有可能会给印太战略的实施带来隐患。

---

① Zachary Griffithsand Tom Fox, “Rebranding the Rebalance: Assessing US Indo-Pacific Strategy,” last modified May 15, 2019, https://warroom.armywarcollege.edu/special-series/indo-pacific-region/rebranding-the-rebalance/.

印度也是特朗普政府实施印太战略的一个重要抓手。美国希望借助印度的力量来对抗中国，在印度洋方向发挥类似于日本的作用。但是印度本身具有战略自主性以及现实主义的政治观，其对美制定的战略主要从自身利益出发，同时受制于中美印“战略三角”格局的影响，具有一定弹性。因此印度能在多大程度上与美国达成一致意愿仍是一个很大的变数。2020 年 2 月特朗普访印期间，美印两国没有达成贸易协定，这是自去年 9 月莫迪访问美国以来，两国第二次未能达成任何有效的协议。一名印度官员表示，印度不会被迫与美国达成协议，因为这些让步可能最终损害印度的利益。美国外交关系委员会（Council on Foreign Relations）高级研究员爱德华·奥尔登（Edward Alden）表示，这一结果显示了特朗普在贸易问题上强硬态度的局限性，他试图加大对贸易伙伴的压力，迫使他们达成双边协议。特朗普政府与韩国、日本、加拿大和墨西哥等将美国视为主要市场的国家签署了一系列小规模的协议。奥尔登表示，随着经济规模的扩大，特朗普一对一的方式“真的遇到了障碍”。[①] 由此可以看出，印度不可能在损害自己利益的情况下向美国让步，在两国遇到分歧时，特朗普政府的印太战略能否有效推进将存在很大变数。

总之，特朗普政府的印太战略从战略指导、规划到具体实施都面临一定的制约因素，特朗普的某些行为削弱了美国的影响力，并在一定程度上加剧了同盟国的离心倾向。美国印太战略剑指中国且来势汹汹，对此，我们既要保持清醒和理性认知，从容应对，同时也要避免过高估计印太战略带来的负面影响。

四、拜登政府的印太战略走向分析

虽然拜登政府尚未出台针对印太地区的相关政策，但从其上台后的

① Ana Swanson and Vindu Goel, “As Trump Visits India, a Trade Deal Remains Elusive,” The New York Times, accessed February 25, 2020, https://www.nytimes.com/2020/02/25/business/economy/trump-india-trade-deal.html.

举措与动向来看，基本未脱离特朗普政府印太战略的框架和思维，印太地区仍将是拜登政府的战略优先事项，但拜登政府会在某些地方做出一些修正。总体来说，拜登政府印太战略走向将呈现以下几个特点。

第一，印太战略仍是拜登政府的优先事项。拜登的国家安全团队中规模最大的是印太团队。该部门由印太事务协调员科特·坎贝尔（Kurt Campbell）领导，将负责中国、日本、韩国、东南亚和澳大利亚的亚洲事务理事会与负责印度事务的南亚理事会两个部分进行合并。该团队由15—20人组成，且成员大多是对华采取强硬立场的专家。同时，涉及中国问题时，该团队还与国家安全委员会的其他部门共同商议制定对策，包括“技术和国家安全”“全球卫生安全和生物防御”“国防”“民主和人权”以及“国际经济”等团队。布鲁金斯学会学者表示，在后冷战时代，欧洲理事会规模最大；“9·11”事件之后，中东理事会的规模扩大了；而现在，印太理事会的规模在不断扩大。这也在一定程度上预示着美国政府将继续沿用印太这一概念，并将继续以这种方式与该地区接触。[①]

第二，拜登政府对中国的战略竞争将更加激烈。拜登政府将延续特朗普政府的战略竞争方针，甚至将演化为“激烈竞争”的局面。2021年2月4日，拜登在首份外交政策讲话中称中国为“最严峻的竞争者”(most serious competitor)，并声称“中国对美国的繁荣、安全和民主价值观带来挑战”，“美国将直面中国的‘经济恶行’，反制其咄咄逼人、胁迫性的行为，就中国对人权、知识产权和全球治理的攻击予以反击”。[②]拜登政府延续了特朗普政府对中国的强硬态度，立足国内建设、修复美国与同盟国的关系以及重塑美国国际形象和信誉，确保美国在恢复实力的基础上与中

① Ken Moriyasu, “Biden’s Indo-Pacific team largest in National Security Council,” Nikkei Asia, accessed February 11, 2021, https://asia.nikkei.com/Politics/International-relations/Biden-s-Asia-policy/Biden-s-Indo-Pacific-team-largest-in-National-Security-Council.

② The White House, “Remarks by President Biden on America’s Place in the World,” last modified February 4, 2021, https://www.whitehouse.gov/briefing-room/speeches-remarks/2021/02/04/remarks-by-president-biden-on-americas-place-in-the-world/.

国竞争。拜登政府一改特朗普非理性、给中国极限施压的策略，谋求一种稳定的、理性的且强度更大的战略竞争。即使拜登提到了将与中国开展合作，但是由于拜登在绝大多数领域都表现出了强硬的态度，中美之间合作的空间非常有限。2021 年 2 月，拜登宣布成立“中国特别工作组”（China Task Force），要求重新评估美军应对中国挑战的战略方针，有助于“在中国事务上开辟一条强有力的前进道路”。这个小组将侧重战略、技术、情报、美国盟友和伙伴的关系以及与中国的军事关系。拜登称其是“确保美国赢得战略竞争的方式”。2021 年 3 月，美国白宫发布了《临时国家安全战略指南》（Interim National Security Strategic Guidance），这是拜登政府发布的第一份全面应对国内外局势的政策性指导文件。文件将中国列为美国面临的首要挑战，认为中国是唯一有能力将其经济、外交、军事和技术力量结合起来，对稳定和开放的国际体系构成持久挑战的潜在竞争对手。①

第三，美印日澳四边安全对话机制成为拜登政府印太战略的重要支撑。拜登上台之后，将美印日澳四边安全对话机制继续向前推进。2021 年 2 月 18 日，四国举行了一次外长级电话会议，3 月 2 日，四国举行了领导人级别的视频峰会。会议后四国领导人签署了联合声明，声明强调四国对于建设自由开放的印太地区的共同愿景，重申该地区“基于规则的自由开放秩序”，尤其强调建立在价值观基础之上，四国将在应对疫情、气候变化、网络空间、关键技术、反恐、高质量基础设施投资、人道主义援助和救灾以及海洋领域、卫生安全等方面开展合作。四国将进一步完善四边机制，建立疫苗专家工作组、关键技术和新兴技术工作组、气候工作组，外长和领导人会晤将实现常态化。② 拜登政府力推四国机制，表明美国想借机修复与盟友和伙伴国家之间的关系并维持领导地位，借助四国机制重振

① The White House, “Interim National Security Strategic Guidance,” last modified March 2021, https://www.whitehouse.gov/wp-content/uploads/2021/03/NSC-1v2.pdf.

② The White House, “Quad Leaders’ Joint Statement: The Spirit of the Quad,” last modified March 2021, https://www.whitehouse.gov/briefing-room/statements-releases/2021/03/12/quad-leaders-joint-statement-the-spirit-of-the-quad/.

美国在印太地区的领导力，与盟友和伙伴一道应对所谓的来自中国的“挑战”，同时拜登也希望以此为轴心，构建美国主导下的印太地区秩序。

第四，拜登上台后表示美国将回归到多边主义舞台，并宣称要“回归西方”、修复与盟友之间的关系，并将依靠国际规则来处理对华关系。2020年2月，拜登曾在一篇文章中详细阐述自己的外交理念，他认为特朗普的外交政策破坏了美国与盟友和伙伴之间的关系，甚至抛弃了他们。面对21世纪特有的威胁，美国放弃了自身的领导力，选择了单边主义而非集体行动的方式。拜登强调，民主是美国社会的基础，也是美国力量的源泉，美国必须修复和振兴自己的民主体制，并强化世界上的“民主政体联盟”（coalition of democracies）。[①] 拜登在就任首日签署了17项行政命令，包括重返《巴黎协定》，强调“解决气候危机是一个优先事项”，这与欧洲盟友对气候变化议题的重视相契合，体现了拜登政府对欧洲盟友的重视以及美国“多边主义”理念的回归。拜登政府将与欧盟在投资贸易、价值观、制度竞争、高科技以及军事安全等领域加强针对中国的协商和互动，依靠“规则主导”的方式在美欧多边主义的框架下处理对华关系。2021年2月，慕尼黑安全视频会议的主题为“全是西方”（All West），与拜登“美国回来了，跨大西洋联盟回来了”的宣言形成呼应。2021年3月，美国国务卿安东尼·布林肯（Anthony Blinken）和国防部长劳埃德·奥斯汀（Lloyd Austin）访问日本和韩国，这是拜登执政后，政府高官的首次外访，体现了美国对美日同盟和美韩同盟的强化，也意味着拜登将采用同盟国的协调主义路线来进一步制衡中国。

综上，拜登政府将继续沿用特朗普政府印太战略的基本框架，并将印太地区作为美国对外战略的优先事项。拜登政府将继续将中国作为战略竞争对手，以美印日澳四边安全对话机制为重要支撑，同时修复美国与盟友之间的关系，企图遏制中国的和平崛起。

---

① Joseph R. Biden, Jr., “Why America Must Lead Again: Rescuing U.S. Foreign Policy After Trump,” Foreign Affairs, accessed March/April 2020, https://www.foreignaffairs.com/articles/united-states/2020-01-23/why-america-must-lead-again.

第三章

印太战略背景下美印日澳之间的战略互动

“美印日澳”是印太地区另一组重要的大国关系组合。美印日澳作为印太战略的主要推动者，其战略举措与互动也在很大程度上影响着印太秩序的未来走向。同时，美印日澳四边安全对话机制自 2017 年重启以来发展迅速，拜登上台后也有了实质性的进展。本章首先分析印度、日本和澳大利亚印太战略的演进历程、动因以及实施特点，之后从双边和小多边两个维度对美印日澳之间的战略互动进行梳理与分析，为归纳印太大国战略互动的规律奠定基础。

第一节　印太关键行为体：印度、日本和澳大利亚的战略缔造

印度、日本和澳大利亚是印太地区关键的国家行为体，出于共同的战略利益聚集在一起，并成为战略互动最为频繁且影响深远的组合形式。印日澳三个国家的印太战略决定了彼此之间的互动，同时对地区形势以及印太格局的塑造意义重大。本节将通过梳理三个国家对印太认知的演变、印太战略制定的动因以及具体实施，更加清晰地把握印日澳印太战略的实质。

一、印度的“印太构想”：“东向”与“西进”战略并举

印度对“印太”的接纳和采用经历了一个漫长的过程。由于印太概念肯定了印度的重要价值，印度官方和学术界开始将其作为他们对外政策的主要框架。莫迪政府时期开始高度认可并将“印太构想”落实到实践，其根本目的在于通过加强与美国等伙伴国家合作来壮大自身实力并制衡中国的影响力。由于印度对中国没有形成陆上优势，纵观其具体实施，该战略的具体实施以海洋为据点，在“东向”和“西向”两个方向上并举，力图全面构建海上战略影响力。然而印度的战略具有一定的模糊性，从未清晰地提出战略目标、规划及具体实施步骤，给战略的实施带来了很大的制约。

（一）印度对印太的认知及接纳

早在辛格担任总理时期，印度开始慢慢接纳印太理念。2011 年，“印太”一词首次出现在官方话语中，时任印度驻美大使拉奥琪（Nirupama Rao）在美国伯克利大学发表名为《印度和亚太：扩大接触》(India and the Aisia-Pacific: Expanding engagement）的演讲中提到，印度与美国的利益日益趋同，美国一直是亚洲的重要参与者，今天正重新与该地区接触。美印两国经济的持续增长和繁荣在许多方面都与印太地区有关，在这种情况下，两国有必要共同努力应对恐怖主义和极端主义以及其他对和平与安全构成威胁的挑战。①2012 年 12 月，辛格在出席“印度—东盟纪念峰会”致开幕词时公开提及印太概念：“我认为，我们的未来是相互联系的，一个稳定、安全和繁荣的‘印太’地区对我们自身的进步和繁荣至关重要。”2013 年，拉奥琪指出，“印太”这个词越来越多地定义了跨越印度洋和太平洋地区的文化、经济、政治和安全的统一体，它正在迅速成为一

① 资料来源：“Address by Ambassador Nirupama Rao at UC-Berkeley on 5 December 2011——‘India and the Asia-Pacific: Expanding engagement’”, Embassy of India, https://www.indianembassyusa.gov.in/ArchivesDetails?id=1690.

个地缘战略构想，以把握共同的机遇、维护交叉的海上安全利益以及应对挑战。

与此同时，学术界对印太概念也进行了一定的研究和推广。2011 年，印度前外交秘书、总理特使希亚姆·萨兰（Shyam Saran）在《描绘印太》（Mapping the Indo-Pacific）一文中指出，过去一年里，“印太”成为印度流行的战略话语。从地缘政治视角看，它意味着印度的安全势力范围不仅聚焦于印度洋地区，还将西太平洋地区也纳入其中。印度参与区域和全球事务，将在一定程度上扩大地缘经济和地缘政治空间的中心。“印太”概念完全符合这一演变趋势，这是印度“向东看”政策的必然结果。[①] 印度著名学者拉贾·莫汉（Raj Mohan）在 2012 年出版的《中印海洋大战略》一书中表示，太平洋和印度洋不再彼此孤立，而是融合为整体的战略空间，印太格局将对大国关系产生深刻的影响，而中印两国与美国之间的战略互动将决定印太地区的未来格局。可以看出，印度官方和学者更倾向于从地缘政治的角度来理解印太，认为这一概念是印度洋和太平洋产生联通与融合的结果。

辛格政府时期的政府官员和学者认为印太概念突出体现了印度的重要价值，并将推动区域经济合作视为重点。拉奥琪指出，印太概念与“亚太”概念对印度的接纳程度不一样，“亚太”概念是将印度排除在外的，而印太这个词包含了印度次大陆这个东方世界不可分割的一部分。印度前海军参谋长阿伦·普拉卡什（Arun Prakash）指出，“亚太”一词将印度边缘化，而印太一词使印度成为“核心国家”。印度学者莫汉和切拉尼（Brahma Chellaney）等分析人士敦促印度决策者将印太地区视为一个“单一的地缘政治舞台”，并放弃不结盟的原则，转而与关注中国崛起的其他国家结盟。在“不结盟 2.0”政策的指导下，辛格政府更倾向将“印太”作为一种地缘经济术语，体现在地区架构和双边关系的方向上。如 2013

① Shyam Saran, “Mapping Indo-Pacific,” Indian Express, accessed October 29, 2011, https://indianexpress.com/article/opinion/columns/mapping-the-indopacific/.

年辛格访问日本时赞扬了日本首相安倍晋三提出“两个海洋的交汇”概念，为日本和印度提供了双边关系和区域合作提供了一个新的框架。辛格指出，“要推动区域经济一体化向更深更广方向发展，加强区域互联互通。这将促进本地区更平衡、更广泛的经济发展，也有助于建立更平衡的地区架构。”[①] 辛格政府对印太的定位是建立一个开放、平衡、包容和透明的区域结构，尤其要淡化和避免与中国的战略竞争和冲突，并强调将东盟作为地区经济和安全的中心机构，这样能够使印度保持其战略自主权。

莫迪上台后高度认同并采纳印太概念，并将此作为实施外交战略与构建伙伴关系的框架。2018 年 6 月，莫迪在香格里拉对话会上系统阐述了印度对印太概念的理解与认知。莫迪指出，印太地区是一个自然区域，它面临着大量的全球机遇和挑战，该地区的人命运是相连的，东南亚十国在地理和文化意义上连接着两个大洋。印太的核心是包容、开放和以东盟为中心。印度不认为印太是一项战略，也不认为它是一个接纳有限成员的俱乐部，更不是一个寻求主导地位的集团。印度的印太愿景包括六大要素：一是包容性，印太是一个自由、开放、包容的地区，它包括这一地理区域内的所有国家以及与其有利害关系的其他国家；二是以东盟为中心，东盟一直是而且未来也是印太的中心，这一原则将永久指导印度寻求合作以建立本地区和平与安全的架构；三是建立该地区“以规则为基础”的共同秩序，它必须平等地适用于所有个人以及全球公域，必须承认主权和领土完整以及所有国家的平等，不论其大小和力量。这些规则和规范应以所有人的同意为基础，而不是以少数人的权力为基础；四是保证公共领域的开放性，所有人都有权平等地使用海上和空中的公共空间，这将需要航行自由、商业不受阻碍和根据国际法和平解决争端；五是贸易自由化，印度支持开放和稳定的国际贸易体制以及印太地区基于规则、开放、平衡和稳定的贸易环境；六是互联互通，为此不仅必须建设基础设施，还必须建立信

① Government of India, “PM’s address to Japan-India Association, Japan-India Parliamentary Friendship League and International Friendship Exchange Council,” last modified May 28, 2013, https://archivepmo.nic.in/drmanmohansingh/speech-details.php?nodeid=1319.

任的桥梁。这些倡议必须以尊重主权和领土完整、协商、良好管理、透明度、生存能力和可持续性为基础。[①]

可以发现，莫迪政府的印太构想包括以下几个显著的特点：第一，印度视野中的印太地区范围相当广阔，从非洲东部一直延伸到美洲海岸，尤其强调该地区的包容性，既不排斥中国的参与也不排斥美国等利益攸关国家的参与；第二，印度强调保持与中国的合作，认为随着两国之间的贸易在增长，中印合作在扩大。两国在处理问题和确保和平边界方面表现出成熟和智慧，在国际存在中出现越来越多的交集[②]；第三，印度试图通过印太愿景在大国关系中寻求一种平衡，比如，“以规则为基础的秩序”“保证公共领域的开放性”“贸易自由化”以及“互联互通”是对美国印太战略的回应，另外，与美国版本的“印太”概念含义不同的“包容性”“以东盟为中心”则表示印度绝不会陷入与中国对抗的境地，印度也不希望印太地区将会发展成为冷战时期那样的强权政治。

（二）印度“印太构想”的驱动因素

印度逐渐接纳印太概念，并在莫迪政府时期将印太概念作为实施对外战略的基础与框架，其目的是壮大印度的实力、制衡中国并维护自身在地区的影响力，并为实现其世界大国目标奠定基础，具体来说主要包括以下几方面的战略考量。

首先，加强印太地区合作以制衡中国日益增长的影响力。21 世纪以来，随着中国崛起并与印度实力的差距增大，再加上中印两国的历史和中巴友好关系的影响，中国被印度视为战略威胁与竞争对手，“一带一路”

---

① Ministry of External Affairs, “Prime Minister’s Keynote Address at Shangri La Dialogue (June 01, 2018),” last modified June 1, 2018, https://www.mea.gov.in/Speeches-Statements.htm?dtl/29943/Prime+Ministers+Keynote+Address+at+Shangri+La+Dialogue+June+01+2018.

② “PM Modi's keynote address on Shangri-La Dialogue: Top takeaways,” last modified June 1, 2018, India Today, https://www.indiatoday.in/india/story/pm-modi-s-keynote-address-on-shangri-la-dialogue-top-takeaways-1248227-2018-06-01.

倡议的实施也引发了更多的争议。莫迪曾在访问日本时含蓄地提到对中国的看法："21 世纪是亚洲的世纪，国家一般有两种方式，一种是扩张主义，另一种是和平发展。但是，我们今天正在目睹 18 世纪盛行的扩张主义。"① 印度认为中国在印度洋上的战略拓展对其主导权产生了巨大的威胁，在南海上的行动给地区安全带来了极大的不稳定因素，中国实施"一带一路"倡议更是加剧了印度的担忧。印度国内出现了大量"中国威胁论"的声音，如有学者认为"中国试图利用地区国家的欲望、弱点和不安全感来实施'一带一路'倡议"，"中国正在采用一种'中央王国'模式，这种模式基于一种古老的文化优越感，试图将民族国家之间的交易置于地缘政治等级制度之下。通过这种方式，中国的目标是通过一个支流体系来主导其周边地区，从而潜在地挑战印度在印度洋地区的传统影响力"。然而，印度敏锐地意识到印度与中国之间日益增大的战略差距，依靠自己的力量很难单独制衡中国，只通过调动内部资源与中国匹敌的话将越来越难，需要与美国展开有力的合作。② 因此，印度加入了美印日澳四边安全对话机制，并在此框架下加大与其他国家的双边与多边安全合作。一方面，印度借此提升自身的军事能力，并通过联盟来增强对抗中国的筹码和自身安全感；另一方面，印度也在试探中国的态度和底线，在不激怒中国情况下寻求安身立命的砝码。

其次，莫迪政府的印太构想是对"东向行动"政策的进一步升级。2014 年 11 月，在缅甸首都内比都举行的东盟峰会上，莫迪公布了新的"东向行动"政策。莫迪表示："印度经济发展、工业化和贸易的新时代已经开始。从外部看，印度的'东向'（Look East）政策已经变成了'东向

---

① Priya Chacko, "India and the Indo-Pacific from Singh to Modi: Geopolitical and geoeconomic entanglements," *in New Regional Geopolitics in the Indo-Pacific*, ed. Priya Chacko (London: Routledge, 2016).

② 雷嘉·莫汉：《中印海洋大战略》，朱宪超、张玉梅译，中国民主法制出版社，2014，第 215 页。

行动'（Act East）政策。"[①] 印度的"东向行动"政策聚焦于东盟，希望通过"东向行动"政策来带动经贸和投资的流动，促进印度经济的发展。经过几年的实施，印度与东盟的交往变得更加深入，双边关系也有了多层次的发展，东盟伙伴关系不断迈上新台阶。印度不仅与孟加拉国、毛里求斯、缅甸、斯里兰卡、新加坡、越南等国建立了牢固的双边关系，而且还主导了孟加拉国、不丹、印度和尼泊尔四国倡议（BBIN）、印度—缅甸—泰国三边高速公路等多个次区域项目，并积极促成了多个区域倡议的成功。[②] 同时，印度加强与其他亚洲国家的伙伴关系，并先后与"亚洲再平衡"战略和印太战略积极对接，深入参与太平洋事务，实现在太平洋方向上的横向战略拓展。随着"东向行动"政策的推进，印度快速地融入亚太地区，已经实现了在印度洋和太平洋上的战略融合，为印太战略的成型奠定了坚实的基础。印度在印太愿景中强调坚持以东盟为中心的原则，也是对"东向行动"政策的延续。学者称印太战略为"东向行动战略 3.0"[③]，这种称谓凸显了印太战略对"东向行动"战略的继承性。印度政府也加入了一些"东向行动"政策中没有的元素，如加强与西印度洋地区的战略联动，从这个意义上讲，印太战略是对"东向行动"战略的升级。

最后，印太构想是莫迪政府实现大国地位目标的必要举措。一直以来，成为有声有色的世界一流大国是印度孜孜不倦的追求。莫迪在 2014 年印度大选中提出要建设一个"强大、自立、自信的印度"，使印度在国际社会获得应有的地位，莫迪在宣誓就职时表示，要为印度创造一个辉

---

① Prashanth Parameswaran, "Modi Unveils India's 'Act East Policy' to ASEAN in Myanmar," The Diplomat, accessed November 17, 2014, https://thediplomat.com/2014/11/modi-unveils-indias-act-east-policy-to-asean-in-myanmar/.

② Prabir De,"Act East to act Indo-Pacific: Agenda for the new government," The Economic Times, accessed June 1, 2019, https://economictimes.indiatimes.com/news/defence/act-east-to-act-indo-pacific-agenda-for-the-new-government/articleshow/69591279.cms?utm_source=contentofinterest&utm_medium=text&utm_campaign=cppst.

③ D. Suba Chandran,"The Indo-Pacific: India's Look East 3.0," last modified March 14, 2013, http://www.ipcs.org/comm_select.php?articleNo=3843.

煌的未来，打造一个强大、发达、包容、致力于世界和平与发展的印度。2015 年 2 月 7 日，印度总理府新闻局发布莫迪对高级外交官的致辞称，当今的国际环境对于印度来说是个千载难逢的好机会，世界正在接纳和拥抱印度，印度也将充满信心地勇往直前。莫迪呼吁大家帮助印度成为全球领导大国，而不仅仅是一支制衡力量。他敦促外交官们尽快摆脱陈旧的观念，迅速适应印度正在变化中的国际地位。“全球领导大国”这一概念不等同于“世界大国”，更多地强调一个国家对其他国家跨越国界的战略影响力。因此，印度对印太概念的欣然接受以及对印太战略的迅速推进很大程度上是由于印度的大国地位在这一概念中得到了认可。美国将印度置于其印太战略的核心位置，称“印度是‘印太’地区的领导力量”[①]。2019 年特朗普与莫迪会晤时声称两国是“全球和平与稳定的中心”，并承诺在“未来几十年为应对全球挑战和本国公民实现繁荣提供强有力的领导”。[②]印度希望以参与印太事务为跳板，进一步实现被国际社会认可的大国地位的目标。印度外交事务部长苏布拉曼尼亚姆·贾伊桑卡尔（Subrahmanyam Jaishankar）在 2020 年 1 月印度举办的地缘政治与安全会议“瑞辛纳对话会”（Raisina Dialogue）上表示，印度已成为国际事务中的“塑造者和决定者，而不是弃权者”。[③]

（三）印度“印太构想”的具体实践与评价

莫迪政府的“印太构想”在具体实施方面，以重塑印度在海上全面的

---

① “US sees India as leading power in Indo-Pacific region: Kenneth Juster,” The Economic Times, accessed January 11, 2018, https://economictimes.indiatimes.com/news/defence/us-sees-india-as-leading-power-in-indo-pacific-region-kenneth-juster/articleshow/62460709.cms?utm_source=contentofinterest&utm_medium=text&utm_campaign=cppst

② “Ians, Japan, America and India trilateral meeting was productive: Modi tweets,” Gulf News, accessed June 28, 2019 https://gulfnews.com/world/japan-america-and-india-trilateral-meeting-was-productive-modi-tweets-1.1561692139406.

③ Natalie Sambhi, “Analysis | Can India and Indonesia team up to counter China in the Indo-Pacific?” South China Morning Post, accessed January 17, 2020, https://www.scmp.com/week-asia/politics/article/3046573/can-india-and-indonesia-team-counter-china-indo-pacific.

影响力为最终目的。由于印度在陆上并没有对中国形成“战略优势”，因此更注重在海上有所作为。[①] 其中，2019 年莫迪提出了“印太海洋倡议”，呼吁将印太的原则转化为加强海上合作的具体措施，这成为其“印太构想”的集中体现与具体实践。该倡议重点领域包括在志同道合的国家之间建立伙伴关系以加强海上安全；可持续利用海洋资源；灾害预防与管理。[②] 莫迪表示，印度应该认识到，该地区所有与之有利益关系的国家必须通力合作，加强海上安全、保护海洋资源、减少灾害风险、促进自由、公平、互利的贸易和海上运输等。[③] 外交部部长维杰·辛格说：“总理提出了一项印度太平洋倡议，以保护和可持续利用海洋并建立安全有保障的海上环境。”[④] 莫迪的“印太海洋倡议”体现了印度对于海洋的重视，以及对地区国家通力合作的呼吁。该倡议是对美国、日本等国极力推动的印太战略以及构建印太秩序的回应，也是印度自身对于融入印太并扩大自身影响力的地区战略。

莫迪政府的“印太构想”实现了在“东向”与“西向”两个战略方向上的并举，以加强战略合作和构建伙伴关系为依托。印太构想以“东向行动”战略为依托，并在此基础之上加大了合作力度，拓宽了合作领域。亚太地区仍然是莫迪政府战略实施的焦点。除了传统的经贸合作之外，印度将关注点扩大到海域安全领域。除了印度洋海域及沿岸地区，印太海域的

① 林民旺：《印度的“印太战略”正在升级？》，《世界知识》2019 年第 10 期。

② “PM Modi proposes Indo-Pacific Oceans Initiative”, The Economic Times, accessed November 5, 2019, https://economictimes.indiatimes.com/news/politics-and-nation/pm-modi-proposes-indo-pacific-oceans-initiative/articleshow/71915838.cms?from=mdr.

③ “India’s Indo-Pacific Ocean’s initiative aims maritime security pillar for inclusive region”, The Economic Times, accessed November 5, 2019, https://economictimes.indiatimes.com/news/defence/indias-indo-pacific-oceans-initiative-aims-maritime-security-pillar-for-inclusive-region/articleshow/72153070.cms?from=mdr.

④ “PM Modi Proposes New Initiative to Secure Maritime Domain in Indo-Pacific to Contain China’s Clout”, News 18, accessed November 4, 2019, https://www.news18.com/news/india/pm-modi-proposes-new-initiative-to-secure-maritime-domain-in-indo-pacific-to-contain-chinas-clout-2373811.html.

战略咽喉以及南海水域也是印度的重要海上关切。为此，印度强化了与越南、新加坡以及印度尼西亚的战略关系，参与并推动次区域合作倡议，如启动湄公河—恒河合作（MGC）、推动环孟加拉湾多领域经济技术合作倡议（BIMSTEC）复苏及进一步发展。在太平洋方向，印度继续加大与日本、澳大利亚的合作力度，并加强与美国印太战略的对接，参与并共同推动了四边安全对话的重启，以及加强与地区多边合作机制的参与，如加入上海合作组织，并在金砖国家新开发银行和亚洲基础设施投资银行的准备和运行过程中发挥了重要的作用。

2019 年，印度政府新设立了三个外事部门，更加明确了印度全面强化海上影响力的目标。印度外交部新设立的亚太部门将包括东盟、四边安全对话和环印度洋协会三个部门：东盟分部负责处理该东南亚组的 10 个成员国，四边安全对话分部处理印度与澳大利亚、日本和美国共同制定的海上战略联合体，而环印度洋协会则关注大约二十个印度洋沿岸国家的松散组合。据媒体称，此举标志着印度战略思维的转变，即从仅将霍尔木兹海峡到马六甲海峡的海上弧线视为其势力范围，转向将其势力范围延伸至西太平洋。有学者分析，印度的战略重心是在经济方面，同时保持低调，把南海问题想象成一个与中国、四边安全对话和一些东盟国家共同面对的军事压力点。合并后的部门将能更好地协调印度在贸易和投资、海上安全与保障、渔业管理、减少灾害风险和救灾以及促进旅游业等五个军事和贸易领域的广泛涉足。[①] 同时，西印度洋也是印度实施印太构想的重要区域。长期以来，印度谋求向东加强与太平洋国家的战略关系，但印度若想成为印度洋地区安全网络的提供者以及印太地区的稳定力量，西印度洋也是印度战略实施的一个重要区域。对印度来说，西南部最重要的战略岛屿是毛里求斯和塞舌尔群岛。这些岛屿横跨印度洋，从印度一直延伸到非洲。它们在海上占据交通要道的位置凸显了其重要的战略价值，对海军在关键的

① "India sharpens focus on Asia-Pacific region," last modified April 16, 2019, https://www.tribuneindia.com/news/archive/nation/india-sharpens-focus-on-asia-pacific-region-758964.

国际航线上的持续存在至关重要，使海军能够在和平时期巡逻和保护航道，并在冲突期间可以选择拦截和切断敌方的通信。[①] 此外，印度还向西寻求与法国的防务合作，两国也将谋求在西印度洋上开展合作。2019 年 10 月，印度向法国购买了首架“阵风”（Rafale）战斗机。除了海事领域之外，两国在多个领域都展开合作，比如，法国将在印度开展能源项目，以及在关键的绿色技术方面帮助印度解决城市污染问题等。

纵观印度的“印太构想”，归根结底还是以加强海上合作为手段，以海洋为据点制衡中国的影响力。然而，印度的战略构想存在很大的局限性，其战略目标具有一定的模糊性。印度印太战略构想实施的主要驱动力是应对中国的崛起，稀释中国的地区影响力，但是印度始终没有公开谈及这一目标。印度学者拉杰什·巴斯鲁（Rajesh Basrur）曾指出，“印度与美国和日本关系的不断接近显然是对中国崛起的回应，但是，政策制定者对此持谨慎态度，并不会透露太多。”[②] 印度的印太战略中实际上糅合了战略平衡和战略安抚两种元素，一方面印度不会对印太地区的伙伴国家明确表明其战略意图，同时更想借助他们的力量来对抗中国，另一方面不愿公开将遏制中国定为其战略目标的目的，反而不断向中国澄清印度无意遏制中国。这就带来了三大后果：一是战略逻辑充满矛盾之处，战略目标与战略手段会出现不相符的情况，给战略实施带来困难；二是印度想让其伙伴国充当对抗中国的工具，使自己在不得罪中国的情况下坐收渔翁之利，这必然会引起美日澳等国家的不满；三是印度此举并不会消除中国的疑虑，战略上的模糊性并没有在增信释疑方面带来任何好处，只是为争取遏制中国的时间获取一定的缓冲期。

---

① Chinmoyee Das, “India’s Maritime Diplomacy in SouthWest Indian Ocean: Evaluating Strategic Partnerships,” *Journal of Strategic Security* 12, no. 2 (2019): 44.

② Rajesh Basrur, “‘Modi’s foreign policy fundamentals: a trajectory unchanged’,” *International Affairs* 93, no. 1 (2017): 7-26.

二、日本的“印太战略”：以价值观为纽带构建印太秩序

日本很早就意识到太平洋与印度洋正在进行战略融合，认为两洋融合将带动全世界的繁荣与稳定，并以太平洋与印度洋作为其对外战略新的疆域。日本“自由与开放的印太”战略于2016年启动，2017年开始不断赋予该战略越来越丰富的内容。日本的印太战略旨在以价值观为纽带构建印太秩序，将促进印太地区的法治和自由等价值观、推进“优质的基础设施”以增强互联互通以及加强海上合作与能力建设以维护海上安全为三大战略支柱。

（一）“民主价值观”理念下日本印太构想的演进

日本是印太秩序最早的推动者之一，而且其最大的特点在于始终将民主价值观作为纽带来推动印度洋和太平洋的融合，并作为制定印太战略和推动地区秩序构建的基础。日本推动印太合作的理念经历了从“自由与繁荣之弧”“四边安全钻石”到“自由和开放的印太”演进的阶段。

印太概念的最终成型与日本长期以来推动两洋融合的举动密不可分，这一概念最早是2007年由安倍晋三在印度国会发表题为“两大洋的汇合处”(Confluence of the Two Seas）的演讲时提出。安倍晋三引用印度莫卧儿王朝王子达拉·希科（Dara Shikoh）在1655年所写的书的标题，指出我们现在正处于两洋融合的时代，太平洋和印度洋现在作为自由和繁荣的海洋正在形成一种动态的联系，一个打破地理界限的“更广阔的亚洲”（Broader Asia）正开始呈现出一种独特的形式。安倍晋三将印度、美国和澳大利亚视为共享相同价值观和利益的合作伙伴，号召他们将“更广阔的亚洲”发展成为一个覆盖整个太平洋的庞大网络，人员、货物、资金和知识在这一开放和透明的网络中自由流动。[①] 可以说，日本最初关于“自由

① “Speech by Prime Minister Shinzo Abe at the Parliament of the Republic ofIndia ‘Confluence of the Two Seas’,” last modified August 22, 2007, https://www.mofa.go.jp/region/asia-paci/pmv0708/speech-2.html.

和开放的印太”概念的设想，与推动美印日澳四国基于价值观的战略合作密不可分，日本政府推出的“自由与繁荣之弧”概念与“自由与开放的印太”概念也有一定的关联。日本指出，在欧亚大陆的外缘排列着“成功”的“民主”政体，形成了一条弧线。日本必须与拥有共同价值观和利益的友好国家建立更加牢固的关系，包括美国、澳大利亚、印度以及欧盟和北约的成员国。① 在政策设计上，2006 年 10 月“自由与繁荣之弧”概念的起草者同时也是安倍晋三第二届政府中“自由与开放的印太政策”的主要设计者。②

2012 年 12 月，安倍晋三再次执政之后，发表了一篇名为《亚洲的民主安全菱形》的文章。文章首先提及 2007 年安倍晋三提出的“两洋的汇合处”这一概念，并再次重申印度洋和太平洋的重要价值以及日本的作用：“太平洋的和平、稳定和航行自由与印度洋的和平、稳定和航行自由是分不开的，彼此间的事态发展产生相互影响，比以往任何时候都更加紧密地联系在一起。作为亚洲最古老的航海民主国家之一，日本应该在维护这两个地区的共同利益方面发挥更大的作用。”安倍晋三号召印度和日本联合起来，作为太平洋和印度洋航行自由的守护者，应承担起更多的责任。安倍晋三设想的战略是，由澳大利亚、印度、日本和美国夏威夷州组成一颗钻石，以保护从印度洋地区一直延伸到西太平洋的海洋公地，并在最大程度上对加强日本在该领域的能力进行投资。③ 安倍晋三再次执政几天之后便发布了这一战略设想，可以看出他有备而来。

---

① “Speech by Mr. Taro Aso, Minister for Foreign Affairson the Occasion of the Japan Institute of InternationalAffairs Seminar‘Arc of Freedom and Prosperity: Japan's Expanding Diplomatic Horizons’,” last modified November 31, 2016, https://www.mofa.go.jp/announce/fm/aso/speech0611.html.

② Yuichi Hosoya, “FOIP 2.0: The Evolution of Japan’s Free and Open Indo-Pacific Strategy,” *Asia-Pacific Review* 26, no.1 (2019): 20.

③ Shinzo Abe, “‘Asia’s democratic security diamond,” last modified December 31, 2012, https://www.livemint.com/Opinion/viqg2XC8fhRfjTUIcctk0M/Asias-democratic-security-diamond.html.

安倍晋三随后对印太概念进行阐释并启动了“自由与开放的印太”战略，始终以价值观因素为基础和纽带。2013 年，安倍晋三在美国战略与国际研究中心发表题为“日本回来了”（Japan is Back）的演讲，提到印太概念以及日本需要承担的角色。当“亚太”地区或印太地区变得越来越繁荣时，“第一，日本必须继续成为规则的主要推动者，这里的规则是指贸易、投资、知识产权、劳工、环境等方面的规则；第二，日本必须继续充当全球公域的守护者，比如海洋公域，将这些地区开放到足以惠及所有人；第三，日本必须与美国、韩国、澳大利亚和整个地区其他志同道合的民主国家更加紧密地合作。”[①]2016 年 8 月，在肯尼亚首都内罗毕召开的第六届东京非洲发展国际会议上，日本的“自由与开放的印太”战略正式启动，安倍晋三指出，印度洋和太平洋的联结带来的巨大活力，促进了世界的稳定和繁荣。日本有责任促进二者以及亚洲和非洲的融合。[②]2016 年 11 月，印日两国签署并共同发布了《印日 2025 愿景联合声明：努力共同促进印太地区和世界和平与繁荣的特殊战略与全球伙伴关系》，两国总理强调了印太地区作为世界繁荣的关键驱动力的重要性日益上升，重申了民主、和平、法治、宽容和尊重环境的核心价值观，以实现该地区的多元化和包容性增长。基于两国在印太地区的稳定和繁荣中所起的作用，有必要进一步巩固两国在安全和防务方面的合作。[③] 总结来看，日本印太理念是以价值观为基础，推动日本与其他所谓的“民主国家”的合作，维护并促进印太地区的安全与繁荣。

---

① “‘Japan is Back’, Policy Speech by Prime Minister Shinzo Abe at the Center for Strategic and International Studies (CSIS),” last modified February 22, 2013, https://japan.kantei.go.jp/96_abe/statement/201302/22speech_e.html.

② “Address by Prime Minister Shinzo Abeat the Opening Session of the Sixth Tokyo International Conference onAfrican Development(TICAD VI),” last modified August 27, 2016, https://www.mofa.go.jp/afr/af2/page4e_000496.html.

③ Ministry of External Affairs, “India-Japan Joint Statement during the visit of Prime Minister to Japan,” last modified November 11, 2016, https://mea.gov.in/bilateral-documents.htm?dtl/27599/IndiaJapan+Joint+Statement+during+the+visit+of+Prime+Minister+to+Japan.

（二）日本“自由与开放的印太”战略的具体实施

从2017年开始，日本官方文件中开始将印太战略作为其外交战略的重要组成部分。《2017外交蓝皮书》（Diplomatic Bluebook 2017）将“自由和开放的印太”战略列为一个重要的章节，并在这一部分中提出了“两洲”和“两洋”的概念。文件认为，国际社会稳定与繁荣的关键是两大洲的结合所产生的活力，即迅速增长的亚洲和具有巨大增长潜力的非洲；通过自由开放的太平洋和印度洋战略将上述理念设想为一个包罗万象的综合概念，这开阔了日本对外政策的视野。日本将这些大陆和海洋视为一个完整的区域，旨在开辟日本外交的新疆域。这一战略基于安倍晋三政府的一贯结论，即自由和开放的海洋是世界和平与繁荣的源泉。日本将扩大基础设施发展、贸易和投资，并加强以东亚为起点到中东和非洲的商业环境和人力发展。此外，日本将在发展以及政治和治理领域提供国家建设支持，并进一步加强与印度、美国、澳大利亚等国家的战略合作。日本外务省发布的2018、2019年度的外交蓝皮书进一步突出了印太战略在对外战略中的重要地位。这两份文件都指出了日本推行印太战略的三大支柱：一是促进和巩固法治、航行自由、自由贸易等；二是通过增强互联互通来促进经济繁荣，包括建设符合国际标准的优质基础设施；三是致力于和平与稳定，包括协助加强海上执法、防灾减灾和防扩散能力建设等。2019年11月，日本政府发布的《迈向自由和开放的印太》（Towards Free and Open Indo-Pacific）文件则是对日本印太战略三大支柱以及具体实践的详细解读。至此，“自由和开放的印太”战略的相关内容不断得到充实，已经成为日本对外战略的一个重点方向。日本以“两洲”和“两洋”为主线，在这一广阔区域开展了一系列的对外投资与战略合作。

纵观近几年日本印太战略的具体实施，可以说其核心思想是增进各国之间互联互通，促进“两洲”和“两洋”的融合。可以看出其战略实施具有以下几方面的具体举措。

第一，通过发展“优质的基础设施”建设来实现实体上的联结。“优质的基础设施”计划是日本近几年重点推出的项目，也是“安倍晋三经济学”的重要组成部分。日本强调，日本根据“G20优质基础设施投资原则”（G20 Principles for Quality Infrastructure Investment），严格遵循开放、透明、经济效益和可持续性原则，按照国际标准推动高质量的基础设施投资。日本以2015年推出的“高质量基础设施伙伴关系”（Partnership for Quality Infrastructure）为依托，对发展中国家进行大规模的基础设施投资，并将范围扩大到非洲。日本以东南亚为核心，将湄公河地区视为连接印度洋和太平洋的桥梁，对“东西部经济走廊”（East-west Economic Corridor）和“南部经济走廊”（Southern Economic Corridor）进行重点投资，进行道路、桥梁、港口、人力资源开发等项目的建设。非洲也是日本进行基础设施投资的重点地区，日本推动了蒙巴萨港的发展以及周边走廊的道路和桥梁建设。

第二，在广阔范围内加强与地区国家的互联互通。日本除了与美国、印度以及澳大利亚升级在印太地区的战略合作之外，还重视与东盟合作。东盟在日本的印太战略中占据重要的地位，日本不仅通过实施基础设施投资计划来实现与东盟在经济层面的互联互通，同时也在人员往来、教育、培训、文化交流等途径加强软实力和文化层面的互联互通。日本进一步将互联互通范围扩展到非洲，通过“亚非增长计划”等实现非洲大陆的崛起以及亚非之间的连接。日本的互联互通范围涉猎到欧洲。2019年9月，欧盟委员会召开了“欧盟—亚洲连通性论坛”，讨论亚洲与欧洲大陆之间的连通性战略，并签署了日本与欧盟之间的伙伴关系协议，确立了日本和欧盟在新能源、交通运输和人与人之间的交流等方面的合作。

第三，增强海洋安全合作，加强日本海上能力建设。日本是一个海洋国家，专注海上能力建设，拓展海上战略空间是日本永恒的目标。日本的印太战略也体现了其海权思想，呼吁相关国家在太平洋以及更广阔的范围内加强合作，共同维护海洋经济利益和安全利益。除了与美国、印度和澳大利亚在四边安全对话和三边关系的框架内开展军事合作和军事演习以提高互操作性之外，日本还与多个印太国家开展多领域的海上合作，如对帕劳、菲律宾、越南等国家的海上援助和海洋安全合作，与东帝汶、印度尼西亚的三方海上合作等。

（三）日本“自由与开放的印太”战略的实质与特点

日本印太战略的实质是日本长期推动印度洋和太平洋进行融合的结果，其根本目的在于构建一个以价值观为基础的新的地区秩序，依靠“结盟”和“追随强国”的手段来获取安全感并提升其在地区的国际影响力。中国在日本的印太战略中是重要的遏制目标，但随着战略的演进，两国合作的成分增加。此外，印度在日本印太战略中的地位不断上升。

首先，印太战略的实质是促进“两洲”和“两洋”的互联互通。安倍晋三很早就敏锐地察觉到了印度洋和太平洋连接在一起的潜力与趋势，认识到日本实施对外战略的空间正在扩大。日本学者指出，日语中的印太（Indo Pashifiku）是一个外来词，没有采用日本本土词汇，而“亚太”一词在日语中则表示为 Ajia Taiheiyo。日本国内更倾向于采用“更广阔的亚洲”（koiki Ajia）而不是印太（Indo Pashifiku）来代指这一地区范围，前者也包括印度洋这一区域，意味着在日本人眼中，这是地理范围上的延伸而不是战略思维上的完全替代。这种倾向可以更准确地描述日本地缘战略立场。[①] 日本这一倾向与两大因素有关，一是日本是一个海洋国家，对海洋战略空间的拓展的需求与生俱来；二是日本的目标是成为世界大国，需要在更广阔的区域上有所作为从而扩大其影响力。自 2007 年推出印太概念以来，安倍晋三在多个场合强调印太正在实现区域融合。从“自由与繁荣之弧”到“更广阔的亚洲”，从“两大洋的汇合处”到后来的“两洲”和“两洋”，都体现了海洋融合以及互联互通的理念。安倍晋三一再重申印太的重要性，指出这一区域是世界和平、稳定与繁荣的中心。近几年，日本尤其注意对非洲的援助与合作，希望以亚洲的繁荣来带动非洲的发展。总

① Purnendra Jain and Takenori Horimoto, “Japan and the Indo-Pacific,” in *New Regional Geopolitics in the Indo-Pacific*, ed. Chacko Priya (London: Routledge, 2016).

之，自安倍晋三在2007年明确表达了印太概念及其重要性以来，日本就一直在奉行一种实现相互连通的印太为目标的政策，日本的印太战略也是这种政策发展到一定程度的自然结果。

其次，中国在日本战略演进中的地位与身份正在发生微妙的变化。在日本印太战略发展的最初阶段，也就是2017年之前，遏制中国这一战略目标可以说占据了相当大的比重。一方面，日本格外强调价值观的重要性。在“自由与繁荣之弧”这一概念提出时，日本指出其在自由和民主、人权和法治这些方面可堪称“模范”与“元老”，日本强调印太地区的融合应当基于重视自由、法治和市场经济；另一方面，日本多次渲染中国会带来“威胁”的威胁论。2012年安倍晋三提出“民主安全菱形”这一概念时，提出“南海似乎将变成‘北京湖’（Beijing Lake）”；2013年，安倍晋三在美国华盛顿进行演讲时重申日本在钓鱼岛争端中的坚定立场。可以说，在日本印太战略发展的最初阶段，在中日两国关系发生起伏的这一大背景之下，日本对中国有一定的战略遏制和战略竞争。日本印太战略目标和实施内容更加丰富，随着与中国合作的成分加大，日本对中国政策也日趋温和。日本学者田中明彦（Akihiko Tanaka）声称，“媒体经常歪曲‘自由开放的印太’战略，说是日本用来对付中国‘一带一路’的外交手段。”“‘印太’地区作为印度洋和太平洋相结合的区域概念的出现，反映了全球经济的长期发展。只为了对抗其他国家的活动而对‘印太’这样广阔而有希望的地区采取战略，这是目光短浅的。”澳大利亚学者大卫·布鲁斯特（David Brewster）指出，“日本的愿景包括开发从太平洋到印度洋再到非洲的新经济和交通走廊。正如它的名字所暗示的，它所陈述的重点是建立一个开放的、不排外的基础设施系统。”①

第三，印度在日本印太战略体系中占据中心位置。纵观安倍晋三每次在公开场合诠释日本的印太理念，他总是着重强调印度的重要性。在日本

① Yuichi Hosoya, “FOIP 2.0: The Evolution of Japan’s Free and Open Indo-Pacific Strategy,” *Asia-Pacific Review* 26, no. 1 (2019): 24.

的对外战略中，印太与印度似乎一直捆绑在一起。安倍晋三首次提出“两大洋的汇合处”这一概念就是在印度国会发表演讲时，安倍晋三肯定了印度作为最佳战略伙伴的重要价值，呼吁印度与日本构建“战略全球伙伴关系”，并鼓励印度在更广阔的区域发挥作用。也就是说，“两大洋的汇合处”这一概念意味着日本将印度洋和太平洋作为一个战略实体，也说明了这一概念加速了印度和日本的全球战略伙伴关系的构建。日本学者石桥（N. Ishibashi）认为，“日本领导人在 2005 年左右开始将印度视为对抗中国的关键平衡者，而这一举动与美国将印度纳入联盟的战略是一致的。”① 随着印太概念的演进，日印关系也得到有力的推进。2014 年，莫迪访问日本期间，两国签署《日印特殊全球战略伙伴关系东京宣言》，宣布将两国关系由“全球战略伙伴关系”提升至“特殊全球战略伙伴关系”；2015 年 1 月时任日本外相岸田文雄（Fumio Kishida）访问印度期间表示，“日印关系是促进世界和平与繁荣的特殊伙伴关系，也有利于印太地区的和平与繁荣”；岸田文雄还将其称为“印太时代的特殊伙伴关系”，表示“日本打算在与‘印太’地区的特殊伙伴关系的基础上，为建立‘印太’的新时代做出贡献”。② 由此看出，日本将印度纳入战略体系中亦致力于实现其印太战略目标，同时，印太概念以及战略的推进也带动了印日战略伙伴关系的发展。

三、澳大利亚的“印太战略”：威胁认知下的中等强国外交

澳大利亚很早就开始关注并采用印太概念，最初是由于认识到了印度洋与太平洋不断融合的趋势，并意欲在地缘政治变化中谋求更高的国际地位和更大的发展机遇。从 2016 年开始，随着澳大利亚国内对中国认知

① Hidetaka Yoshimatsu, “The Indo-Pacific in Japan's strategy towards India,” *Contemporary Politics* 25, no. 4 (2019): 439.

② Hidetaka Yoshimatsu, “The Indo-Pacific in Japan's strategy towards India,” *Contemporary Politics* 25, no. 4 (2019): 445.

的转变以及对华政策的调整，澳大利亚开始将中国视为“威胁”，其印太战略也更加具有针对性。中等强国的身份使澳大利亚意识到依靠自己的力量很难对抗中国，因此澳大利亚一方面在军事上加强国防能力建设和海上军事部署，经济上，在南太平洋强化基础设施建设投资以制衡中国的影响力；另一方面依赖并深化美澳同盟关系，同时依托美印日澳四边安全对话来建立其在印太地区的根基。

（一）澳大利亚对印太概念的认知与演进

20 世纪 60 年代，澳大利亚学者便开始在关于地区安全的学术研究中公开使用“印太”一词。21 世纪，随着印度洋和太平洋在地缘政治和地缘经济上逐渐出现融合的态势，澳大利亚学术界越来越认同并重视这一概念，开始就印太概念的含义与重要性进行探讨。2011 年 2 月，澳大利亚洛伊国际政策研究所与美国海军战争学院共同发布《21 世纪印太海上安全》（Indo-Pacific Maritime Securityin the 21st Century）会议报告，报告强调了亚太地区特别是印太地区日益增长的重要性，尤其是该地区的海上安全挑战，以及这些挑战的跨国性质是否正在创造真正的印太战略关系。在这种关系中，系统内部的各个组成要素能够相互影响，区域合作或竞争的前景将会影响这些要素的发展，从而进一步决定澳大利亚和美国的战略选择。2011 年 11 月，洛伊国际政策研究所、传统基金会与印度观察家研究基金会联合发表题为《共同的目标与趋同的利益：美澳印在印太地区的合作计划》（Shared Goals，Converging Interests: A Plan for U.S.–Australia–India Cooperation in the Indo–Pacific）研究报告，报告指出，“印太地区的‘自由民主’大国，在促进经济和政治稳定、安全、整个地区持续自由和开放贸易以及民主治理的关系网络方面，具有共同的战略利益。美印澳三边合作应成为其中一个关键因素。美国、澳大利亚和印度在印太地区面临的共同的挑战和机遇，由他们共同的价值观和利益所界定，包括海上通道安全、反恐、防扩散和救灾。正式的三边对话使这三个国家有机会共同理解并采取行动，更有效地应对当前和未来的挑战。

这种相互理解对方关切的努力将有助于促进印太地区成为一个有利于经济和政治稳定、安全的地区。”[①]

澳大利亚也是最早将印太概念列入政府文件的国家之一。2013 年澳大利亚政府发布的《国防白皮书》详细阐述了印太新格局产生的原因，以及对澳大利亚的重要意义。“中国作为一个全球大国正在持续崛起，东亚经济和战略地位不断上升，以及印度在未来一段时间将成长为一个全球大国，这些趋势正在塑造印太作为一个单一战略弧的出现。印太是一个新兴的系统，鉴于其多样性和广泛性，其安全架构是一系列的次区域和安排，而不是一个单一的整体，澳大利亚的安全环境将受到印太地区及其架构演变的重大影响。这种日趋复杂的环境将使澳大利亚在扩大影响方面面临挑战，澳大利亚需要平衡更广泛的利益和伙伴关系，澳大利亚声音需要更清晰、更有力才能被听到。”[②] 在印太体系中，中美之间的战略竞争将在很大程度上影响战略环境，印度、日本、韩国以及印度尼西亚等国家也很重要，东盟在该体系中居于中心位置。澳大利亚将与伙伴一起努力推动地区多边机制的发展，为区域稳定做出努力并彰显澳大利亚的影响力。

澳大利亚政府发布的《国防白皮书》(2016) 和《外交政策白皮书》(2017) 详细阐述了印太地区重要的地缘价值、对澳大利亚的重要性以及澳大利亚下一步的外交政策目标和内容。澳大利亚意识到印太地区正处于重要的经济转型时期，该地区经济的增长和战略地位的提高为澳大利亚提供了机会。《国防白皮书》(2016) 列出了澳大利亚的战略防御目标的等级划分，“首要战略防御目标是阻止、否认和挫败对澳大利亚进行攻击的任

---

① Lisa Curtis, Walter Lohman, Lydia Powell, Rajeswari Pillai Rajagopalan, Andrew Shearer and Rory Medcalf, “Shared Goals, Converging Interests: A Plan for U.S.–Australia–India Cooperation in the Indo–Pacific,” The Heritage Foundation, accessed November 3, 2011, https://www.heritage.org/asia/report/shared-goals-converging-interests-plan-us-australia-india-cooperation-the-indo-pacific.

② 资料来源：Department of Defense Australian Government, “Defence White Paper 2013”, May 2013, pp.7-8.

何企图；第二个战略防御目标是更近的安全地区，包括东南亚和南太平洋海域；第三个战略防御目标则是维护印太地区的稳定并支持符合澳大利亚利益的‘以规则为基础’的全球秩序。”到2035年，美国和中国的角色以及两国关系将继续是印太地区最重要的战略因素，与美国的同盟关系是澳大利亚处理印太地区国际关系的核心。同时，澳大利亚还将与该地区的主要“民主国家”进行更密切的双边和小规模合作，日本、印度尼西亚、印度和韩国是这一议程的中心。①

2019年第14届G20峰会举办前夕，澳大利亚总理斯科特·莫里森（Hon Scott Morrison）发表讲话，详细阐述了澳大利亚对印太的理解与政策。莫里森指出，印太地区将继续塑造澳大利亚的繁荣、安全和命运。印太是一个经历并且正在发生深刻变化的地区，最重大的变化是美国和中国关系的平衡已经发生了变化。澳大利亚必须适应这一大国竞争的时期，与日本、印度、印度尼西亚以及越南等伙伴合作，在印太地区建立起紧密的关系网络，同时还加强与美国、中国、欧盟及其他国家合作。同时，莫里森还揭示了太平洋地区将是澳大利亚在印太地区与他国合作的关键支柱以及战略实施的重点区域。可以看出，澳大利亚所定义的印太与印度、日本以及法国所定义的印太在范围上有一定差距，澳大利亚并没有将西印度洋囊括其中。因此可以推断，澳大利亚的印太概念及地域划分是出于实用主义的考虑，即把澳大利亚有限的硬件资源集中在最近的安全利益上。澳大利亚的目标是让印度成为一个积极的太平洋政策参与者，而不是在西印度洋承担责任。尽管过去三十年来，澳大利亚经常通过印度洋向中东地区部署军事力量，但目前澳大利亚高度重视保护其周边地区、利益更相关地区的安全。②

① 资料来源：Department of Defence Australian Government, “2016 Defence White Paper”, 2016, p.4.

② Euan Graham, “Australia Whole-of-Government Indo-Pacific,” *Infrastructure, Ideas, and Strategy in the Indo-Pacific*, March 2019, p.40.

（二）驱动因素：威胁认知导向下的中等强国外交

澳大利亚最初接纳印太概念的原因是想在地缘政治变化中谋求更高的地位和更大的机遇。澳大利亚是一个独立的大洲，同时也是一个独立的岛屿，四面环海的处境使其对海洋产生了依赖。澳大利亚很早就认识到，中印两国的崛起会使印太地区成为全球经济中心，经济全球化又带动了这一地区力量格局的变化，美国对华战略竞争态势将很大程度上影响着这一地区的安全形势与权力平衡。同时，该地区又存在大量的不稳定因素，如大国战略竞争、地区冲突以及非传统安全等。在这种经济和安全结构重新洗牌的过程中，澳大利亚面临着很大的机遇，并能够发挥更大的作用。澳大利亚希望能够凭借自身特殊的区位优势，充当东西方之间以及两大洋之间沟通的桥梁。澳大利亚学者托马斯·威尔金斯（Thomas S. Wilkins）认为，“印太是在为‘重新安置’澳大利亚提供一次新的机会，在这两个大洋之间重新定义澳大利亚的地缘战略环境。澳大利亚广袤的大陆领土横跨太平洋和印度洋，试图在一个新定义的地区找到一个新的、更突出的角色。正如印太的支持者所说的，这将使澳大利亚能够发挥更大的经济和战略作用。”①

随着澳大利亚对中国认知的转变以及对华政策的重置，其印太战略的指向性也更加明确。在前总理马尔科姆·特恩布尔（Malcolm Turnbull）执政期间，尤其是2016年之后，澳大利亚政策界普遍认为中国的战略意图发生了改变，污蔑中国致力于取代美国在印太地区的主导地位，捏造并指责中国的一系列政策和行动冲击了澳大利亚的国家利益，最终导致澳大利亚政府全方位“重置”对华政策，中澳关系进入“新常态”。② 首先，在

---

① Thomas S. Wilkins, “Australia and the Indo-Pacific: A Region in Search of a Strategy, or a Strategy in Search of a Region?” ISPI, accessed June 4, 2018, https://www.ispionline.it/it/pubblicazione/australia-and-indo-pacific-region-search-strategy-or-strategy-search-region-20694.

② 许少民：《国家利益、威胁认知与澳大利亚对华政策的重置》，《外交评论》2020 年第 5 期。

澳大利亚的核心利益方面，特恩布尔政府认为澳大利亚的政治安全正在遭受“隐秘的”“强制的”和“腐败的”外国干涉行为的威胁，并再一次将矛头指向中国。澳大利亚政策界和舆论界同时充斥着很多指责中国的所谓“政治渗透论”“经济渗透论”“文化渗透论”等言论。[①] 其次，澳大利亚认为中国正在崛起的军事力量给澳大利亚的安全带来了一定的“威胁”。澳大利亚政府公开指责中国在南海上的行为，并支持菲律宾将南海争议诉诸国际仲裁法庭；澳大利亚在 2016 年《国防白皮书》中明确指出，“中国与东海和南海主权声索国之间的领土争端给本地区带来了不确定性和紧张局势。”[②]2017 年 6 月，特恩布尔在新加坡举行的香格里拉对话会上发表了针对中国的言论，指责中国通过“单方面行动侵占、制造领土或将争议地区军事化”。[③] 最后，澳大利亚错误认为中国的快速崛起和日益增长的自信心对“以规则为基础”的地区秩序带来了冲击。2017 年澳大利亚在《外交政策白皮书》中论述了当前发生在印太地区的权力转移，中国的力量和影响力正在与美国相提并论，在某些情况下甚至超过了美国。[④] 特恩布尔表示坚定地捍卫美国领导下的印太秩序：“亚洲未来的和平与繁荣取决于维持以美国为首、以规则为基础、长期运转良好的秩序。”[⑤]

澳大利亚的印太战略是对其“中等强国”外交传统的回归。“中等强国”是澳大利亚自二战以来对自身的定位，陆克文政府提出了“富有创造力中等强国外交”思想，并提出了“要引领前行，不尾随于后”的首创精

① 许少民：《国家利益、威胁认知与澳大利亚对华政策的重置》，《外交评论》2020 年第 5 期。

② 资料来源：Department of Defence Australian Government, “2016 Defence White Paper”, 2016, p.30.

③ Hugh White, “Malcolm Turnbull condemns China but has no alternative plan,” Financial Review, accessed June 4, 2017, https://www.afr.com/opinion/malcolm-turnbull-condemns-china-but-has-no-alternative-plan-20170604-gwk1un.

④ 资料来源：Government of Australia, “2017 Foreign Policy White Paper”, 2017, p.25.

⑤ Hugh White, “Malcolm Turnbull condemns China but has no alternative plan”, Financial Review, accessed June 4, 2017, https://www.afr.com/opinion/malcolm-turnbull-condemns-china-but-has-no-alternative-plan-20170604-gwk1un.

神。这种“中等强国外交”也在很大程度上推动了澳大利亚对印太概念的推广以及将相关战略付诸实践。从官方文件中就可以看出，澳大利亚在印太战略中对“中等强国”理念的应用，一是强调澳大利亚应当作为一支平衡力量，在印太地区发挥应有的作用；二是寻求与地区国家的广泛合作，并积极推动多边机制的完善；三是呼吁美国继续保持存在并提供符合澳大利亚利益的公共产品，如维护地区安全与权力平衡等。同时，“中等强国”的定位也为澳大利亚寻求自身安全的保证提供了一个“身份认同”。2014 年，澳大利亚学者罗里 • 麦德卡夫与印度学者拉贾 • 莫汉共同发布了一项题为《对印太竞争的回应：澳大利亚、印度以及中等强国联盟》(Responding to Indo-Pacific Rivalry: Australia，India and Middle Power Coalitions）的研究报告，报告指出，由于中国日益增长的自信和美国对其反应的不确定性，导致印太地区的中等强国寻求超越传统的安全方法。印度、澳大利亚、日本和东盟国家之间的安全合作不断扩大，下一步应该是建立“中等强国联盟”，而印度和澳大利亚应当成为这一联盟的核心。

（三）澳大利亚印太战略的具体实施

基于对中国的错误认知，澳大利亚的印太战略对中国的指向性日益明显，不断增强军事实力和经济影响力，并依托美澳同盟和美印日澳四边安全对话机制来制衡中国。

第一，加强国防能力建设以及海上军事前沿部署。虽然澳大利亚官方从未正式公布关于印太战略的战略内容，但从澳大利亚国防部发布的《2020 年国防战略更新》(2020 Defence Strategic Update）可以看出，印太地区是其国防战略的直接和主要区域。文件指出，印太地区的军事现代化速度比预想的要快。区域部队现代化导致了新武器的发展和部署，对澳大利亚的军事能力优势带来了挑战，使澳大利亚的战略环境进一步复杂化。[①]

① 资料来源：Australian Government Department of Defence, “2020 Defence Strategic Update”, July 2020, p.6.

且未来十年，澳大利亚将加大军费开支。文件明确了当前澳大利亚国防的重点区域是从东北印度洋到东南亚海上和大陆，再到巴布亚新几内亚和西南太平洋。澳大利亚新的国防战略将集中加强五个领域的国防能力，包括信息和网络、海上、空中、空间和陆地。其中，海军和海上力量是国防战略的重要组成部分。2020 年 10 月，澳大利亚皇家海军宣布将减少在中东的海军存在以专注于“印太地区”。[①] 澳大利亚的海上实力不断扩大，包括新增的 12 艘“攻击”级潜艇（Attack Class Submarines，）、9 艘“猎人”级护卫舰（Hunter Class Frigates）以及 12 艘“阿拉弗拉”级近海巡逻舰（Arafura Class Offshore Patrol Vessels）。澳大利亚政府将继续在船舶和潜艇、基础设施等方面进行投资，额外的投资将用于反潜战、海上运输、海上巡逻和侦察、空战、海上控制和增强水下作战能力等。[②] 此外，自 2017 年以来，“印太奋进号”（Indo-Pacific Endeavor）舰队参加了澳大利亚一年一度的远征演习，演习以海军特遣部队为基础，部署在南亚、东亚和南太平洋海域，加强澳大利亚与区域安全部队的接触和伙伴关系，如印度、印度尼西亚、马来西亚、新加坡、斯里兰卡、泰国和越南等，并在港口访问期间进行一系列接触活动和军事训练。[③]

第二，加大基础设施建设和投资。南太平洋地区是澳大利亚进行投资的重点区域，在一定程度上是源于制衡中国的经济影响的考虑。莫里森表示，“随着中国在南太平洋国家影响力的增长，将增加对南太平洋基础设施的投资，并与岛屿邻国加强军事和外交接触，这些邻国正越来越多地通

---

① Janvi Manchanda, “Australia To Reduce Naval Presence In Middle East To ‘focus On Indo-Pacific Region’,” Republic World, accessed October 24, 2020, https://www.republicworld.com/world-news/australia/australia-to-reduce-naval-presence-in-middle-east-to-focus-on-indo-pacific-region.html.

② 资料来源：Australian Government Department of Defence, “2020 Defence Strategic Update”, July 2020, p.37.

③ “Indo-Pacific Endeavour 2019 launches in Western Australia,” last modified March 2019, https://www.minister.defence.gov.au/minister/cpyne/media-releases/indo-pacific-endeavour-2019-launches-western-australia.

过一带一路的基础设施项目寻求中国的援助。”[1]2018—2019 年，澳大利亚在南太平洋的基础设施上投入 1.07 亿美元，占全部用于基础设施的援助支出的 40%。[2]2018 年 4 月澳大利亚政府推出“太平洋网络安全行动网络”（Pacific Cyber Security Operational Network，），并承诺向巴布亚新几内亚新建的国家网络安全中心（National Cyber Security Centre）拨款 2000 万美元并延续至 2022 年。2018 年 7 月，澳大利亚政府与所罗门群岛和巴布亚新几内亚（PNG）签署了谅解备忘录，合作建设连接三国的海底互联网电缆，澳大利亚承担了该项目的三分之二，约 1.37 亿美元的费用。[3]2019 年 7 月 1 日，外交部部长马里斯·佩恩（Marise Payne）和贸易、旅游与投资部长西蒙·伯明翰（Simon Birmingham）宣布“太平洋基础设施融资设施项目”投入运营，该项目将耗资 20 亿美元，能大大提高澳大利亚对太平洋国家和东帝汶基础设施建设的支持，项目通过赠款和贷款相结合的方式支持优先级基础设施的发展。[4] 澳大利亚对南亚基础设施的投资相对不足，但也在提上日程。2019 年 1 月澳大利亚外交部长佩恩在新德里宣布“南亚地区基础设施互联互通倡议”，该倡议将在 4 年内耗资 1300 万美元，主要用于区域能源和交通基础设施建设。

第三，拓展印太地区伙伴关系。在澳大利亚的中等强国外交框架下，将结盟与加强伙伴关系的合作作为谋求国家利益、扩大影响力以及维护印

① “Australia details investment in South Pacific infrastructure,” National Post, accessed November 7, 2018, https://nationalpost.com/pmn/news-pmn/australia-details-investment-in-south-pacific-infrastructure.

② Euan Graham, “Australia Whole-of-Government Indo-Pacific,” *Infrastructure, Ideas, and Strategy in the Indo-Pacific*, March 2019, p.42.

③ “Australia Increases Investment in South Pacific Islands in an Apparent Response to China’s Growing Economic Influence in the Region, last modified July 2018, https://www.rwradvisory.com/australia-increases-investment-south-pacific-islands-apparent-response-chinas-growing-economic-influence-region/.

④ 数据来源：Department of Foreign Affairs and Trade, “Pacific Regional—Australian Infrastructure Financing Facility for the Pacific”, https://www.dfat.gov.au/geo/pacific/development-assistance/Pages/australian-infrastructure-financing-facility-for-the-pacific.

太秩序的重要手段。澳大利亚在《外交政策白皮书》(2017）中强调，与美国结为同盟是澳大利亚印太战略的核心，如果没有强大的美国在政治、经济和安全方面的参与，该地区的权力转移可能会更快实现，澳大利亚将更难获得安全与稳定。为了支持澳大利亚在该地区的目标，澳大利亚政府将扩大和深化与美国的同盟合作。与此同时，与十年前退出美印日澳“四边安全对话”时相比，澳大利亚更积极地寻求加强同其余三个国家间的双边与三边关系并积极促成联盟。自 2017 年重启四边安全对话以来，四国之间的合作程度逐步加深，如 2020 年澳大利亚加入了“马拉巴尔”联合军演，美日印澳四国的军事安全合作有了实质性的进展。

第二节　美印日澳双边关系及海上战略互动

自美印日澳四国实施印太战略以来，相互之间的双边关系均得到了推进，并为进一步推进三边以及四边合作奠定了坚实的基础。本节将对美日、美澳、日印、日澳和印澳五组双边关系进行梳理，囿于篇幅，不再对双边关系的历史演进进行梳理，重点阐释和分析印太战略背景下几组双边关系的发展以及海上战略互动。

一、美日同盟：美国印太同盟体系的基石

美日同盟为二战以来的日本提供了安全保障，同时也是美国维护印太力量平衡及其在印太地区利益的重要支柱。近二十年来，尤其是安倍晋三执政后，美日两国的同盟关系得到了进一步加强。2016 年 12 月，安倍晋三发表讲话，他表示对美国给予的帮助与贡献表达了感激：“战争结束时，日本是一个满目疮痍、一贫如洗的国家，是美国及其善良的人民给日本送来了食物和衣服，也是美国为战后日本再次返回国际社会开辟了道路。在

美国的领导下，日本作为自由世界的成员得以享受和平与繁荣。”[①]2019年6月，日本政府发言人表示，“美日两国领导人都认为，全球最大和第三大经济体之间的安全联盟比以往任何时候都牢固。”[②]

2020年1月，在纪念《美日安保条约》签署60周年之际，特朗普表示了对美日同盟重要价值的认同：“随着安全环境的不断发展和新挑战的出现，我们的联盟进一步加强和深化至关重要。”“我相信，在未来的几个月和几年中，日本对我们共同安全的贡献将继续增长，并且该联盟将继续蓬勃发展。”安倍晋三也呼吁美日双方让该条约更加健全：“我们已经把两国关系提升到美日双方都保护对方的程度，从而进一步强化了美日同盟。展望未来，我们有责任使其更加强大，成为维护外空和网络空间和平与安全的支柱。”[③]两国政府发布的联合声明指出：“我们的同盟已经并将继续在确保两国和平与安全方面发挥不可或缺的作用，同时通过区域安全合作实现我们关于自由和开放的印太地区的共同愿景。今天，我们的联盟比以往任何时候都更强大、更广泛、更重要。在表彰过去60年成就的同时，我们重申坚定不移地致力于加强同盟，并在未来维护我们的共同价值观和原则。”[④]

然而，特朗普上任以来的对日政策对美日同盟带来了一定的挑战。特朗普将“美国优先”原则应用到其对日关系中，淡化了对盟友的“责任意

① The White House, “Remarks by President Obama and Prime Minister Abe of Japan at Pearl Harbor,” last modified December 28, 2016, https://obamawhitehouse.archives.gov/the-press-office/2016/12/28/remarks-president-obama-and-prime-minister-abe-japan-pearl-harbor.

② “Trump, Abe agree U.S.-Japan alliance stronger than ever: Japan official,” Reuters, accessed June 28, 2019, https://www.reuters.com/article/us-g20-summit-abe-trump/trump-abe-agree-u-s-japan-alliance-stronger-than-ever-japan-official-idUSKCN1TT06M.

③ “Trump marks U.S.-Japan security pact with call for stronger, deeper alliance,” Reuters, accessed January 19, 2020, https://www.reuters.com/article/us-usa-japan-security/trump-marks-u-s-japan-security-pact-with-call-for-stronger-deeper-alliance-idUSKBN1ZI050.

④ “Joint Statement on the Sixtieth Anniversary of the Signing of the Treaty of Mutual Cooperation and Security between Japan and the United States of America,” last modified January 2020, https://www.mofa.go.jp/files/000558329.pdf.

识”，公开批评日本的“搭便车”行为，并试图从对日关系中获取一定利益。其一，特朗普认为美日两国的防务义务对美国不公平。2019 年 6 月，在 G20 峰会召开之前，特朗普公开批评美日同盟的不平等：“世界上几乎所有的国家都在利用美国，比如美国与日本之间的条约规定，如果日本被攻击，我们会发动第三次世界大战。我们要保护他们，我们要用生命和财富去战斗，我们将不惜一切代价战斗。但如果美国遭到攻击，日本根本没有义务帮助我们，他们却可以在索尼电视上观看这场攻击。”①

其二，特朗普一再要求日本为美军在日本持续存在的军事力量付出更大的代价。2017 年 11 月，特朗普敦促日本从美国购买防务装备，他表示，日本可以通过购买价值数十亿美元的美国军事装备来保护自己，免受拥有核武器的朝鲜的威胁。②特朗普针对美日贸易不平衡现象，明确地将贸易与安全联系起来。2019 年 11 月，特朗普要求东京每年支付四倍的防务成本，以抵消在该国驻扎超过 5 万名美军的费用。一些专家警告说，向亚洲盟友施压，要求他们为美国在该地区的继续存在付出更多代价的举动，可能会加剧美国与其亚洲盟友之间的紧张关系，正中中国和朝鲜等对手的下怀。还有学者声称，特朗普的如此举动完全误解了“联盟”的价值。③

其三，特朗普试图扭转美日之间的贸易逆差，取消不合理的贸易壁垒，试图在经济问题上占主导地位。特朗普上任后不久便在日本毫不知情的情况下退出了 TPP，对于日本来说是不小的打击。安倍晋三曾在日本花费了大量的政治资本来争取该协议获得议会通过。在特朗普放弃这项协议

---

① Linda Sieg and Daniel Leussink, “Trump renews criticism of Japan-US alliance before G20 summit,” Reuters, accessed June 27, 2019, https://www.reuters.com/article/us-g20-summit-trump-japan/trump-renews-criticism-of-japan-us-alliance-before-g20-summit-idUSKCN1TS057.

② “Trump Tells Japan It Can Protect Itself by Buying U.S. Arms,” The New York Times, accessed November 6, 2017, https://www.nytimes.com/2017/11/06/world/asia/trump-japan-shinzo-abe.html.

③ “Trump Asks Tokyo to Quadruple Payments for U.S. Troops in Japan,” Foreign Policy, accessed November 15, 2019, https://foreignpolicy.com/2019/11/15/trump-asks-tokyo-quadruple-payments-us-troops-japan/.

的几小时前，安倍晋三还打算就此协议的实质游说美国新政府。[①]2019 年 9 月，美日达成的贸易协定更像是美国单方面的胜利。根据协议，日本将向 70 亿美元的美国农产品开放市场。[②]

此外，美日两国在诸多战略取向及议题方面存在分歧。比如，在伊朗问题上，日本试图在美国与伊朗之间保持一种平衡。2020 年 1 月，安倍晋三在访问中东时强调，该地区的军事对抗对整个世界的和平与稳定都会产生影响。[③] 又如，在印太战略的目标上，日本并非像美国一样全方位压制中国。日本希望塑造一种混合型的区域秩序，这一秩序具有复杂、流动和多层次的特征，将中国和美国都留在其中，日本等第三国可以从中获取利益并规避风险。[④]2018 年 11 月，安倍晋三曾就"自由和开放的印太"对众多国家进行巡回游说，先后访问了新加坡、巴布亚新几内亚、澳大利亚，还与俄罗斯总统普京举行双边会谈，并探索与韩国总统文在寅进行对话，目的是敦促志趣相投的国家之间进行合作，加强海上安全和促进自由贸易。[⑤] 可以看出，日本在追求战略合作伙伴的多元化。此外，特朗普政府对日本单边主义的战略思维在一定程度上减轻了日本对美日同盟的依赖，并加强日本的战略自主性。

---

① "Trump Abandons Trans-Pacific Partnership, Obama's Signature Trade Deal," New York Times, accessed January 23, 2017, https://www.nytimes.com/2017/01/23/us/politics/tpp-trump-trade-nafta.html.

② "Trump Announces a Trade Pact with Japan," New York Times, accessed September 25, 2019, https://www.nytimes.com/2019/09/25/business/trump-announces-limited-trade-pact-with-japan.html.

③ "Japan's Abe warns conflict with Iran affects entire world," last modified January 2020, https://www.aljazeera.com/news/2020/01/japan-abe-warns-conflict-iran-impacts-entire-world-200113040403286.html.

④ "Japan's Indo-Pacific Strategy: Shaping A Hybrid Regional Order," last modified December 2019, https://warontherocks.com/2019/12/japans-indo-pacific-strategy-shaping-a-hybrid-regional-order/.

⑤ "Abe goes on tour to pitch 'free and open' Indo-Pacific," Nikkei Asian Review, accessed November 2018, https://asia.nikkei.com/Politics/International-relations/Abe-goes-on-tour-to-pitch-free-and-open-Indo-Pacific.

拜登上台后致力于修复特朗普时期受损的同盟体系，并将重振美日同盟作为其同盟政策的核心。2020 年 11 月，美国总统拜登与菅义伟通话时表示，钓鱼岛是《美日安保条约》第五条的适用对象，这表明了美国对于强化美日同盟的决心，并重申美日同盟的指向性。2021 年 4 月，拜登与菅义伟会晤并发表联合声明，重申了“对美日同盟和共同安全的坚定支持”，“致力于共同应对来自中国的各种挑战”，宣称“以确保自由开放的印度太平洋的未来”。① 可以看出，拜登上台后的美日同盟强化的趋势愈加明显，且具有一定的对华指向性，将在很大程度上对中国的领土安全以及周边环境安全带来一定的隐患。

美日两国在印太地区的战略互动主要包括以下几个方面。

第一，能源与基础设施合作。2017 年，美日两国在经济对话的框架之下建立了“日美战略能源伙伴关系”（Japan-United States Strategic Energy Partnership），该战略伙伴关系旨在推广更安全、更加防扩散的先进核技术；采用高效、低排放煤炭技术，开发全球天然气市场；在发展中国家开展促进区域一体化的能源基础设施建设以及扩大进入全球能源市场的渠道。2018 年 11 月，两国发布了《美日关于通过能源，基础设施和数字连接合作促进自由和开放的印度太平洋的联合声明》，日本表示有意通过将日本政府设定的 100 亿美元的公共和私人融资目标以及能力建设培训目标与美国“亚洲优势”计划相结合，对提供液化天然气（LNG）或建设液化天然气基础设施的项目进行标准投资。②2019 年 11 月，美国国务院发布了关于美日能源伙伴关系取得的重大进展，强调美日两国一直在促进印太地区和撒哈拉以南的非洲地区普及可负担和可靠的能源；重申双方

① 资料来源：《外媒炒作：拜登菅义伟会晤后联合声明提及“台湾”，自 1969 年以来首次》，环球网，2021 年 4 月 17 日，https://world.huanqiu.com/article/42kptia7iro。

② “U.S.-Japan Joint Statement on Advancing a Free and Open Indo-Pacific Through Energy, Infrastructure and Digital Connectivity Cooperation,” last modified November 2018, https://www.whitehouse.gov/briefings-statements/u-s-japan-joint-statement-advancing-free-open-indo-pacific-energy-infrastructure-digital-connectivity-cooperation/.

致力于共同努力在国际论坛上推广基础设施的国际标准；与第三国政府和工业界接触，以增加能源供应并支持该地区与能源有关的贸易和投资；2019 年 8 月，美国和日本宣布了日美湄公河电力合作伙伴关系。[①]2020 年 2 月，美国财政部与日本经济产业和财政部签署了关于加强能源和基础设施融资与市场建设的合作备忘录，美国和日本将共同努力解决私营部门投资的监管、市场和法律障碍，并开发创新的解决方案，以加深能源和基础设施项目的区域债务市场；吸引机构投资者；加强液化天然气和其他商品交易市场；并促进美日之间的双边基础设施投资。[②]

第二，安全防务合作。2019 年 4 月，美日两国在华盛顿召开“2+2”部长级对话。双方在会后的联合声明中指出，两国的目标是实现一个“自由开放的印太”，这是一个所有国家都享有主权、强大和繁荣的地区的共同愿景。美日同盟是印太地区和平、安全与繁荣的基石，在日益复杂的安全环境中依然坚如磐石。地缘政治竞争破坏了国际规则、规范和制度，对联盟和自由开放的印太共同愿景构成了挑战。美日两国的部长们强调，需要建立一个以美国为基轴的日益网络化的联盟和伙伴关系以应对这些挑战。美日在印太的安全合作主要包括：其一，跨域操作的合作。强调深化空间能力合作以加强任务保障、互操作性和业务合作，提升各自的综合防御能力，应对空中和导弹威胁，包括及时、顺利部署日本“宙斯盾”，共同努力应对中程导弹在全球扩散；其二，致力于提升同盟的现代化能力。包括通过向日本引进先进的武器系统，如 F-35、E-2D、V-22、远程导弹和“宙斯盾”等，促进国防装备标准化、国防网络共享和新兴技术合作，保护信息安全，保持技术优势，尤其是加强供应链安全；深化作战合作，

① US Department of State, “2019 Japan-U.S. Strategic Energy Partnership Statement: Recent Major Developments,” last modified November 2019, https://www.state.gov/2019-japan-u-s-strategic-energy-partnership-statement-recent-major-developments/.

② US Department of The Treasure, “United States and Japan Sign Memorandum of Cooperation Strengthening Energy and Infrastructure Finance and Market Building,” last modified February 2020, https://home.treasury.gov/news/press-releases/sm894.

以提高联盟的战备、互操作性和威慑能力；促进日本自卫队和美国军队设施的共享；其三，对东盟中心性和团结的支持，推动在东南亚的多边合作，对东亚峰会、东盟地区论坛、东盟“外长会议 +”等架构的支持，推动美日印、美日澳三边合作，以及美印日澳四边接触的正规化，呼吁英国和法国在印太保持存在，并在航行自由、港口停靠和打击非法船对船转让等领域开展进一步合作。此外，还呼吁充分尊重航行和飞越自由以及其他合法使用海洋的自由，重申遵守 1982 年《联合国海洋法公约》和 2016 年菲律宾南海仲裁案的重要性。[①]

二、美澳同盟：不断强化且对华指向性明显

“印太”一词很早就进入到澳大利亚的官方语境中。特朗普执政之后，美澳两国对彼此的重视程度与战略需求达到了前所未有的高度，双方致力于加强澳大利亚在印太体系中的地位，推动美澳同盟的进一步升级。在 20 国集团（G20）峰会上，特朗普将同盟描述为“我们最古老的联盟之一”。莫里森则声称，与美国的联盟是澳大利亚安全的基石，与美国的关系从未如此牢固。[②] 自第一次世界大战以来，澳大利亚军队参加了美国参与的每场战争，自 1951 年以来，两国一直受共同防御协议的约束，即澳大利亚、新西兰和美国的安全条约。美澳都是“五眼”伙伴关系的成员，该伙伴关系已有数十年的情报共享联盟，还包括加拿大，英国和新西兰。[③] 澳大利亚国立大学战略研究名誉教授休·怀特（Huge White）近几年的言论引起了轰动，他指出，“澳大利亚不可以过于依赖美国。虽然澳大利亚一直致

---

① “Joint Statement of the Security Consultative Committee,” last modified April 2019, https://www.mofa.go.jp/region/n-america/us/security/scc/index.html.

② Sarah Martin, “Scott Morrison warns of 'collateral damage' in region from US-China rift,” The Guardian, accessed June 26, 2016, https://www.theguardian.com/australia-news/2019/jun/26/scott-morrison-warns-of-collateral-damage-in-region-from-us-china-rift.

③ Samuel Parmer, “The U.S.-Australia Alliance: What to Know,” last modified September 13, 2019, https://www.cfr.org/in-brief/us-australia-alliance-what-know.

力于寻找盟友，美国也在一直坚守对澳大利亚的安全承诺，但是美国似乎低估了中国的决心和力量。从长远来看，美国抵抗中国的‘挑战’可能比早期要付出更多的代价。这些成本是否会超过维持美国在东亚的利益，如果是的话，意味着美国对该地区的战略承诺以及对澳大利亚安全的战略承诺将会减弱，澳大利亚应当重新考虑如何捍卫自身利益。”① 这一观点得到了美国学者的回应，“美国要放弃澳大利亚，就是要放弃其在亚洲的国家利益、战略地位和信誉”。从美澳互动最近的动向来看，“澳大利亚在美国的印太战略中的作用将进一步加深，美国的战略正在深化而不是退出。”②

近几年，双方明确将美澳同盟的合作与所谓的“中国威胁”挂钩，公开将中国视为美澳两国的竞争对手与防务目标。2019 年悉尼大学美国研究中心（United States Studies Centre）的一份研究报告声称美国实力“萎缩”以及中国“威胁”上升，进而呼吁加强澳大利亚在印太地区的枢纽作用。该报告指出，“美国在印度太平洋地区的防御战略正处于‘史无前例的危机之痛’，其原因是其继续保持该地区主要军事力量的雄心壮志与武装部队的过度扩张而导致的资源短缺。”③ 美国在印太地区的军事力量下降、装备不足，没有做好充分的准备应对大国竞争，这是美国正在努力应对的挑战。近 20 年持续不断的战斗和预算的不稳定削弱了美国空军、海军、陆军和海军陆战队关键人员的战备能力。报告指出，“中国是美国真正的竞争对手。中国拥有巨大的工业潜力，不断增长的财富和繁荣，国家目标的驱动，其与资源丰富并重新崛起的大国俄罗斯结盟，有不断增长的经济

---

① Huge White, “Standing alone: why Australia can’t rely on America,” The Strategist, accessed December 24, 2019, https://www.aspistrategist.org.au/standing-alone-why-australia-cant-rely-on-america/.

② Jeremy Maxie and Grant Newsham, “Why the US-Australian Alliance Will Endure: An American Perspective,” The Diplomat, accessed July 17, 2019, https://thediplomat.com/2019/07/why-the-us-australian-alliance-will-endure-an-american-perspective/.

③ Ben Doherty, “US defence strategy in Indo-Pacific region faces ‘unprecedented crisis’,” The Guardian, accessed August 18, 2019, https://www.theguardian.com/australia-news/2019/aug/19/us-defence-strategy-in-indo-pacific-region-faces-unprecedented-crisis.

中心网络支持。相比之下，中国由于对先进军事系统的大规模投资而变得越来越有能力以武力影响地区秩序。”该报告呼吁政府领导人将澳大利亚定位为美国的能力不断提升且无价的盟友，致力于支持和捍卫全球，尤其是印度太平洋地区“基于规则的秩序”。为了弥补美国地区军事力量的不足并抵制中国实力的增强，有必要加强集体防御战略，将其军事能力与日本等盟国的军事能力相结合。①

美澳两国官方极力推动澳大利亚强化其印太战略，并在讨论印太事务时公然提及中国这一竞争对手。美国国务院在美国与澳大利亚的官方声明中明确表示：“美澳同盟是‘印太’地区和世界范围内和平与稳定的基础。”②2019 年，美国国防部长马克·埃斯珀（Mark T. Esper）与澳大利亚国防部长琳达·雷诺兹（Linda Reynolds）会晤，埃斯珀指出，“我们共同经历了几十年的‘伙伴关系’，我们有共同的价值观和共同的利益。我们在应对世界各地面临的许多挑战方面有共同的方法。”雷诺兹也表明对中国的态度，她指出，澳大利亚与中国有着紧密的经济关系，但“与任何国家一样，我们希望所有国家都遵守国际法，并和平相处”③。2020 年 3 月，特朗普政府呼吁莫里森政府将其在太平洋的“加强”战略扩展到东南亚，协助美国应对中国日益增强的地区影响力。美国大使亚瑟·库尔瓦豪斯（Arthur Culvahouse Jr）在《澳大利亚金融评论》商业峰会上发表讲话表示，“澳大利亚站在时代重大战略竞争的前沿，美国政府将推动澳大利亚将其战略从太平洋群岛地区扩大到东南亚地区，并向北看。下一轮澳大利亚—美国部长级磋商将寻求‘进一步加强’太平洋岛屿地区的战略升

① Stephen Kuper, “US Studies Centre study calls for greater Australian Indo-Pacific pivot,” Defence Connect, accessed August 19, 2019, https://www.defenceconnect.com.au/key-enablers/4610-us-studies-centre-study-calls-for-greater-australian-indo-pacific-pivot.

② US Department of State, “U.S. Relations with Australia,” last modified January 21, 2020, https://www.state.gov/u-s-relations-with-australia/.

③ US Department of Defense, “U.S., Australian Defense Leaders Discuss Progress in the Indo-Pacific,” last modified November 1, 2019, https://www.defense.gov/Explore/News/Article/Article/2006033/us-australian-defense-leaders-discuss-progress-in-the-indo-pacific/.

级。”2020 年 3 月，澳大利亚外交部长佩恩（Marise Payne）与蓬佩奥会谈时指出，“澳大利亚不仅通过‘太平洋加强计划’扩大并深化其接触，而且在整个印太地区都进行了广泛接触。”[①] 此次会晤主要讨论了两国在印太地区的政策协调问题，包括通过年度澳美部长级磋商以及与日本的三边基础设施合作，并推进了美印日澳四国协调。他们还讨论了在印太地区保护自由和主权的必要性以及促进人权的重要性，特别提及新疆和西藏。[②] 美澳公然插手中国内政问题，可以看出两国针对中国的野心和恶劣行径。

与此同时，美澳两国学术界也在推动美澳两国在印太事务中对中国的遏制。2019 年 2 月，首届美澳印太威慑对话（US-Australia Indo-Pacific Deterrence Dialogue）召开。会议成果表示，对印太地区使用武力和其他强制手段进行威慑，对维持地区秩序至关重要。从台湾海峡和南海到太空、网络空间和以规则为基础的秩序本身，在面对大国竞争、新的灰色地带挑战、新兴军事技术和地区力量平衡迅速转移的情况下，威慑正变得越来越难以维持。美国和澳大利亚决定通过对印太地区采取更综合的战略来应对这些趋势。对话会议指出，“中国没有提出纯粹的军事挑战，而是使用灰色地带的强制性、地缘经济杠杆、新兴技术和核现代化对区域秩序构成了多领域威胁。”“在中美较量中，地区力量平衡倾向于有利于中国的方向发展，美国将需要与澳大利亚等盟国更加紧密地合作，以维持常规威慑。最紧迫的优先事项是加强前线部署部队的战斗能力，在新技术中保持竞争优势以及优化美国与印太地区合作伙伴之间的合作网络。”[③]

---

① Andrew Greene, “US urges Australia to expand Pacific push to South-East Asia to counter China's expansion,” last modified March 12, 2020, https://www.abc.net.au/news/2020-03-12/us-ambassador-pacific-step-up-us-china-battle/12048780.

② US Department of State, “Secretary Pompeo’s Meeting with Australian Foreign Minister Payne,” last modified March 2020, https://www.state.gov/secretary-pompeos-meeting-with-australian-foreign-minister-payne/.

③ United States Studies Center, “Revisiting Deterrence in An Era of Strategic Competition,” last modified February 8, 2019, https://www.ussc.edu.au/analysis/revisiting-deterrence-in-an-era-of-strategic-competition.

澳大利亚外交和贸易部前秘书、昆士兰大学现任校长彼得·瓦格斯（Peter Varghese AO）于 2019 年 8 月 12 日在悉尼举行的印太战略的未来对话晚宴上发表讲话时表明了其对于中美关系的立场。他认为，“中美关系处在危险时期，中国渴望至少在亚太地区成为主要的战略大国，而美国绝对不会出让其霸权地位。”他表示，“澳大利亚并没有得出相同的结论，尽管我们放弃澳中之间可以建立全面战略伙伴关系的想法只是时间问题。”也就是说，他认为澳大利亚政府在未来一段时间内仍会选择坚定地站在美国一边，美国、印度、日本和澳大利亚需建立遏制中国崛起的机制，阻止中国成为印太地区的主导力量。[①]

美澳两国在印太地区的战略互动主要包括以下几个方面。第一，能源与基础设施投资。2018 年 2 月，两国宣布在印太建立澳美能源战略伙伴关系。两国一致认为，开放和竞争激烈的能源市场必须确保安全的能源供应，需要大量获得负担得起的可靠能源，以帮助消除贫困，推动可持续的经济增长和增强全球安全。主要合作领域包括印度太平洋的能源基础设施发展，包括对发展中世界的关注；部署低排放技术，以支持印太地区的可持续能源供应；加强发展开放和基于规则的天然气全球市场。重点实施的地理区域包括东南亚、南亚以及西南太平洋地区。[②]2018 年 11 月，美国和澳大利亚同日本一起，成立“印太基础设施投资三边伙伴关系”，以增强数字连接性和加强能源基础设施建设，并在印度太平洋实现共同发展目标。[③]有学者分析称，三边基础设施投资伙伴关系的主要驱

① United States Studies Center, “Australia, the United States and the Indo-Pacific: Keynote address Delivered by Peter Varghese AO,” last modified August 21, 2019, https://www.ussc.edu.au/analysis/australia-the-united-states-and-the-indo-pacific-keynote-address-delivered-by-peter-varghese-ao.

② The White House, “Joint Press Release by the United States of America and Australia,” last modified February 2018, https://www.whitehouse.gov/briefings-statements/joint-press-release-united-states-america-australia/.

③ The White House, “Joint Statement of the Governments of the United States of America, Australia, and Japan,” last modified November 2018, https://www.whitehouse.gov/briefings-statements/joint-statement-governments-united-states-america-australia-japan/.

动力是“自由开放的印太”地区的框架，由日本和美国推广，并由澳大利亚内部化地实践。[①]

第二，官方推动美澳印太合作深化。2019年8月，美澳部长级磋商表示，今天的美澳同盟比以往任何时候都更加重要，印太地区是两国共同努力的重点。两国认为，联盟和伙伴关系的网络结构必须越来越网络化，需要加强与日本、印度、法国、英国等国家的合作；通过海上安全合作、基础设施发展等进一步支持东南亚国家；讨论了美国和澳大利亚在湄公河次区域改善水管理，解决跨国犯罪，扩大连通性的合作措施；通过“联合打击战斗机”（Joint Strike Fighter）等计划加强行业伙伴关系以保护供应链；“部队态势倡议”（Force Posture Initiatives）将实现一个重要的里程碑，美国海军陆战队经达尔文的轮换部署在2019年已有2500名人员；加强两国从研发到导弹防御的科学和技术领域的国防合作；在南海问题上，呼吁航行、飞越和其他合法使用海洋的自由，遵循《联合国海洋法公约》和认识菲律宾仲裁案的重要性。

第三，推进护身符军刀（Talisman Sabre）联合演习的升级。“护身符军刀”是澳大利亚和美国的双边联合演习活动，每两年举行一次，旨在改善美军和澳军之间的联合和综合训练，重点是战斗训练和战备状态，实现互操作性。2019年的联合演习将是第八次迭代，包括一次野外训练演习，其中包括兵力准备（后勤）活动、两栖着陆、陆军机动、城市作战、空中作战、海上作战和特种部队活动。澳大利亚国防部队远征第七大队指挥官弗雷德·凯切（Fred Kacher）声称：“澳大利亚和美国都是太平洋国家，在和平与战争中并肩作战，对‘印太’地区有着坚定的承诺。”[②] 此次演习还进行了高机动火炮火箭系统的展示，美国海军陆战队第12海军陆战司

① Grant Wyeth, “Australia, Japan, US Start Down Their Own Indo-Pacific Road in PNG,” last modified June 26, 2019, The Diplomat, https://thediplomat.com/2019/06/australia-japan-us-start-down-their-own-indo-pacific-road-in-png/.

② “Talisman Sabre 2019 concludes with ceremony aboard ESG flagship,” last modified August 2019, https://www.navy.mil/submit/display.asp?story_id=110416.

令官迈克尔·罗奇（Michael Roach）上校表示："这是展示美国为推动太平洋的发展所具备的能力的机会，更重要的是，我认为我们获得的是加强美国和澳大利亚联盟之间的互操作性和友谊。"①

第四，加强"部队态势倡议"及配套设施建设。该倡议是由时任澳大利亚总理吉拉德和美国前总统奥巴马共同发起的，为了加强澳大利亚和美国之间的国防合作和部队的互操作性，美方每六个月向达尔文及北部其他地区部署美国海军陆战队，以及增加美国飞机在该地区的轮换。自倡议发起以来，达尔文海军陆战队自卫队（MRF-D）的规模和复杂性不断增加。2018 年的轮换达到了空前的规模，包括 1587 名美国海军陆战队士兵，八架 MV-22 鱼鹰倾斜式旋翼飞机和六个 M777 榴弹炮炮兵连。澳大利亚外交部长马里斯·佩恩（Marise Payne）对海军的轮换增加表示欢迎，这凸显了澳大利亚和美国政府对全面实施美国部队态势倡议的承诺。她认为这些举措增强了澳大利亚和美国与区域伙伴合作的能力，以维护区域稳定与安全。2019 年，佩恩曾表示，美国计划利用 2.115 亿美元的资金在澳大利亚建立更多的军事基础设施，设施的发展将支持"部队态势倡议"。②

三、美印关系：海上战略不断融合的紧密伙伴

特朗普政府延续了奥巴马政府时期的做法，将印度作为美国印太战略重点拉拢的对象。印度对于美国来说具有重要的战略价值，在印度借助实施"东向行动"战略向太平洋地区进行拓展的过程中，美国鼓励印度在印太地区发挥重要作用。美印两国之间的战略合作不断升温，但两国依然存

① US Indo-Pacific Command, "Exercise Talisman Sabre 2019: Demonstrates High Mobility Artillery Rocket System in Australia," last modified July 2019, https://www.pacom.mil/Media/News/News-Article-View/Article/1901005/exercise-talisman-sabre-2019-demonstrates-high-mobility-artillery-rocket-system/.

② "Australia says U.S. plans to build military infrastructure," Reuters, accessed July 2019, https://www.reuters.com/article/us-australia-usa/australia-says-u-s-plans-to-build-military-infrastructure-idUSKCN1UP0GY.

在一定的矛盾与分歧。可以说，印度直接影响美国印太战略实施的效果。

早在奥巴马政府时期，美国就已将印度作为维护南亚及亚太地区稳定的重要帮手。2010 年美国《国家安全战略》报告指出，美印作为世界上两个最大的“民主制国家”，有着共同的利益和价值观，两国民众之间有着紧密的联系，这些因素构成了美印两国建立牢固战略关系的基础。美国认为印度在诸多国际重要议题中都发挥重要的作用，美国将与印度共同促进南亚等地区的稳定。2012 年的《国防战略评估报告》再次强调了印度的重要性，“印度能够促进亚太地区长期的和平与安全，美国的重返亚太战略需要与印度建立长远的伙伴关系，使印度成为亚洲经济的支柱与安全提供者。”同年发布的新版《国防战略指针》试图“让印度加入美国期望建立并主导的‘网状辐条’（相对于轮轴—辐条体系而言）安全体系”，“让印度参加美国太平洋司令部主导的传统和非传统安全行动。”2015 年，美印提出了“亚太和印度洋地区的联合战略构想”（Joint Strategic Vision for the Asia Pacific and Indian Ocean Region），指出印度和美国是区域和全球经济增长的重要驱动力，两国将与其他有兴趣的伙伴合作解决从非洲到东亚的贫困和支持基础广泛的繁荣，支持可持续的、包容性的发展，并增强区域连通性；加强与南亚、东南亚和中亚基础设施的互联互通，促进经济发展；维护海上安全，确保整个区域，特别是南海的航行自由和飞越自由，并呼吁各方根据国际法原则和和平手段解决领土和海洋争端等，避免威胁或使用武力。[①]2016 年美印联合声明中明确指出，美印两国将对方视为在亚太地区和印度洋地区的首要战略伙伴。

特朗普政府更是将印度视为其印太战略的重要支柱。2018 年，美国太平洋司令部——美国历史最悠久、规模最大的地理作战司令部——更名为印太司令部，这凸显了美国对南亚和印度洋地区的重视。2018 年《国家安全战略》报告指出：“美国欢迎印度成为全球领先大国和更强大的战

① “U.S.-India joint strategic vision for the Asia-Pacific and Indian Ocean region,” Foreign Policy News, accessed January 2015, https://foreignpolicynews.org/2015/01/25/u-s-india-joint-strategic-vision-asia-pacific-indian-ocean-region/.

略与防务伙伴。”在谈到美国在印太地区军事和安全方面的优先行动时，报告指出“美国将扩大与主要防务伙伴即印度的防务和安全合作，支持印度在本地区不断发展的关系。”2019 年 6 月发布的美国《印太战略报告》明确指出印度对于美国的价值：“美国和印度保持着广泛的战略伙伴关系，以共同的利益、民主价值观和牢固的人文关系为基础。在过去 20 年里，基于战略利益的融合，美国和印度的战略伙伴关系显著加强。两国将继续利用其不断深化的关系，在印度太平洋地区内外建立新的伙伴关系。”同年发布的《自由开放的印太：一个共同的愿景》报告也强调，印度在未来的印太地区扮演着关键的角色，强大的美印伙伴关系对美国的印太愿景至关重要。

美印两国在印太地区防范中国海上力量崛起的战略目标趋同，“一带一路”倡议加速了这种趋势。印度反对“一带一路”主要有三个理由：一是印度认为中巴经济走廊威胁印度主权；二是印度认为这一倡议减少了涉及更广泛地区问题的国家的战略选择；三是印度认为这一倡议损害了地区国家的良好治理、法治和金融透明度。[①] 印度学者拉杰什（Rajesh Rajagopalan）表示，在当前地区力量平衡的背景下，唯一比中国强大的力量就是美国，在平衡中国上，印美目标相同；与美国更紧密地结合，并沿着印度已经遵循的相同政策路径继续执行，这才是应对中国崛起的最好办法。[②]

在印度借助实施“东向行动”战略向太平洋地区进行拓展的过程中，美国鼓励印度在印太地区发挥重要作用，这也迎合了印度期望在印太体系中发挥更大的作用、提升其在地区大国地位的战略目标。2020 年 2 月，美国国会发布的一份关于印太地区的报告称，印度可能会产生“更大的意愿”来抵制“中国的自信”，并向美国靠拢，同时不放弃多边方案。报告

---

① Sinderpal Singh, “The Indo-Pacific and India-U.S. Strategic Convergence: An Assessment,” *Asia Policy* 14, no. 1 (2019): 85.

② Rajesh Rajagopalan, “India’s Strategic Choices: China and the Balance of Power in Asia,” Carnegie India, accessed September 14, 2017, https://carnegieindia.org/2017/09/14/india-s-strategic-choices-china-and-balance-of-power-in-asia-pub-73108.

指责中国觊觎印太地区的丰富资源，一直试图扩大影响力；为了抗衡中国，美国一直在推动印度在具有战略意义的地区发挥更大的作用。印度认可美国实行的“自由和开放的印太战略”，主要得益于该战略帮助印度成为全球角色，并扩大其在周边地区的影响力。[①]

印度的诸多优势使其成为美国在印太地区得力伙伴的最佳人选：有潜力与中国相抗衡的新兴国家，与美国相同的“民主价值观”，具有位于中国进出印度洋门户的绝佳的地理位置以及强大的海军实力。正如美国前助理国务卿妮莎·毕斯瓦（Nisha Biswal）曾说过：“加强与印度的关系是美国两党的共识。美国与印度的关系基于一个原则，那就是强大的印度符合美国的利益。我们认为与印度建立重要的伙伴关系应对全球的挑战，不仅符合美国的利益也符合全球的利益。”美国力图将印度作为在亚洲替代中国的方案，印度此时对美国来说就像冷战期间英国对美国一样。[②]

针对中国“一带一路”倡议带来的挑战，特朗普政府重启了“印太经济走廊”（Indo-Pacific Economy Corridor）和“新丝绸之路”（New Silk Road）两个项目，为美印两国合作提供了新的契机。奥巴马政府时期，在2013年的美印战略对话中，约翰·克里宣布，美国正在加强“合作以实现印度—太平洋经济走廊的潜力，该走廊可以刺激发展和投资，以及南亚和东南亚活跃经济体之间的贸易和运输。”国务院发表的声明强调了“印太经济走廊”是印美合作的重要领域之一，并充实了美国对该项目的愿景：“作为对印度“东向行动”政策的补充，美国设想了印度太平洋经济走廊。可以帮助弥合南亚和东南亚地区——印度和太平洋汇合处以及贸易蓬勃发展的地方。美国坚定地致力于亚洲大陆的安全与繁荣，以及更好的

① “India may show greater willingness to resist Chinese assertiveness in Indo-Pacific: CRS report,” The Economic Times, accessed February 11, 2020, https://m.economictimes.com/news/defence/india-may-show-greater-willingness-to-resist-chinese-assertiveness-in-indo-pacific-crs-report/articleshow/74082507.cms.

② Minaam Shah, “Why America Should Put India First,” The National Interest, accessed November 28, 2018, https://nationalinterest.org/feature/why-america-should-put-india-first-37357.

连通性，能源安全和更强大的贸易投资联系可以帮助实现这一目标。”[①] 美国2015年发布的《印太经济走廊评估报告》指出，美国国际开发署和美国国务院合作为该项目注资，以致力于促进南亚的经济增长和区域贸易；改善营商环境，提高该地区内私营机构的竞争力；让私营部门参与南亚的经济事务，特别是区域贸易和南亚与东南亚之间的贸易；鼓励南亚和东南亚加强经济一体化，并酌情与地区机构和国际金融机构开展合作。报告中具体指出，美国政府与印度的双边对话可能在未来几年取得重要成果，因为美印战略对话和美印贸易政策论坛都是至关重要的机制，美国政府应该通过这个机制呼吁印度实行更加开放的市场政策，并解决妨碍竞争力和自由贸易的关键监管障碍。

2011年，时任美国国务卿希拉里推出“新丝绸之路”倡议，旨在帮助阿富汗恢复传统贸易路线，并重建因数十年冲突而遭到破坏的重要基础设施联系，使阿富汗进一步融入该地区。该计划由美国中央司令部的官员提出，由大卫·彼得雷乌斯（David Petraeus）将军带领实施，他将该计划视为在阿富汗建立长期稳定的一种方式。该计划还与美国更广泛的项目相连接，此前美国已经赞助了一些项目，将中亚的电力网络与南亚的电力网络联系起来。此外还包括阿富汗-巴基斯坦自由贸易协定，以及从土库曼斯坦通过阿富汗和巴基斯坦到印度的天然气运输管道。[②] 这项政策被认为是美国的中亚政策，连接南亚和东南亚的“印太经济走廊”。2017年，特朗普政府的首次年度预算中提供了这两个项目的简要概述，表明“新丝绸之路”项目将是一项公私合作计划，印度将在其中扮演重要角色。[③]

---

① Tridivesh Singh Maini, “Indo-Pacific Economic Corridor: Opportunities and Challenges,” last modified June 24, 2016, http://earp.in/en/indo-pacific-economic-corridor-opportunities-and-challenges/.

② Joshua Kucera, “The New Silk Road?” The Diplomat, accessed November 11, 2011, https://thediplomat.com/2011/11/the-new-silk-road/.

③ “US, India To Revive ‘New Silk Road’ Seen As Counter To China's Belt And Road Project,” last modified May 24, 2017, https://www.ndtv.com/india-news/us-india-to-revive-new-silk-road-to-counter-chinas-belt-and-road-obor-project-1697632.

海上安全与防务是美印两国战略合作重点。其一，美印两国海军合作日益扩大、日趋复杂。1992 年，美印海军开始“马拉巴尔”军事演习，并扩展到其他参与者，日本在 2015 年成为该演习的永久成员。双方认为，“马拉巴尔”海军演习中，作战互动将继续保持高水平。印度发表的官方声明指出，2019 年“马拉巴尔”军演基于共同的价值观和原则，进一步加强印度—日本—美国之间的海军合作并增强互操作性。该演习将包括在水面、水下和空域的复杂海上行动，并将重点放在反潜战、反空和反地面射击，海上拦截行动以及基于战术情景的海上演习。此外，双方海军将在港口进行正式礼宾访问、专业交流，包括主题专家交流、舰艇互访、体育设施和社会活动。

2019 年，美印首次举行三军联合军演——“老虎凯旋”(Tiger Triumph)，这代表着日益重要的双边军事伙伴关系的最新里程碑。演习将侧重于人道主义援助和救灾，并将包括两栖作战，美印双方表示将“老虎凯旋”发展成为双边年度军事演习。有学者表示，美印演习复杂性日益增长的趋势源于更广泛的战略动态。这些演习是美国和印度战略利益之间日益融合的结果，印太及其他地区不断变化给美国和印度带来了战略动力。在这种情况下，双方都认识到，印度和美国等更有能力的大国必须联合起来，以防止亚洲霸权出现。[①]2019 年召开的“2+2”部长级对话中，部长们表示致力于加强印度海军和美国海军舰队在美国印度太平洋司令部、中央司令部和非洲司令部之间的合作，并打算扩大各自军队和空军之间的类似合作。此外，美国同意参加 2020 年的米兰海军演习，这是印度在马六甲海峡峡口的安达曼群岛和尼科巴群岛附近举行的年度多边海军演习。[②]

① Rajeswari Pillai Rajagopalan, “Tiger Triumph: US-India Military Relations Get More Complex,” last modified The Diplomat, November 15, 2019, https://thediplomat.com/2019/11/tiger-triumph-us-india-military-relations-get-more-complex/.

② Government of India, “Joint Statement on the Second India-U.S. 2+2 Ministerial Dialogue,” last modified December 19, 2019, https://mea.gov.in/bilateral-documents.htm?dtl/32227/Joint+Statement+on+the+Second+IndiaUS+2432+Ministerial+Dialogue.

其二，进一步加强美印在印太地区的信息与资源共享。2016 年美印两国签署了《物流交换协议备忘录》(Logistics Exchange Memorandum of Agreement)，允许两国进入双方指定的军事设施进行加油和补给，[①] 这意味着美印双方都可以使用对方的设施以获得后勤支持。2019 年，美印国防合作的重大突破是签署《通信兼容与安全协议》，这是一项使印度可以利用以前受到限制的通信渠道，在美国和印度之间以及与美国签署了类似协议的同盟之间，进行更密切的合作。该协议使印度军队有可能获得安全的共同战术图像，例如，允许印度海军和空军侦察机和战斗机在演习或行动期间接收来自美国和友军的数据。此外，印度在 2016 年成为美国主要国防合作伙伴后，可以获得此前受到限制的美国国防技术出口，两国签署的该份协议将使印度不受制导、通信和传感器技术方面可能存在的限制，印度打开了进口美国系统的大门。[②] 此外，美印将在 2020 年继续讨论《基本交换与合作协议》(Basic Exchange and Cooperation Agreement)，该协议将使印度能够使用美国的地理空间情报，实现更大的地理空间信息共享。一旦印度全部签署上述这三个条约，就能从美国获得先进武器和通信系统。[③]

其三，加强其他领域的安全与防务合作。2019 年美印签署了《工业安全附件》(Industrial Security Annex)，该附件将促进印度和美国国防工业之间机密军事情报的交换，为美国国防公司与印度私营部门合作打开大门，以达成数笔数十亿美元的交易。[④] 美印双方还表示有意在 2020 年开会讨论

---

① Dinakar Peri, "What is LEMOA?" The Hindu, accessed August 30, 2016, https://www.thehindu.com/news/national/What-is-LEMOA/article15604647.ece.

② Ankit Panda, "What the Recently Concluded US-India COMCASA Means," The Diplomat, accessed September 9, 2018, https://thediplomat.com/2018/09/what-the-recently-concluded-us-india-comcasa-means/.

③ Navtan Kumar, "BECA: India set to ink third foundational military pact with US," last modified August 10, 2019, https://www.sundayguardianlive.com/news/beca-india-set-ink-third-foundational-military-pact-us.

④ Dinakar Peri, "Industrial Security Annex opens Indian private partnerships for U.S. defence firms," The Hindu, accessed December 19, 2019, https://www.thehindu.com/news/national/defence-ties-with-us-set-to-deepen-rajnath-singh/article30344918.ece.

其实施。2019年双方签署的《国防技术和贸易倡议》(Defence Technology Trade Initiative)是美印致力于加强伙伴关系，同时进一步提高国防技术共享的重要协议，旨在确定和促进国防军的重大联合开发和制造项目。美印双边国防贸易在2008年基本为零，预计于2019年底将达到180亿美元。美印两国将开展最高军事对话，即军事合作小组，每年审查军事合作并规划前瞻性合作活动。美印两国的部长们申明他们致力于在联合和服役之间共享国防信息，加强建设印度太平洋能力；谴责一切形式的恐怖主义，呼吁对所有恐怖主义网络采取一致行动。美国希望印度修改法律，进一步加强在打击恐怖主义方面的合作。

虽然美国将印度视为其实施印太战略的关键，两国的战略合作出现了“准海上同盟”的趋势，然而，两国在地缘政治目标、对印太的认知与战略重心，以及印度的战略自主性等方面仍存在一定的矛盾与分歧，这将严重制约美印双方印太战略中的合作。

第一，印度的地缘政治目标必然与美国的印太霸权战略发生冲突。冷战时期，英国退出印度洋后导致印度洋形成“权力真空”的局面，美国接手掌管印度洋地区并不断加强军事存在。20世纪60年代，美国进入印度洋之后，与英国开展谈判以建立共享的军事防务基地。1966年，英美两国签署条约，英国授权美国对迪戈加西亚岛(Diego Garcia)进行开发，美国从此拥有了在印度洋的军事据点。虽然印度国内一直主张印度要重新夺回对印度洋的控制权，但印度将固有的陆上威胁放于首位，对海洋的重视则退居其后。随着印度洋成为美苏争霸的战场，美国在印度洋上的战略利益不断增多，也随之加大了在印度洋的军事存在。1971年印巴战争爆发之后，印度就主张削弱大国在印度洋的存在，并致力于推进和平的进程，美国对此持消极态度。可以说，印度和美国在印度洋的利益方面出现了相当大的分歧。

21世纪以来，美国的首要防务战略目标就是确保美国的霸权地位，防止能与之抗衡的大国出现。随着中印两国的崛起，美国将其地区政策升级为印太战略，重要原因之一便是防止中印在印度洋上的战略扩张，维护美国在印度洋上的霸权。而印度洋与印度的国家安全息息相关，印度对印度洋主导权的追逐必然与美国的霸权政策相冲突。近年来，在美国强势干预印度洋以及太平洋事务之时，印度并没有一味地迎合美国，而是适时与中国联手对美国的干预进行抵抗，例如，2016 年 4 月 18 日，中俄印举行外长第十四次会晤。会后，中俄发表联合公报，指出“中国、俄罗斯、印度承诺维护基于国际法原则的海洋法律秩序，该秩序显著体现在《联合国海洋法公约》中。所有相关争议应由当事国通过谈判和协议解决。外长们呼吁全面遵守《联合国海洋法公约》《南海各方行为宣言》及落实《南海各方行为宣言》后续行动指针”。[①] 有消息称，印度是通过支持中国的立场来缓和因与美国进行海军技术合作而紧张的关系。[②] 印度在南海问题上适度支持中国的战略考量是借中国之力来与美国的强势政策相抗衡。

第二，对印太地理范围的认知差异以及印太战略重心的认识分歧。关于印太地理范围的认知是美印两国的重大分歧。“从美国西海岸到印度西海岸这一地区”是美国版的“印太”，相当于在原来“亚太”地区的基础上多加了印度这个国家以及东印度洋地区。2018 年莫迪在香格里拉对话会上阐述了印度在印太的政策并指出：“印度与印度太平洋地区的接触——从非洲的海岸到美洲的海岸——将具有包容性。”这句话暗示了印度对印太范围的界定，从非洲东海岸一直延伸到美国的西海岸，也就是从原来“亚太”地区的基础上多加了整个印度洋地区，既包括印度和东印度洋地区，也包括西印度洋地区。对印太认知差异的根本原因是两国在印太地区的战略重心的偏差。[③]

---

① 资料来源：“中方：中俄印联合公报体现维护海洋秩序的共同意愿”，凤凰网，2016 年 4 月 20 日，http://finance.ifeng.com/a/20160420/14335439_0.shtml。

② 资料来源：“解析：印度为何在南海问题上支持中国”，凤凰网，2016 年 4 月 22 日，http://news.ifeng.com/a/20160422/48553979_0.shtml。

③ “Prime Minister’s Keynote Address at Shangri La Dialogue,” last modified June 1, 2018, https://www.mea.gov.in/Speeches-Statements.htm?dtl/29943/Prime+Ministers+Keynote+Address+at+Shangri+La+Dialogue+June+01+2018.

美国印太战略忽视的印度东部海岸和阿拉伯海在内的西印度洋海域恰恰是印度战略利益的重点。印度一直加强与非洲等国家在内的印度洋区域内的合作和可持续发展，如1997年成立的环印度洋协会的成立就是由南非已故总统纳尔逊·曼德拉（Nelson Mandela）1995年访问印度时提议，他说："历史和地理事实的自然要求应该扩大其范围，包括在印度洋沿岸开展社会经济合作。"再比如近几年印度和日本极力推动的"亚非经济增长走廊"，也将重心放在了西印度洋以及周边国家间关系及合作上面。而这恰好是特朗普政府不太重视的地区，正如外交关系委员会高级研究员艾莉莎·艾尔斯（Alyssa Ayres）所说，"美国'印太'战略需要更多地关注印度洋地区。"[①] 太平洋地区实际上是印度次要的战略利益，太平洋地区对于印度来说也是次要区域。为与中国的战略对抗，特朗普政府重点关注与中国关联密切的东海、南海以及台湾海峡等，而这对于印度来说并不是利益优先区域。因此，对于在上述海域发生的矛盾与冲突，印度并不十分关切，同时也尽可能避免激怒中国。

第三，印度的战略自主性决定了印度不会与美国结为同盟对抗中国。印度的外交自主性源自"不结盟"的思想传统。贾瓦哈拉尔·尼赫鲁作为印度独立后的首任总理和外长，他提倡"不结盟"的独立自主的外交政策，不仅为独立之初的印度赢得了良好的国际地位和外部环境，还塑造了21世纪印度的外交特质。尼赫鲁认为，"把所有鸡蛋放在一个篮子里是不明智的政策"，"结为同盟的做法在过去给世界带来了战争，将来可能引发更大的灾难。"进入21世纪以来，在处理大国关系方面，印度延续了其"不结盟"的外交传统，在大国间推行平衡外交。也就是说，印度外交政策的出发点是基于现实政治和国家利益，而不是盲目地与某个国家保持绝对一致的立场。在中美印三边关系中，印度不会在中美之间做出选择，而是进行一种"巧妙的跳跃"，在有争议的问题如南海争端

① Paras Ratna, "Needed, a cohesive Indo-Pacific framework," last modified Business Line, accessed January 21, 2020, https://www.thehindubusinessline.com/opinion/columns/needed-a-cohesive-indo-pacific-framework/article30617977.ece.

中采取选择性的立场，避免激怒中美两国。印度将美国视为制衡中国的战略保障，同时也会通过接近中国来调整美印关系并削减美国的影响力。印度对于美印关系的期待与设定，正如布鲁金斯学会的印度项目主任坦尼·马丹（Tanvi Madan）所说，“我们不希望美国过于偏爱印度，保持适度的爱就好。希望美国继续在印太地区发挥平衡者的作用。”总之，印度并不会与美国的地区政策保持过于紧密的联系，这有悖于印度战略自治的传统，因此，印度更可能将平衡与和解的元素结合在一起。①

四、日印关系：“联而不盟”的印太战略伙伴

由于美日同盟以及印度政策偏向苏联，日印两国关系在冷战期间较为疏远。1998 年，印度的核试验更是引发了日本对印度的强烈谴责与外交制裁。2000 年，日本前首相森喜朗紧随克林顿之后对印度进行了访问，开启了日印关系在 21 世纪的新篇章。2006 年，时任日本首相安倍晋三和印度总理辛格将两国关系提升为“全球战略伙伴关系”；2014 年，两国领导人进一步将双边关系提升为“日印特殊战略和全球伙伴关系”，安倍晋三当时表示，“日印两国关系比世界上任何一组关系都具有更大的潜力”。

日印自推行印太愿景以来，两国高度重视日印关系在各自印太战略中的重要性，并致力于推动两国在印太地区的战略合作。2015 年 12 月，在安倍晋三访问印度期间，两国共同发布了《日本和印度战略与全球伙伴关系愿景 2025：共同努力实现“印太”地区和世界的和平与繁荣》，决心将“日印特别战略和全球伙伴关系”转变为深入、基础广泛和面向行动的伙伴关系。该愿景重申了两国致力于在印太地区实现和平、开放、公平、稳定和以规则为基础的秩序，体现了加强双边战略伙伴关系势在必行，强调了双方需要在国防、安全、经济和文化领域进行深入广泛的合作。2016

① “US Indo-Pacific strategy hinges on Sino-Indian differences,” The Economic Times, accessed April 18, 2019, https://m.economictimes.com/news/defence/us-indo-pacific-strategy-hinges-on-sino-indian-differences/articleshow/68931628.cms.

年 11 月，莫迪访问日本，两国领导人发布了联合声明，认同印太地区作为世界繁荣的关键驱动力的重要性日益上升，并强调，要通过建立一个自由开放的印太地区，实现亚洲和非洲的互联互通，这对实现整个地区的繁荣至关重要。双方决定通过与其他伙伴的密切协调，加强印度“东向行动”政策与日本“扩大高质量基础设施伙伴关系”之间的协作，促进区域一体化，加强互联互通和产业网络建设。[①] 安倍晋三表示，这次的首脑会议是一次宏伟的会议，大大推进了“日印关系的新时代”。2018 年 10 月，莫迪访问日本时，两国领导人共同发布了《日印愿景声明》（Japan-India Vision Statement），声明表示，莫迪认识到日印关系已经转变为具有重大实质意义和目的的伙伴关系，这是印度“向东行动”政策的基石。日本前首相安倍晋三强调日印关系对地区秩序的重要性，他表示决心推动日印关系进入新时代，为印太地区的和平、稳定与繁荣进行进一步合作。基于共同愿景，两国总理重申将坚定不移地致力于共同建设一个自由开放的印太地区。两国领导人还重申，东盟的团结和中心地位是包容和开放的太平洋岛国概念的核心，并同意扩大与美国和其他伙伴的合作。[②]2019 年 11 月，莫迪会见日本外相大木敏三（Toshimitsu Motegi）和国防大臣河野太郎（Taro Kono）时再次强调：“印度与日本的关系是我们实现和平、稳定与繁荣的‘印太’愿景的关键组成部分，也是印度‘东向行动’政策的基石。”[③]

为何自从推出“自由与开放的印太”愿景以来，印度在日本的印太战略中变得越来越重要？日本与印度的战略靠拢实际上是日本一直致力于推行印太区域融合的必然结果，同时也是日本在地区秩序转型中发挥积

① Ministry of Foreign Affairs of Japan, “Japan-India Joint Statement,” last modified November 11, 2016, https://www.mofa.go.jp/s_sa/sw/in/page3e_000616.html.

② Ministry of Foreign Affairs of Japan, “Japan-India Vision Statement,” last modified October 29, 2018, https://www.mofa.go.jp/s_sa/sw/in/page3_002603.html.

③ “Ties with Japan key to stability in Indo-Pacific, says Narendra Modi,” last modified November 30, 2019, The Hindu, https://www.thehindu.com/news/national/ties-with-japan-key-to-stability-in-indo-pacific-says-narendra-modi/article30123938.ece.

极作用、为提高自身地位所做的外交努力的结果。印度与日本对目前地区秩序及规则的挑战达成了共识，但与此同时，特朗普政府缺乏对同盟国的责任意识，以及对多边主义规则的轻视，使日本重新审视其地区战略。同时，日本也一直追求成为世界大国，并努力在地区事务中发挥积极作用。由此，安倍晋三提出了日本在积极的和平主义观念的支持下作为“和平的积极贡献者”的角色，同时应对国际秩序的挑战。[①] 在此过程中，日本同美国一样，很早就发现了印度的价值，尤其对于特别强调价值观的日本来说，印度是一个潜力巨大、地理位置绝佳、与其具有相同“民主价值观”并在印太中具有相同利益的存在。而日本的倡议与印度的“东向行动”政策以及向太平洋战略拓展的目标相一致，在日本的推动下，日印两方一拍即合，近几年在印太地区的合作取得了突飞猛进的进展。

第一，共同发展基础设施建设计划。2017 年，日印两国提出了“亚非增长走廊”（Aisa-Africa Growth Corridor）计划，重点发展互联互通和优质的基础设施建设，这项合作协议反映了日印两国在非洲日益增长的战略利益。而日本的非洲政策则基于资源和经济外交，特别是基础设施出口。安倍晋三致力于实现“优质、有弹性和稳定的非洲”的愿景，旨在促进高质量的基础设施合作伙伴关系，并促进向新兴市场的扩展。而印度的非洲政策得益于扩大民主、反殖民主义、反种族主义，印度对非洲进行发展援助并参与联合国在非洲的维和行动。印度参与的重点是教育、能力建设、技能和人力资源开发，以及支持远程教育、远程医疗和电子商务的泛非电子网络。[②] 该计划包括发展项目、质量基础设施和机构连接性、技能开发和能力建设以及人与人之间的合作。在南亚，日本积极参与印度东北部的

---

① Titli Basu, “India in Japan’s Strategic Thinking: Charting Convergences in the Indo-Pacific,” The Diplomat, accessed January 3, 2020, https://thediplomat.com/2020/01/india-in-japans-strategic-thinking-charting-convergences-in-the-indo-pacific/.

② Titli Basu, “Thinking Africa: India, Japan, and the Asia-Africa Growth Corridor,” The Diplomat, accessed June 3, 2017, https://thediplomat.com/2017/06/thinking-africa-india-japan-and-the-asia-africa-growth-corridor/.

工业走廊和基础设施项目；在东南亚，印度和日本合作建立了缅印经济走廊；在非洲，印度和日本将在蒙巴萨走廊上进行合作；在印度洋，印度和日本将合作开发岛屿和港口。日本和印度在实施过程中都具有强大的地缘政治和地缘经济的动力，也都具备与非洲合作的基础。但是，该项目实施也面临一定障碍，比如，印度和日本面临着缺乏合作经验的挑战：日本的经验在很大程度上局限于官方发展援助，而印度还没有建立起如此庞大和广泛的合作项目网络。①

第二，举行首届“2+2”部长级对话。2019 年 11 月，日印两国在新德里举行首届“2+2”部长级对话。这次会议改变了自 2010 年以来一直停留在秘书级别对话的状态，这次是首次由外交和国防部长率领举行的对话，标志着两国外交和防务关系的重大升级。这次对话会为双方提供一个机会，以审视印度和日本之间的现状，并就加强两国防务和安全合作进一步交换意见，从而深化“印日特殊战略和全球伙伴关系”。②2020 年 9 月，两国签订的《收购和交叉服务协议》（Acquisition and Cross-Servicing Agreement），将加强两国之间业已密切的军事接触。根据该协议，日本可以进入印度在安达曼和尼科巴群岛（Andaman and Nicobar Islands）的军事设施，而印度可以进入日本在吉布提的海军基地。同时，日本和印度的军方能够相互提供燃料和弹药等物资。由此，印度将成为继美国、英国、法国、加拿大和澳大利亚之后与日本签署“收购和交叉服务协议”的第六个国家，并且是第一个非西方国家。

第三，日印加强海上联合军演与互动。自 2012 年起，日印两国开始举行海上军事演习（JIMEX），2018 年举行的第三次演习，标志着两国海

---

① Lin Youhong, Wang Yuhao, Li Gen, “The Asia-Africa Growth Corridor: Dynamics, Status Quo and Prospects,” Outlookafghanistan, accessed October 17, 2019, http://www.outlookafghanistan.net/topics.php?post_id=24875.

② “India, Japan to hold first 2+2 ministerial dialogue today,” last modified November 30,2019, India Today, https://www.indiatoday.in/india/story/india-japan-hold-first-foreign-defence-ministerial-dialogue-today-november-30-1623855-2019-11-30.

上防务关系的进一步加强。在该次演习中，日本海上自卫队（JMSDF）由出云级直升机驱逐舰“加贺”（Izuma）、导弹驱逐舰和第四护航舰队（CCF-4）代表。印度海军派出多艘自主设计和建造的军舰——多用途隐形护卫舰、反潜艇护卫舰、导弹护卫舰和舰队油轮。一艘潜艇、P8I 远程海上巡逻机和一些整体直升机也参加了演习。①2018 年的海上演习主要包括反潜战演习、访问、登机、搜索和扣押演习，射击、跨甲板直升机操作以及在反潜和反空威胁情况下的协同作战，目的是创建更好的互操作性，确保两国海军之间的实践达到最佳状态。②

自 2006 年印度海岸警卫队和日本海岸警卫队签署合作备忘录以来，两国海岸警卫队定期开展联合演习（Sahyog-Kaijin）与互动，包括高层访问、培训交流、年度联合演习、讲习班和研讨会，该演习对于应对印度洋地区的海盗行为至关重要。2020 年 1 月，两国在印度金奈附近举行演习，旨在进一步加强两国海岸警卫队之间的联系和相互了解，增强通信、搜索和救援程序以及共享最佳实践的互操作性，重点集中在搜救、反海盗和污染应对方面。③ 印度海军中将比士特（Busht）指出，“尽管索马里海盗的威胁已‘几近灭绝’，但该部队仍需继续保持警惕，准备应对任何威胁。”④

---

① “JIMEX 18: 3rd edition of Japan-India Maritime Exercise begins in Visakhapatnam,” last modified October 2018, https://currentaffairs.gktoday.in/jimex-18-3rd-edition-japan-india-maritime-exercise-begins-visakhapatnam-10201861692.html.

② Rajeswari Pillai Rajagopalan, “Japan-India Maritime Exercise 2018: Operational Clarity, Strategic Confusion?” The Diplomat, accessed October 16, 2018, https://thediplomat.com/2018/10/japan-india-maritime-exercise-2018-operational-clarity-strategic-confusion/.

③ “Exercise Sahyog Kaijin began in Chennai port,” last modified January 16, 2020, https://www.fresherslive.com/current-affairs/articles/exercise-sahyog-kaijin-began-in-chennai-port-24017.

④ “India, Japan conduct joint exercise ‘Sahyog-Kaijin’ off Chennai coast,” The Hindu, accessed January 2016, https://www.thehindu.com/news/national/India-Japan-conduct-joint-exercise-%E2%80%98Sahyog-Kaijin%E2%80%99-off-Chennai-coast/article14001430.ece.

虽然日印都在对方的印太战略中占据重要地位，两国之间的战略合作也不断推进，但两者关系仍未达到同盟或准同盟的地步。一方面是由于日本和印度印太战略的重心不同，印度的防务重心在整个印度洋地区，而日本的重心在西太平洋地区；另一方面，印度的不结盟政策导致其与日本之间的关系存在一定限度，日本由此也对其不够信任，认为其不如盟友可靠。可以预见，未来日印两国将继续在海上领域保持密切的合作，但始终保持“联而不盟”的状态。

五、日澳关系：走向“准同盟”的印太安全伙伴

同为美国军事安全同盟的日本和澳大利亚两国，有着一致的身份和价值观、越来越趋同的利益以及相互的好感与战略互信，似乎是印太地区天然的、最坚实的伙伴关系。早在 2014 年，就有日本官员表明，澳大利亚和日本之间的军事关系发展如此之快，以至于他们构成了“准联盟”关系，两国已经成为除美国之外对方最重要的国防伙伴。[①] 两国具有一致的政治制度和价值观。正如沃尔特指出，拥有相似国内政治制度的国家是一个国家的天然盟友。另外，两国民众之间的好感度也保持在较高水平。2015 年的一项民意调查显示，日本对澳大利亚的信任程度甚至超过了美国，有 68% 的日本人信任美国，却有 78% 的日本人信任澳大利亚。[②]2019 年，日本外务省委托机构就日本的国家形象对澳大利亚进行了民意调查，79% 的受访者认为澳大利亚与日本的关系是“友好”的；77% 的受访者认为日本在二战结束以来的 70 年间是一个爱好和平的国家；78% 的受访者认为日

---

① John Garnaut, “Australia-Japan military ties are a ‘quasi-alliance’, say officials,” The Sydney Morning Herald, accessed October 26, 2014, https://www.smh.com.au/national/australiajapan-military-ties-are-a-quasialliance-say-officials-20141026-11c4bi.html.

② David Wroe, “US, Japan trust Australia more than they trust each other, survey finds,” The Sydney Morning Herald, accessed April 9, 2015, https://www.smh.com.au/politics/federal/us-japan-trust-australia-more-than-they-trust-each-other-survey-finds-20150409-1mhq2q.html.

本在维护国际社会的和平与稳定方面做出了“有价值”的积极贡献。

日本和澳大利亚两国在二战后的关系建立最初是以经济利益为中心，在 1957 年和 1976 年两国相继签署了以商业为重点的条约。冷战期间两国主要进行情报资料交流以及就区域合作机制学者和政策规划人员的工作进行对话。21 世纪之后，两国加强了合作，2007 年双方签署了《日澳安全合作联合宣言》(Joint Declaration on Security Cooperation)，这是日本第一次与除了美国之外的国家签署双边协议，实际成果包括一项信息安全协议和一项收购和交叉服务协议，这两项重要的双边协议为改善国家安全和国防部队之间的互操作性提供了框架。2014 年安倍晋三访问澳大利亚期间，两国领导人将双边关系提升至“面向 21 世纪的特殊战略伙伴关系”层面，签署了《日澳经济伙伴关系协定》，这是自 1957 年商业协定以来两国间最重要的经济协定，该协定将在未来几十年支撑两国双边贸易和投资的扩大，将双边经济关系提升到一个新的水平。澳大利亚前外长毕晓普曾表示，这样的经济伙伴关系是战略伙伴关系的重要组成部分，同时也是其他国家间关系的典范。[①] 同时，澳日两国还签署了《国防装备和技术转让协定》(Agreement Concerning the Transfer of Defence Equipment and Technology)，这项协议将促进澳大利亚和日本在共同感兴趣的领域的发展，包括水动力学、共同研究、开发和生产国防设备和技术，从而深化合作。这两项协议确保了两国经济和国防安全合作的较高水平，进一步巩固了两国间的“特殊战略伙伴关系”。

从国家层面上来讲，日澳两国关系的强化反映了过去二十年间日本试图改变外交孤立以及过度依赖美国的现实，也反映了澳大利亚的外交尝试。在美国的同盟体系层面，日澳关系的强化则反映了两国对美国承诺的不确定性的担忧，正如有学者指出，“推动澳日安全合作的一个因素

① Thomas S. Wilkins, “After a decade of strategic partnership: Japan and Australia ‘decentering’ from the US alliance?” *The Pacific Review* 31, no. 4 (2017): 506.

是美国对西太平洋地区不断变化的力量给予平衡的反应缺乏一致性。”[①] 从另一个角度来讲，澳日合作也是为了进一步维持美国在印太地区的同盟体系，日本偏离其主要安全供应国是有限制的。事实上，日本大多数新的战略伙伴，尤其是澳大利亚，都是在美国联盟体系的范围内选择的。当军事防御和硬实力平衡的问题得到强调时，日本迅速回到双边安全条约的中心地位。[②] 在地区防御方面，反映了日澳两国对于中国崛起的战略忧虑，以及在未来地区秩序构建中的共同利益。但是，日澳两国关系最多称得上“准同盟”，尚未真正实现同盟，原因在于，促使两国同盟实质化的威胁不够大，两国之间的战略互信也尚未达到同盟的程度；两国也有一定顾虑，担心结盟的行为具有一定的挑衅性质；两国也在不同程度上根据地区形势与国家间关系调整自己的外交政策，并非能做到完全一致。

2018 年 11 月，安倍晋三访问澳大利亚达尔文时，两国总理发表联合声明，指出了他们在澳大利亚北部、印度洋和太平洋交汇处举行会议的重要性。双方重申将深化合作，以法治为基础，建设一个自由、开放、包容、繁荣的印太地区。澳大利亚 2017 年发布的《外交政策白皮书》和日本发布的《自由开放的印太愿景》都阐述了这一愿景。2019 年 6 月，莫里森首次访问日本，两国领导人表示致力于实现“自由和开放的印太”，同意在援助东南亚以及太平洋岛国海上安全或基础设施能力建设领域的进一步合作。[③]

日澳两国在印太的双边战略互动自莫里森上台后不断加强。2018 年 10 月，日澳两国在悉尼召开第八次日澳“2+2”外交和国防部长级磋商会议。“印太”是两国的重要议题之一，双方重申将与美国和其他伙伴一道，

① Thomas S. Wilkins, “After a decade of strategic partnership: Japan and Australia ‘decentering’ from the US alliance?” *The Pacific Review* 31, no. 4 (2017): 500-501.

② 同上书，第 500 页。

③ Ministry of Foreign Affairs of Japan, “Japan – Australia Summit Meeting,” last modified June 27, 2019, https://www.mofa.go.jp/a_o/ocn/au/page4e_001041.html.

维护和促进一个建立在以规则为基础的国际秩序之上的自由、开放、稳定和繁荣的印太地区；双方强调建立稳定、安全的地区海上秩序的重要性，加强双边和日澳美三边海上安全合作，特别是通过与东南亚及太平洋岛国密切磋商，以及在海上执法、人道主义救援减灾等领域的能力建设。[①]2018年11月，日澳两国领导人会晤时签署了一项谅解备忘录，旨在促进日本和澳大利亚可以共同开展的项目，以支持印太地区的双边基础设施融资，进而增强该地区的稳定与繁荣；澳大利亚内政部与日本海岸警卫队之间交换了一份“意向书”，以加强海上安全，致力于增强共同打击跨境海运和与贸易有关的犯罪的能力，并促进印太地区的能力建设活动；澳大利亚联邦科学与工业研究组织和日本石油天然气金属公司也签署了谅解备忘录，以“加强合作并鼓励联合研究活动”。[②]

日本和澳大利亚加强印太中的经济和安全的双边合作，但更多是在美日澳三边和美日印澳四边安全对话的合作框架之下进行的。日澳两国的双边合作在一定程度上是为了更好地支撑美日澳三边关系，如2018年11月日澳签署的关于基础设施投资的谅解备忘录，实际上是为了更好地支撑美日澳之前建立的三边伙伴关系，并在整个印度太平洋地区的独立主权国家之间建立更大的联系。[③]在两国“2+2”部长级对话联合声明中，对于在印太地区的合作，日澳两国始终强调以美日澳三边合作为前提，并一再强调美国的重要性。同时，莫里森也明确表达了对美印日澳四边安全对话的支持，称该组织为“澳大利亚和该地区的重要论坛”。可以说，日本和澳大利亚的战略接近一方面说明了两个国家为寻求壮大自身实力并扩大印太地

① “Joint Statement Eighth Japan-Australia 2+2 Foreign and Defence Ministerial Consultations,” last modified October 2018, https://www.minister.defence.gov.au/minister/cpyne/media-releases/joint-statement-eighth-japan-australia-22-foreign-and-defence.

② “Initiatives deepen Japan-Australia ties,” last modified November 2018, https://www.thecourier.com.au/story/5761194/initiatives-deepen-japan-australia-ties/?cs=10224.

③ “Japan, Australia to pool money in Pacific,” last modified November 2018, https://www.9news.com.au/national/abe-visit-sign-of-close-ties-to-australia/d4e6e689-5df2-4202-9a66-42a793e2696c.

区影响力的战略考量，另一方面也显示了作为美国的同盟国的日本和澳大利亚对美国继续留在印太的强烈呼吁，以及维持并不断壮大美国印太同盟体系力量的一致努力。

六、印澳关系：相对薄弱且不断追赶的印太伙伴

印度和澳大利亚之间的历史纽带始于1788年欧洲人在澳大利亚定居之后，当时从新南威尔士州的流放地到加尔各答的所有贸易往来都由英国东印度公司控制。印度和澳大利亚在独立前就建立了外交关系，1941年，印度在悉尼设立了印度贸易办事处。印度外交部这样描述印澳关系："这两个国家有很多共同之处，支撑它们的共同价值观是多元的、西方式的民主、英联邦传统、扩大经济接触和加强高层互动。包括强大的、充满活力的、世俗的和多元文化的民主国家、新闻自由、独立的司法体系和英语语言在内的一些共性，为实现更紧密地合作和多方面地互动奠定了基础。"[①]

与日本和印度外交策略一样，澳大利亚与印度在冷战时期分别向美国和苏联战略靠拢，两国在冷战时期也没有交集。印度在20世纪80年代末加强海军实力的举动，引发了澳大利亚、东盟国家以及与美国结盟的印度洋国家的不安。澳大利亚之所以担心印度海军的军事化，是因为他们认为印度有能力在安达曼和尼科巴群岛的基地占领澳大利亚在印度洋上偏远的科科斯基林群岛（Cocos Keeling Islands）。[②] 作为对这些担忧的回应，印度海军在澳大利亚、马来西亚和印度尼西亚进行了港口访问和交流。90年代印度实行的"东向（Look East）政策"尝试与澳大利亚以及东南亚国家接触，有效地推动了澳大利亚对印度观念的转变及重视。1996年澳大利

① 资料来源：Ministry of External Affairs Government of India, "India-Australia Bilateral Relations", http://www.mea.gov.in/Portal/ForeignRelation/Australia-January-2012.

② Asha Sundaramurthy, "The China Factor in India-Australia Maritime," *Asian Affairs* 51, no. 1 (2020): 170.

亚针对印度发起的“新视野”[①]（New Horizons）计划是朝着合作方向迈出的重要一步，重要的是要以此为基础来建立高级别接触和其他相关利益。1997 年澳大利亚《外交和贸易政策白皮书》指出，印度在全球和地区事务中越来越具有战略和经济重要性，澳大利亚政府将努力扩大澳大利亚与印度的贸易、投资和政治联系。2000 年澳大利亚《国防白皮书》中指出了印度的重要性：对整个地区的安全来说，最为关键的问题是该地区主要大国——中国、日本、印度、俄罗斯和美国——之间关系的性质。这些国家对澳大利亚的安全至关重要，因为他们有能力——无论是实际的还是潜在的——影响整个亚太地区的事件。他们的关系将为整个地区定下基调。

21 世纪以来，两国关系缓慢稳步推进，重点集中在安全领域。2006 年 3 月，印澳签署了一份关于防务合作的谅解备忘录，其中包括在马六甲海峡遏制恐怖主义威胁的海上合作。[②]2009 年，时任澳大利亚总理陆克文访印期间，两国签署《安全合作联合宣言》(Joint Declaration on Security Cooperation)，以广泛加强在安全及相关领域的合作，包括反恐、国防、裁军、核不扩散和海上安全。双方将在以下领域开展安全合作：关于亚洲区域事务以及长期战略和全球问题的信息交流和政策协调；亚洲多边框架内的双边合作，特别是东亚峰会和东盟区域论坛；打击恐怖主义；合作打击跨国有组织犯罪；灾害管理；海上和航空安全和警察与执法。两国还商议加强包括外交部长在内的高层互访、国防合作、国家安全顾问之间的磋商、反恐合作以及防灾和备灾交流方面的机制。[③]2014 年，在莫迪访问澳

---

① “新视野”计划是 1996 年底，澳大利亚政府在澳大利亚和印度公共和私营部门机构的支持下，执行的一项综合国别方案，这是澳大利亚政府实施的第四个贸易和文化一体化国家计划。

② “India, Australia sign MoU on defence cooperation,” last modified March 2006, https://www.rediff.com/news/2006/mar/06mou.htm.

③ “India-Australia Joint Declaration on Security Cooperation during Visit of Prime Minister Kevin Rudd,” last modified November 2009, https://www.mea.gov.in/bilateral-documents.htm?dtl/5035/india.

大利亚时，印澳两国领导人认为其伙伴关系具有巨大的发展空间，并同意采取措施提升经济关系，特别是在资源、教育、技能、农业、基础设施、投资、金融服务和卫生等优先领域。两国还签署了《安全合作框架》，以指导在整个安全领域，包括在国防、反恐、网络政策、裁军与核不扩散以及海上安全方面加强双边合作。

可以说，印太战略为缓慢发展的印澳关系提供了契机和重要推动力。2017 年澳大利亚《外交政策白皮书》中明确将印度列为澳大利亚在印太地区的重要伙伴之一，明确指出印度现在处于澳大利亚国际伙伴关系的前列。除了日益重要的经济关系外，澳大利亚与印度的安全利益是一致的，特别是在印度洋的稳定和开放方面。2019 年 1 月，澳大利亚外交部长佩恩在印度举行的“瑞辛纳对话会”（Raisina Dialogue）上阐述了澳大利亚与印度建立更紧密的伙伴关系的期盼。佩恩表示：“我们欢迎印度在印度洋的领导地位。”“两国具有类似的世界观，即‘自由，开放和独立的民主国家’，它们尊重国际法，支持开放和包容的印太。”[①] 莫里森将澳大利亚与印度的关系描述为“自然伙伴关系”，并声称原计划于 2020 年初对新德里的访问“将进一步巩固印度在澳大利亚顶级伙伴关系中的地位”。[②] 随着印太愿景在印澳两国的推进下，两国在印太中开展的互动与合作也逐渐增多。

自 2017 年以来，印澳开启了国防部长与外交部部长的“2+2”对话。首次两国部长级对话会议是在 2017 年首届美日印澳四边安全对话之后的一个月举行的，可以看出，四边安全对话的复苏给了印澳关系一个很好的发展平台，同时也使两国重新审视其作为四国关系中的短板，并给予弥

---

① Dhruva Jaishankar, “Australia Articulates Its Indian Ocean Priorities,” last modified January 21, 2019, The Interpreter, https://www.lowyinstitute.org/the-interpreter/australia-articulates-its-indian-ocean-priority.

② “India, Australia ‘natural partnership’ registers steady growth in 2019,” last modified The Economic Times, accessed December 23, 2019, https://economictimes.indiatimes.com/news/defence/india-australia-natural-partnership-registers-steady-growth-in-2019/articleshow/72935475.cms?from=mdr.

补。首届对话会议发表的联合声明声称，印澳双方认为，自由、开放、繁荣和包容的印太地区符合该地区所有国家和世界各国的长远利益，并互称对方为“印太合作伙伴”。[①] 最近的一次是 2019 年 12 月举行的第三届“2+2”部长级会议。双方认可两国在深化双边政治、经济、安全和国防合作方面取得的最新进展，强调必须加强合作，通过增加信息共享来应对恐怖主义和暴力极端主义的威胁。[②] 澳大利亚发表声明称，“印度是澳大利亚确保印度太平洋稳定繁荣的最有价值的合作伙伴之一。”[③]

2015 年起，澳大利亚和印度每两年举行一次双边海军演习（AUSINDEX）。2019 年举行的第三届海军演习是迄今为止最复杂的迭代，重点是反潜战和战术海上演习。演习的重点是加强专业互动，增强在人道主义援助和救灾中开展联合或联合区域行动的能力，最终旨在实现两国海军之间的互操作性。[④] 该军事演习凸显了两国之间国防合作的增强，是 2014 年两国签订的《安全合作框架》的后续强化，也是两国在印太合作中的重要领域。澳大利亚海军少将指挥官乔纳森·米德（Jonathan Mead）表示，这表明澳大利亚与印度建立关系的重要性：“这是澳大利亚有史以来派遣到印度的最大海军集团，这一举措不是偶然，而是澳大利亚政府兑现发展与印度的政治和安全关系的承诺。”[⑤] 同时，这也说明了印澳两国强

---

① Ankit Panda, “India, Australia Hold First Two-Plus-Two Foreign and Defense Secretaries Meeting,” The Diplomat, accessed December 13, 2017, https://thediplomat.com/2017/12/india-australia-hold-first-two-plus-two-foreign-and-defense-secretaries-meeting/.

② “India-Australia Foreign and Defence Secretaries’ Dialogue (2+2),” last modified December 2019, https://mea.gov.in/press-releases.htm?dtl/32178/IndiaAustralia_Foreign_and_Defence_Secretaries_Dialogue_2432.

③ “Third Australia-India 2+2 Foreign and Defence Secretaries’ Dialogue,” last modified December 2019, https://www.dfat.gov.au/news/media/Pages/third-australia-india-2-2-foreign-and-defence-secretaries-dialogue.

④ “Exercise AUSINDEX-2019: A New High in India Australia Defence Cooperation,” last modified May 2019, https://www.vifindia.org/article/2019/may/02/exercise-ausindex-2019-a-new-high-in-india-australia-defence-cooperation.

⑤ “Striving for success at AUSINDEX in India,” last modified April 2019, https://news.navy.gov.au/en/Apr2019/IPE19/5161/Striving-for-success-at-AUSINDEX-in-India.htm.

化在印度洋上的合作。澳大利亚外交部长佩恩指出："我们的未来交织在一起，并在很大程度上取决于我们在未来几十年中如何在印度洋的挑战和机遇中进行良好的合作。"①

但不可否认，印澳两国对印太的认知及战略互动有一定的分歧。首先，印澳两国对彼此的战略重视具有不对称性。从政府的联合声明的措辞以及政府领导人和高层官员的言论中可以看出，近几年澳大利亚一直对印度"示好"，丝毫不吝惜对与印度升级战略关系的表达。相对而言，印度掌握更多的主动权，并且印度并不忌惮会损害与澳大利亚的关系，比如印度一直拒绝加入澳大利亚提出的"马拉巴尔"联合军事演习。其次，印澳两国对印太认知及战略重心不一致。澳大利亚将自己定位为一个"太平洋国家"，明确指出太平洋是印太战略的支点，甚至澳大利亚在对印太的定义中，不包括西印度洋。印度作为一个坐拥东西印度洋的国家，在东西两个方向同步实施其战略，印度洋对于印度来说是首要战略区域。也就是说，两个国家的战略优先区域不一致，将会很大程度上制约两国印太战略合作空间与效果。最后，两国关系仍存在很大的发展空间。印澳双边关系作为美日印澳双边关系中的弱角，虽然近几年双边合作有了一定的发展，但也存在一定的挑战，如两国的经济贸易远远低于其潜力，两国的全面经济合作协定和自由贸易协定也一直没有签订。正如有学者形容的那样——双边关系总是准备起飞，但从未实现。加强两国双边架构是促进四国协调和一体化能否实现的重要先决条件②，可以预见，在未来一段时间内印澳两国关系还会得到进一步加强。

① "With AUSINDEX, Australia and India Team Up," The Diplomat, accessed March 30, 2019, https://thediplomat.com/2019/03/with-ausindex-australia-and-india-team-up/.

② 同上。

第三节　美印日澳“小多边主义”形式战略互动

随着特朗普政府“印太”战略的推进，“小多边主义”成为印太国家战略互动的一种突出表现形式。美日印、美日澳、印日澳是印太地区发展迅速且关系牢固的三边关系，以此为支撑，美印日澳四边安全对话于2017年重启且不断升温。值得注意的是，在美印日澳四国开展的“小多边合作”中，遏制中国是他们的坚定动力，故中国在印太地区面临较为严峻的外部环境。

一、国际政治中的“多边主义”与“小多边主义”

学术界对“多边主义”的研究始于20世纪90年代，基于二战后国家间日益紧密的联系，尤其在经济议题上。基欧汉将“多边主义”定义为，通过特别安排或者设置机构的方式，在三个或者更多的国家间协调国家政策的实践。[①]鉴于跨国关系范围很广，这里的“多边主义”限定在各国政府间的安排。基欧汉是新自由制度主义的代表人物，他将制度定义为一系列固定的和相互关联的正式的或非正式的规则，这些规则规定了行为体的角色、对其活动进行约束以及影响行为体的预期。多边制度则是通过一系列固定的规则进行的多边安排，可以与其他形式的“多边主义”进行区分，例如特别会议和解决特定问题的短期安排。[②]在多边制度中，合作是一个很重要的变量：国家政策能够在多大程度上与其他国家实现有效地协调。在合作的实践中，由于利益和权力不可避免地会产生冲突，因此讨价还价的过程总是伴随着胁迫，甚至很难区分“谈判”(negotiated）与“强

---

① Robert O. Keohane, “Multilateralism: An Agenda for Research,” *International Journal* 45, no. 4 (1990): 731.

② 同上书，第732-733页。

加”（imposed），可能一个国家的合作对于另外一个国家来说就是强迫。但国家间的政策并非是对立或者冲突的，多边合作往往是众多国家政策选择的系统层面的结果，而不是某个行为体的倾向或者政策。[①] 总之，基欧汉认为“多边主义”是严肃的、极具约束力的，行为体要严格遵循一系列特定的规则。然而，并非每个国家都能够按照最初的意愿与政策参与到多边机制中，达成最终结果需要某些国家进行让步或者妥协。但总体来说，“多边主义”遵循平等的原则。

约翰·鲁杰（John G.Ruggie）赞同基欧汉的界定，“多边主义”是限定“制度”的形容词，阐述了国际关系中一种普遍的制度形式。“多边主义”是一种在广义上的行动原则基础上，协调三个或者更多国家之间关系的制度形式。也就是说，这些原则是规定合适的行动的，它们并不考虑在任何特定事件下各方特殊的利益或者战略紧急情况。[②] 鲁杰认为，有必要对多边主义进行词义上的（nominal）和性质上的（qualitative）区分，区分的关键不在于相关方简单的数目问题，而是使他们组织在一起的关系的类型。[③] 因此就产生了三个基本的原则：一是集团成员行动范围上的“不可分割性”（indivisibility），这里的不可分割性是基于一种在社会构建的基础上提供的公共产品，出于对多边主义规则的遵守和共同利益的追求，成员之间产生的紧密关联；二是“普遍的组织原则”（general organizing principles）必须以一种让所有成员都遵守的方式来定义和实现，实力更强的成员也不例外，否则他们可能不惜以牺牲制度规则为代价，来实现自己的利益；三是“扩散的互惠性”（diffuse reciprocity）必须实现，成员总是预期他们达成的协议随着时间的推移会在量上给他们带来大致平等的受

① Robert O. Keohane, “Multilateralism: An Agenda for Research,” *International Journal* 45, no. 4 (1990): 740.

② John G. Ruggie, “Multilateralism: the Anatomy of an Institution,” *International Organization* 46, no. 3 (1992): 571.

③ 同上书，第 566 页。

益，但是成员都不会期待立即获得回报[①]，表现出他们眼光长远而非功利主义。由此可见，多边主义是一种要求极高的制度形式[②]，它需要成员国克制自己对短期利益的追求，并且牺牲一定的自主性，共同去适应一些普遍的既定规则，且多边主义制度具有非排他性、非歧视性，对其参与者一视同仁。

“小多边主义”不仅在数量上具有特殊性，在性质上与多边主义也有一定差异。威廉·道（William T. Tow）指出，“小多边主义”被认为是一种范围更加狭窄的、通常是非正式的倡议，旨在解决特定的威胁、意外事件或安全问题，参与的只有较少的国家，通常是三四个，在有限的时间内共享解决该问题的共同利益。维克多·查（Victor D. Cha）认为“小多边主义”合作具有以下三个特征：参与者数量较少的一种多边安全形式；这种组合往往是在没有任何制度痕迹的情况下形成和解散的；通常关注传统安全问题。[③]斯图尔特·帕特里克（Stewart Patrick）认为，21 世纪“多边主义”的一个重要标志是集体行动的替代形式日益突出。各国政府越来越多地参与一系列令人眼花缭乱的灵活网络，其成员国具有所谓的“共同价值”，但能力和动机却有所不同。他们往往采用“小多边主义”的形式，遵循自愿原则而不是受法律约束；往往专注于特定领域，而不是全面合作；超越政府而不是仅仅局限在政府间；地区性而不是全球性；追求多层次合作和多重利益，而不是以国家为中心；这种形式的合作往往是“自下而上”进行，而不是“自上而下”。[④]莫伊塞斯·纳伊姆（Moises Naim）认为，小多边主义可以被解释为一种集体谈判的方法，将尽可能少的国家拉到谈判

---

① William T. Tow, “Minilateral security's relevance to US strategy in the Indo-Pacific: challenges and prospects,” *The Pacific Review* 32, no.2 (2019): 235.

② John G. Ruggie, “Multilateralism: the Anatomy of an Institution,” *International Organization* 46, no. 3 (1992): 572.

③ William T. Tow, “Minilateral security's relevance to US strategy in the Indo-Pacific: challenges and prospects,” *The Pacific Review* 32, no.2 (2019): 235-236.

④ Stewart Patrik, “The New ‘New Multilateralism’: Minilateral Cooperation,” *Global Summitry* 1, no.2 (2015): 116.

桌前，以便对某个特定问题产生尽可能大的影响，这是一种更明智、更有针对性的做法。综合以上学者的研究可以看出，“小多边主义”鲜明的特点在于参与者数量较少，基于特定的问题集合在一起，且多与安全问题相关，并不一定通过制度的形式，因而效率更高。

为何在某些议题上“小多边主义”比“多边主义”更加有效，从而被许多国家采用？米尔斯·卡勒（Miles Kahler）在《小数目和大数目的多边主义》一文中详细阐释了“小多边主义”出现的原因。新自由主义往往将“多数”视为合作中难以逾越的障碍。曼瑟尔·奥尔森（Mancur Olson）在《集体行动的逻辑》中提出，集团的规模越大，提供最佳集体物品的可能就越小。[①] 奥尔森给出了三个原因：第一，集团越大，增进集团利益的人获得的集团总收益的份额就越小；第二，集团越大，任何一个个体或集团中成员从集体物品获得的收益就越不足以抵消他们提供的集体物品所支出的成本；第三，集团成员数量越大，组织成本就越高，这样在获得任何集体物品前需要跨越的障碍就越大。[②] 新自由主义认为，为了弥补国际行动中集团规模增加所带来的不利后果，最主要的办法就是将多数国家间的集体行动问题分解成为一系列少数国家间的交流互动，并通过建立国际机制达到制度化来解决这个问题。[③] 苏长和的《全球公共问题与国际合作：一种制度的分析》一书对“小多边主义”进行了分析，他认为，“多边主义”或“小多边主义”都是联盟的非正式表现形式；“小多边主义”可能是双边的，也可能是三边的，或者是四边、五边的。“小多边主义”的突出优势在于可以通过减少行动者的数量来克服集体行动问题的障碍，但由于数量减少，其性质也发生了一定的变化。为了更加清晰呈现

---

① Miles Kahler, “Multilateralism with Small and Large Numbers,” *International Organization* 46, no. 3 (1992): 683.

② 曼瑟尔·奥尔森：《集体行动的逻辑》，陈郁、郭宇峰、李崇新译，上海人民出版社，2014 年，第 33 页。

③ Miles Kahler, “Multilateralism with Small and Large Numbers,” *International Organization* 46, no. 3 (1992): 685.

“小多边主义”的特征，笔者将“小多边主义”与“多边主义”进行对比分析如下（见表4）。

表4：多边主义与小多边主义分析表

	多边主义	小多边主义
成员国	三个以上	通常三个或四个
组织性	严格遵守一套固定规则	组织松散，灵活协调
排他性	非排他性，一视同仁	排他性，特定成员参加
制度性	正式或非正式，具有约束力	非正式，无强制力
互惠性	着眼于长远利益	问题导向，功利性较强
平等性	成员一律平等	权力分配视能力和意愿而定

卡勒在梳理二战后国际社会实践中的“小多边主义”时认为，多边合作中的障碍除了可以通过霸权国家提供公共物品解决之外，还可以通过小多边合作来化解。实际上，在多边制度兴盛的地方，总是得到由若干大国组成的小多边合作的支持，也就是说，“小多边主义”为多边秩序提供了框架。[①] 大国等级制总是存在。我们可以发现在一个金字塔结构中，往往是由大国先提出协议，其他国家再加入该协议的讨论中，从而使这个协议达到多边化。[②] 这就导致了重要的环节往往是在多边主义的谈判之外进行的，主要借助双边或者小多边的形式。在这个过程中，较小的国家发挥的作用微乎其微，甚至出现了有的国家“搭便车”的现象，这在其他国家看来是不能容忍的，这就给小多边主义带来了机会。然而，随着发展中国家实力的不断壮大，要求建立国际政治经济新秩序的呼声越来越强烈。同

① Miles Kahler, “Multilateralism with Small and Large Numbers,” *International Organization* 46, no. 3 (1992): 686.

② 同上。

时，许多问题的解决，不得不需要发展中国家的参与。80 年代“多边主义”的复兴成为必要，小多边合作衰退。

冷战之后，随着全球化的日益深入，越来越多的国家要求在更多的议题上以更为丰富的形式进行合作，以经济合作和安全合作为导向的小多边主义合作形式在亚太地区不断发展。小多边经济合作以冷战后的东南亚地区为代表，由新加坡、马来西亚的柔佛州和印度尼西亚的廖内群岛于 1989 年共同成立的“增长三角”(SIJORI) 在 1994 年扩展为印尼—马来西亚—新加坡“增长三角”(IMS-GT)。这是东南亚第一个“增长三角”，旨在利用地缘毗邻的优势，促进跨境贸易和投资流动。[①] 之后成立的小多边经济合作还有 1992 年亚洲开发银行发起的由中国、老挝、缅甸、泰国和越南成立的大湄公河次区域经济合作（GMS)、1993 年成立的印尼—马来西亚—泰国增长三角（IMT-GT)、1994 年成立的文莱—印尼—马来西亚—菲律宾东盟东部增长区（BIMP-EAGA)、2012 年成立的东帝汶—印尼—澳大利亚增长三角区（TIA-GT）等。这些小多边经济合作形式是对东南亚区域一体化和互联互通的有益补充，在一定程度上推动了东南亚国家的经济发展。在小多边安全合作方面，法国、澳大利亚与新西兰三国于 1992 年签订了关于人道主义与灾害救援方面的《弗朗茨协议》。根据这项协议，在伙伴国家提出要求时，三个国家协调在太平洋地区的灾害侦察和救灾援助。[②]2004 年，印尼、马来西亚和新加坡启动了马六甲海峡海上巡逻，以确保马六甲海峡作为关键和战略水道的安全，2008 年，泰国加入该协议。该联合行动由马六甲海峡海上巡逻队、“空中注视”联合海上空中巡逻队以及情报交换小组组成。[③] 再比如，美印日澳

① Chheang Vannarith, “Minilateralism in Southeast Asia: Opportunities and Challenges,” *AVI PERSPECTIVE*, no.4 (2019): 3.

② “The FRANZ Arrangement,” last modified October 20, 2014, https://www.mfat.govt.nz/assets/Aid-Prog-docs/NZDRP-docs/Franz-Arrangement-Brochure.pdf, p.1.

③ “Singapore Hosts the 14th Malacca Straits Patrol Joint Coordinating Committee Meeting,” last modified January 15, 2020, https://www.mindef.gov.sg/web/portal/mindef/news-and-events/latest-releases/article-detail/2020/January/15jan20_nr2.

四边安全对话机制的前身是四国针对 2004 年的印度洋海啸灾后人道主义救援展开的合作。小多边安全合作更多针对非传统安全和安全威胁，其优越性在于规避了多边主义缓慢的决策过程，更加有效、迅速、灵活地应对并解决问题。

二、印太地区“小多边主义”的兴起与发展

伴随着印太从构想落实成为各个国家的战略行动，“小多边主义”成为印太域内国家进行互动的主要形式。其中，以美国、印度、日本与澳大利亚之间的三国互动和四国互动最为典型。有的学者认为，由于印太地区安全形势的不确定性，以美国为首的双边联盟网络让位于一套更加多样化的联盟和结盟，以应对一系列日益复杂的地区安全问题。[①] 还有学者甚至认为，印太概念是小多边安全区域主义发展的结果。美印日澳四国之间利用海上“小多边主义”，通过三边安全对话补充了美国的双边同盟体系。可以说，印太是美印日澳四国为了解决海上安全缺陷和制度架构而采用的一种理念。[②] 总之，“小多边主义”是印太地区各国家间安全合作的一个重要表现形式。为何“小多边主义”与印太概念结伴而生？为了理解两者的相关性，我们有必要先考察印太概念的本质与属性。

当前学术界对于印太地区范围尚无定论，有人认为是“亚太”加上印度，有的则倾向于更广阔的区域，包括整个印度洋沿岸地区，即南亚、中东、东非等。从“亚太”到“印太”概念的转变，绝不仅仅是地理范围的扩大，而是功能和属性的彻底颠覆。“亚太”概念主要由经济关切所驱动。冷战结束后，亚洲国家对安全的担忧减轻，经济议题占据主导地位，该区域内国家的经济和贸易联系日益紧密，相互依赖程度日益加深。而印太概

---

① William T. Tow, “Minilateral security's relevance to US strategy in the Indo-Pacific: challenges and prospects,” *The Pacific Review* 32, no.2 (2019): 232.

② Troy Lee-Brown, “Asia’s Security Triangles: Maritime Minilateralism in the Indo-Pacific,” *East Asia* 35, (2018): 163.

念则更加针对亚洲国家的新安全关系和安全方面的担忧：中国和印度海上军事实力的壮大导致亚洲海上力量平衡正在迅速改变，中国与美国、印度之间的地缘竞争导致地区安全环境的不稳定，海上贸易的日益繁荣导致各个国家对海上运输通道安全的需求升高。印太概念更像是众多国家基于感知到的安全威胁和担忧而采取的一种防御措施，既是一个地缘政治术语，又是一个战略术语。

从“亚太”到“印太”概念的转变是政治地理学家所说的治理实践“重新调整”（rescaling of governance practices）的一个典型案例。“重新调整”是指社会、经济和政治体系在不同的空间尺度上进行重构的过程。基廷（Keating）通过地区主义定义了两种类型的“重新调整”。一个是制度调整，即政策制定和政治权力的地域结构发生变化，以反映相互依存、成员和机构建设的新空间概念；二是功能调整，当治理实践在一个新的空间上运行时，其目的和形式也会发生变化。① 印太的制度调整，则是地理范围的重新定义，有的国家主张采用极简的方式，将印度加入亚太的版图内，有的国家则主张最大限度的定义，即包括横跨印度洋和太平洋的所有国家，从东部的美国到西部的非洲和海湾国家。这反映了不同国家的地缘政治偏向。功能调整方面，“亚太”经济合作的职能基础较为完善，如亚太经合组织、东盟主导下的区域经济合作等，但是安全合作功能较为薄弱。在印太概念的语境中，更加强调海上相互依存与海洋安全，尤其是中国的海上力量日益强大，地区国家需要一套更广泛的安全关系来应对这一威胁。因此，印太的功能由经济转向了安全。②

联盟理论可以为印太地区“小多边主义”的兴起提供解释。国家在面临外部威胁和挑战的时候，或者采取制衡行为，或者追随强者。③ 那么，国家何时选择制衡？何时选择追随强者？一般而言，国家越弱，越有可能

① Jeffrey D. Wilson, “Rescaling to the Indo-Pacific: From Economic to Security-Driven Regionalism in Asia,” *East Asia* 35, (2018): 180.

② 同上书，第 181 页。

③ 斯蒂芬·沃尔特：《联盟的起源》，周丕启译，北京大学出版社，2007，第 16 页。

追随强者，而不是制衡，原因是弱国对防御性联盟力量贡献较小，但却能引起具有威胁性国家更强的愤怒，而实力较强的国家可以通过自身的贡献获得丰厚的收获；当盟友完全没有作用时，国家也会追随强者。盟友提供的帮助越大，才越有可能进行制衡；和平或战争的背景也将影响国家做出决定，在和平时期或战争的早期阶段，国家更有可能进行制衡。此外还有一些因素将增加联盟的可能性，比如，意识形态越是类似，联盟的可能性就越大；接受对外援助越多，以此为基础建立的联盟越紧密。① 由此我们可以理解美印日澳四国在印太地区的“小多边”安全合作出现的原因。在印太的安全语境下，中国被众多域内国家视为安全的最大威胁。正如日本在 2013 年呼吁澳大利亚、印度、日本和美国夏威夷共同组成“民主安全菱形”时的初衷，意在使对中国日益强大的海军力量感到恐惧的国家之间建立战略联盟，保卫从印度洋到太平洋西部的公海。② 印度、澳大利亚和日本都是印太地区实力较为强大的国家，具有一致的意识形态，战略互信程度较高，再加上域外国家美国的援助，面对一致的安全需求，结成了紧密的“小多边”安全联盟。

那么，为何在应对印太地区日益增长的安全问题方面，“小多边主义”比“多边主义”更加有效？“小多边主义”在本质上仍属于“多边主义”，如果用身份、利益和权力来界定“多边主义”的基础，那么印太地区的“小多边主义”的基础也符合以上三个要素：共同的身份是安倍晋三所定义的“民主安全菱形”，共同利益是对海上安全的关切，权力则是印日等国对中国崛起力量的遏制。在很多情况下，“多边主义”并不能解决各种问题，因为成员会因为各种矛盾而无法达成一致。“小多边主义”的有效之处在于，可以通过减少行动者的数量来克服集体行动问题的障

① 斯蒂芬·沃尔特：《联盟的起源》，周丕启译，北京大学出版社，2007，第 27-39 页。

② 王晓文：《美国“印太”战略对南海问题的影响——以“印太”战略支点国家为重点》，《东南亚研究》2016 年第 5 期。

碍，同时也可以通过缩小政治利益和身份来克服这一障碍。[1] 从另一个角度来讲，“小多边主义”的出现可以作为一种补充，应用到双边主义和多边主义的地区架构中，弥补以上两种方式的缺陷。日本学者佐桥良（Ryo Sahashi）提出了一种“三层法”，第一层是双边安全关系，第二层是多边安全关系，第三层是基于需求和实际安全的安排。按照这一模式，美国的双边同盟体系将发展成为一个更为复杂的、由小多边方式组成的网络体系，可以有效地合作应对特定的问题领域，弥补区域合作安全的不足。[2]

在特朗普任职之前，美印日澳之间以双边合作为主，呈现出网络化的状态，同时，小多边合作也初见端倪。美日澳、美日印以及印日澳三边对话分别于 2002 年、2011 年和 2015 年启动，2007 年四边安全对话也曾昙花一现。毫无疑问，特朗普政府推行的印太战略为小多边主义的发展重新注入了生机。

第一，特朗普政府的印太战略将小多边主义的方式作为重要战略手段。“地区网络化”是特朗普印太战略的一大重要支柱。《印太战略报告》指出，印太地区的共同安全依赖于美国的军事存在以及不断增长的联盟网络与促进互操作性和协调的密切伙伴关系。美国应进一步加强建立在双边基础上的多边安排，鼓励发展亚洲内部的安全关系，建立基于目标的伙伴关系。该报告强调了美日韩、美日澳、美日印的三边关系，指出这是美国优先考虑的机制；美国继续支持东盟在地区安全架构中的中心地位，其印太战略的目的是寻求进一步增强它的力量；美国支持美印日澳重新建立四边安全对话，该对话是四国讨论各自印太愿景的重要论坛，建立在对东盟中心地位的肯定和现有的三边关系的基础之上。[3]

---

① Troy Lee-Brown, “Asia’s Security Triangles: Maritime Minilateralism in the Indo-Pacific,” *East Asia* 35, (2018): 168.

② 同上书，第 169 页。

③ 同上书，第 48 页。

第二，特朗普上任后秉持“美国优先”原则，导致国家主义抬头，美国逆全球化而行。特朗普上台后的一些表现都体现了“美国优先”原则：退出TPP、伊朗核协议、《巴黎气候协定》、联合国教科文组织（UNESCO）、《全球移民契约》谈判以及联合国人权理事会等多边舞台。种种行为表明了特朗普对多边主义的背弃和对多边规则的蔑视。如此举动也给美国在亚太地区的盟友带来了不安全感，促使他们寻找多边主义以外的方式进行合作。

第三，特朗普政府更加关注安全议题，甚至明确将中国视为印太地区首要的安全威胁与战略竞争者。特朗普政府于2019年1月发布的《印太战略报告》将中国视为“修正主义大国”，认为中国正在寻求印太地区的霸权地位，长远来看中国将谋求全球主导地位。2020年5月，白宫发布了一份题为《美国对中国的战略方针》的报告，断言美国过去40多年的对华接触政策已经失败。美国决定改变对华战略，并扬言采取公开施压的办法，以遏制中国在经济、军事和政治等领域的扩张。美国对中国战略竞争主要有两个目标：一是提高美国的机构、联盟和伙伴关系的弹性，以应对中国带来的挑战；二是迫使中国停止或减少损害美国重要利益、国家利益以及美国的盟友和伙伴利益的行动。[①] 美国与印日澳等国的认知不谋而合，战略安全目标明确公开化将使印太地区小多边安全合作更加牢固。斯蒂芬·沃尔特（Stephen Walter）指出：“中国的地区霸权野心和不断增强的进攻性军事实力以及综合实力会对他国造成一些威胁，且中国又与印度、日本和澳大利亚的地理邻近，通常会引发强烈的被制衡行为。其他国家基于对中国在印太海上威胁行为进行约束的迫切要求，会和美国呈现出一种意外的利益融合。”[②]

---

① The White House, “United States Strategic Approach to The People’s Republic of China,” last modified May 6, 2020, https://www.whitehouse.gov/wp-content/uploads/2020/05/U.S.-Strategic-Approach-to-The-Peoples-Republic-of-China-Report-5.24v1.pdf.

② Ameya Pratap Singh, “What Shapes India’s View on the Quad?” last modified November 28, 2019, https://thediplomat.com/2019/11/what-shapes-indias-view-on-the-quad/.

在特朗普政府印太战略的引导下，美印日澳采取更具灵活性和针对性的小多边合作形式来应对印太地区复杂的安全形势，尤其是应对来自中国的威胁。同时，小多边合作形式也成为美国在印太地区的盟友及伙伴国家提升自身实力、扩大影响力的重要手段，形成互助性质的网络化合作机制以求在美国对华战略竞争中规避风险。

三、QUAD2.0：美印日澳四边安全对话的重启

美印日澳四国的合作最早可以追溯到2004年。印度洋海啸引发了大量的人员伤亡，在美国的号召下，四国对灾后人道主义救援以及后续情况处理展开了合作，并成立了“核心小组”(CoreGroup)。这本是一次针对特定事件的临时性合作，但为四国之后在其他领域的合作奠定了基础。2006年安倍晋三担任日本首相后，推出“自由与繁荣之弧”的价值观外交，并提出日本致力于推动“亚太民主G3+美国”(Asia-Pacific Democratic G3 plus America）高层战略对话的建立，讨论四国如何更好地开展合作，在亚洲其他地区推广他们的价值观。2007年5月，在菲律宾召开的东盟地区论坛会议期间，四国进行了第一次非正式的会晤。一位澳大利亚与会者形容这是一次“讨论共同关心的问题的非正式会议”，参与国“具有共同的价值观，并旨在加强在亚太地区的合作”。这场四边会晤更像是探索性的，没有正式的议程，也没有对下次会议的约定。[①] 这次会议引起了国际社会广泛的关注和批评，有人称这是针对中国而建立的“亚洲版的北约”。时任澳大利亚总理陆克文担心因此影响澳大利亚与中国的关系，宣告退出四边安全对话。时任澳大利亚国防部长布伦丹·纳尔逊（Brendan Nelson）向中国澄清，澳大利亚并不热衷于四边对话。随后，他在印度

① Tanvi Madan, “The Rise, Fall, and Rebirth of the ‘QUAD’,” last modified November 16, 2017, https://warontherocks.com/2017/11/rise-fall-rebirth-quad/.

重申，澳大利亚“不想做任何不必要的事情，让其他国家感到不安”①。再加上安倍晋三于2007年辞去日本首相一职，四边安全对话解散。

时隔十年，美印日澳重启了四边安全对话。2017年11月，在菲律宾马尼拉召开的东亚峰会期间，四国进行了非正式磋商会议。主要议题是“共同商讨措施，确保在印太地区法治基础上建立自由和开放的国际秩序”，会议主要核心问题包括：基于规则的亚洲秩序、海上的航行和飞越自由、尊重国际法、互联互通、海上安全、朝鲜的威胁及核不扩散和恐怖主义。会议召开后，四国政府分别发表声明，对会议讨论内容进行了表述，具体内容如下表所示。

至此，部长级别的四边安全对话已经召开了四次。最近一次是2019年11月在曼谷进行的高级官员磋商。美国国务院宣称，四国“就共同努力推进一个自由、开放和包容的印太地区进行了磋商”，会议重点是“推进在反恐、网络、发展资金、海上安全、人道主义援助和救灾方面的务实合作”。印度外交部在另一份声明中说，四方“重申致力于在共同价值观和原则以及尊重国际法的基础上建设一个自由、开放、繁荣和包容的印太地区”。②四边安全对话自恢复以来，来势汹汹且富有成果。四边安全对话就实质而言并非美国印太战略的产物，因为最初是由日本推动而非美国。如表5所示，会议商议的主题与印太息息相关，印太语境为四边安全对话的重生提供了重要契机，同时，美印日澳都将四边安全对话作为参与印太事务和实施印太战略的重要平台。美国拜登政府上台后也将四边安全对话往前推进了一步，2021年3月，美印日澳四国举行“四边机制”领导人视频峰会，这是该机制建立以来首次由领导人参加的对话会议。该峰会讨论了一系列重要的地区议题，如南海和东海的“航行

---

① Tanvi Madan, “The Rise, Fall, and Rebirth of the ‘QUAD’,” last modified November 16, 2017, https://warontherocks.com/2017/11/rise-fall-rebirth-quad/.

② Ankit Panda, “US, India, Australia, Japan ‘Quad’ holds Senior Officials Meeting in Bangkok,” last modified November 5, 2019, https://thediplomat.com/2019/11/us-india-australia-japan-quad-holds-senior-officials-meeting-in-bangkok/.

自由”问题、朝鲜核问题、缅甸的政变与暴力镇压以及就疫情和疫苗开展合作。那么，美印日澳四国对于重启四边安全对话各自具有怎样的立场和动机呢？

表 5：2017 年美印日澳四边安全对话后各国政府的联合声明对照表①

	美国	印度	日本	澳大利亚
自由开放的印太	“在自由开放的印太地区增进繁荣与安全的共同愿景”	“一个自由、开放、繁荣、包容的印太地区符合该地区国家和世界各国的长远利益”	“确保在印太地区建立以规则为基础的自由开放的国际秩序的措施”	“加强印太地区繁荣和安全的共同愿景并一起致力于确保它的自由和开放”
基于规则的秩序	“建立以规则为基础的印太秩序”	“基于共同的和平愿景和价值观开展合作”	“为维护以规则为基础的秩序和尊重印太地区的国际法指明合作方向，包括与该地区国家的合作”	“支持印太地区建立以规则为基础的秩序”
航行和飞越自由	“航行和飞越自由”	无	“确保在印太地区的航行自由”	“航行和飞越自由”
尊重国际法	“尊重国际法、和平解决争端”	无	尊重印太地区的国际法	“尊重国际法”
互联互通	“在审慎融资的基础上，根据国际法和标准加强互联互通”	“彼此之间以及与其他伙伴之间共享的、稳定与繁荣且相互关联的地区”；“增强互联互通”	无	“增强互联互通”
海上安全	“致力于印太海上安全”	无	“印太海上安全”	“支持印太海上安全”

① Ankit Panda, “US, Japan, India and Australia Hold Working-Level Quadrilateral Meeting on Regional cooperation,” last modified November 13, 2017, https://thediplomat.com/2017/11/us-japan-india-and-australia-hold-working-level-quadrilateral-meeting-on-regional-cooperation/.

续表

	美国	印度	日本	澳大利亚
朝鲜及核不扩散	“继续合作以减少朝鲜的核武器和导弹项目以及不合法行为”	“核扩散的带动效应”	“应对核扩散威胁，包括朝鲜的核问题和导弹问题，需要对这些问题施加最大的压力”	“大规模杀伤性武器的扩散对国际和平和安全带来巨大威胁，包括朝鲜的核武器和导弹项目”
恐怖主义	“反恐行动的协调”	“强调恐怖主义是共同的挑战”	“反恐”	“协调应对反恐中遇到的挑战”
下一步	“四边伙伴承诺深化基于共同民主价值观和原则的合作，并继续讨论进一步加强印太地区以规则为基础的秩序”	“印方强调了印度的‘东向政策’是参与印太事务的基石”	“与会者承诺将致力于在共同的价值观和原则基础上继续讨论和深化合作”	“与会者承诺在共同价值观和原则的基础上推进四边对话并加强合作”

2007年首次四边安全对话召开后，印度的态度是低调且犹豫的，担心会引起中国的过激反应。时任印度总理辛格说：“这个小组不是针对中国的，只是就我们作为民主国家的发展经验开会交换意见。”印度外长和其他官员重申，四方会谈的目的不是遏制或结盟，而是交换意见。[①]2017年四边安全对话重启，印度的战略考量发生了很大的变化。第一，印度的海上战略利益上升，地缘政治优先性凸显。印度的崛起靠经济和贸易驱动，对海洋安全航道的依赖和重视程度不断上升，正如2015年《海上安全战略》所强调的：“安全的海域和21世纪印度的复兴之间有无可争议的

① Tanvi Madan, “The Rise, Fall, and Rebirth of the ‘QUAD’,” last modified November 16, 2017, https://warontherocks.com/2017/11/rise-fall-rebirth-quad/.

关联。”[①] 鉴于与东南亚各国经济联系日益加强，印度强烈要求维护航行自由，并制定“南海行为准则”。[②] 第二，继续推进“东向行动政策”的战略需求。“东向行动政策”是莫迪政府大国战略的重要组成部分，也是印度参与印太事务的重要基石。通过该政策的实施，印度与日本、美国以及东南亚国家的联系日益紧密，四边安全对话则是印度进一步实施该政策的重要平台。第三，对中国日益增长的影响力的警惕。“海上丝绸之路”的实施使中国的战略影响力不断深入，印度担心中国与巴基斯坦日益深化的战略关系，以及在巴项目会对其造成包围态势，同时中国在印度洋的军事存在也会对印度造成威胁。

然而，印度对四边安全对话的态度是谨慎的。如表 5 所示，与其他三个国家不同的是，印度在 2017 年会后声明中对“航行和飞越自由”“尊重国际法”“海上安全”都没有提及。除了几个官方声明，印度也避免使用“四边”（Quadrilateral）一词，更倾向于正式命名为“印澳日美关于印太的磋商”（India-Australia-Japan-U.S. Consultations on Indo-Pacific）。[③] 其他三国在声明中强调，四国具有“共同的价值观和原则”，印度对此也没有提及。以上表现说明，一方面，战略自主性始终贯穿于印度的外交政策中，印度在历史上对联盟和集体安排就有一定的抵触。另一方面，印度担心会激怒中国。印度希望与中国成为海上合作伙伴，而不是引发对抗。印度更倾向于将四边安全对话定位为一个咨询论坛，印度前外交部部长苏杰生（S.Jaishankar）在 2017 年 11 月指出，该论坛反映了当今世界“外交性质的改变”，各个行为体参与其中以促进国家利益，四边安全对话也是印度参与的、四国外交接触的新的形式之一，以便就共同的利益和共同关心

---

① Rahul Roy-Chaudhury and Kate Sullivan de Estrada, “India, the Indo-Pacific and the Quad, Survival,” *published online*, Jun 1, 2018, p.183.

② “The US-Japan-India-Australia Quadrilateral Security Dialogue: Indo-Pacific Alignment or Foam in the Ocean? ” *FIIA Briefing Paper*, May 2018, p.6.

③ Jagannath Panda, “India’s Continental Connect on Indo-Pacific and Quad 2.0,” *Asia-Pacific Bulletin*, no. 441 (2018).

的问题交换意见并进行可能的合作。[①]

2008 年，澳大利亚宣告退出，使四边安全对话解散。中澳两国并没有领土争端，但澳大利亚对中国的依赖程度远远超过其他三个国家。2017 年，中国几乎占了澳大利亚出口的 30%，大部分是铁矿石和煤炭。[②] 陆克文担心四边安全对话对澳中关系带来负面影响，决定退出。而现在的澳大利亚似乎放弃了当初的摇摆，对华态度日趋强硬。澳大利亚联邦政府内部始终为加入"一带一路"倡议的种种利害关系争执不休，未达成一致意见，目前只有维多利亚州越过联邦政府加入该倡议。澳大利亚历届政府都拒绝了中国提出的将"海上丝绸之路"与澳大利亚北部基础设施联系起来的建议。澳大利亚负责发展援助的一位部长最近的评论显示，澳大利亚对中国在太平洋岛屿上向澳大利亚北部附近地区增加项目援助的做法持谨慎态度，担心这可能会破坏治理，使脆弱的国家更容易受到胁迫。[③] 对于与美国的接触是否会影响中澳关系，西澳大利亚大学的学者特洛伊·李·布朗（Troy Lee-Brown）认为，澳大利亚的难题不再是独一无二的，中国是世界上大多数国家的前三贸易伙伴，其中许多国家与中国价值观不同。澳大利亚应当在对华关系中保持一种更自信的姿态，完全有权利制定一套最符合自己利益的外交政策。当试图保持战略自主性的时候，如果受到来自贸易伙伴国的压力，澳大利亚应当质疑自己是否拥有足够的贸易多元化来承担压力。[④]

澳大利亚对美印日澳之间的小多边对话明确表态支持。澳大利亚发布的 2017 年《外交政策白皮书》强调，日本、印度等国是澳大利亚在印太

---

① Jagannath Panda, "India's Continental Connect on Indo-Pacific and Quad 2.0," *Asia-Pacific Bulletin*, no. 441 (2018).

② "The US-Japan-India-Australia Quadrilateral Security Dialogue: Indo-Pacific Alignment or Foam in the Ocean?" *FIIA Briefing Paper*, May 2018, p.5.

③ Jesse Barker Gale and Andrew Shearer, "The Quadrilateral Security Dialogue and the Maritime Silk Road Initiative," *CSIS Briefs*, March 2018, p.3.

④ Grant Wyeth, "Why Has Australia Shifted Back to the Quad?" The Diplomat, accessed November 16, 2017, https://thediplomat.com/2017/11/why-has-australia-shifted-back-to-the-quad/.

地区头等重要的伙伴国家。澳大利亚坚定地致力于与美国和日本，以及与印度和日本的三边对话。澳大利亚对同其印太伙伴在其他多边安排方面进行合作持开放态度。在与中国保持距离的同时，澳大利亚借助四边安全对话的平台，寻找不需要依赖中国而发展经济的措施。2018 年 2 月，澳大利亚前总理马尔科姆・特恩布尔（Malcolm Turnbull）访美之前，澳大利亚前外长毕晓普透露，美印日澳的四国官员正在商议建立一个基础设施联合项目，该项目为中国的“一带一路”倡议提供替代方案。这也是此次特恩布尔将与特朗普商议的议程之一。① 同时，澳大利亚也将弥补与印度相对欠缺的经济和安全关系。自 2011 年以来，印度和澳大利亚就双边全面经济伙伴关系（CECA）进行的谈判一直没有进展，印度一位高级官员称，由于印度最近退出了《区域全面经济伙伴关系协定》(RCEP)，印度和澳大利亚之间的 CECA 谈判很可能会回到正轨。在 2019 年举行的印澳“2+2”部长级对话中，双方讨论了在新德里达成的相互后勤支持协议以及两国之间更深入的军事关系。②

日本是四边安全对话和印太秩序的推动者和坚定的拥护者，在安倍晋三的观念里，这两者是密不可分的。安倍晋三设想了一个建立在“普世价值”基础上的国际秩序，将“民主国家”团结在一起，并对所谓的非民主国家的行为进行规范约束。安倍晋三设想的美印日澳四国联盟便是这个秩序的核心。安倍晋三在 2006 年出版的《走向美丽的国家》一书中讨论了日本开展以普世价值观为基础的外交的重要性。在这本书中，他首次提到了美国、日本、印度和澳大利亚之间的安全合作——这一合作框架体现了他对民主联盟的愿景。同年，安倍晋三政府提出了“自由与繁荣之弧”的

① “Japan, U.S., Australia and India look to establish alternative to China's Belt and Road Initiative,” The Japan Times, accessed February 19, 2018, https://www.japantimes.co.jp/news/2018/02/19/business/australia-u-s-india-japan-talks-establish-alternative-chinas-belt-road-initiative-report/#.Xj96r3aFf_g.

② Huma Siddiqui, “India, Australia talks to focus on Indo-Pacific, Quad, and Maritime Security,” Financial Express, accessed January 1, 2020, https://www.financialexpress.com/defence/india-australia-talks-to-focus-on-indo-pacific-quad-and-maritime-security/1809728/.

外交价值观；2007 年安倍晋三提出建立“大亚洲”计划；2013 年安倍晋三呼吁澳大利亚、印度、日本和美国夏威夷共同组成“民主安全菱形”。安倍晋三在构想中尤其强调四个国家民主价值观的一致性，价值观充当了四个国家进行安全合作的黏合剂。正如澳大利亚前外长毕晓普所说，四个“志同道合的民主国家”讨论地区稳定与安全是“自然的”。①

日本推动并积极参与四边安全对话的动机较为清晰明朗。日本认为中国不断壮大的海上力量以及在东海和南海维护主权的行为，正在挑战地区秩序，这是日本推动与美印澳进行安全合作的主要动力。我们可以看出，安倍晋三在各种设想和口号中一再重申“共同的价值观”，针对中国的意图不言而喻。同时，日本对能源的依赖导致其极其脆弱和敏感，日本担心中国“一带一路”倡议的实施会影响其能源供应链②，因此，维护印太海上航道安全是日本重返四边安全对话的重要原因，安倍晋三也在多个场地公开呼吁保持“印太的自由与开放”。

美国始终支持美印日澳之间的多边合作以及四边安全对话的重启。美国 2017 年《国家安全战略》报告将建立同盟关系和伙伴关系设定为美国在印太地区的政治优先议程；2018 年《国防战略报告》也将扩大印太联盟和伙伴关系作为战略手段之一：美国将加强在印太地区的联盟和伙伴关系，建立一个能够威慑侵略、维护稳定和确保自由进入共同领域的网络安全架构。同时也将强化与地区国家的双边和多边安全关系，维护自由开放的国际体系。2019 年《美国印太战略》更是强调了美印日澳四边安全对话对于美国的重要性。

美国推进与同盟和伙伴国之间合作的重要目的就是为了对抗中国日益增强的影响力。《国家安全战略》报告指出，中国正运用经济手段和军事威胁来实现政治和安全目的，美国需要借助同盟和伙伴国的力量来维持地

① Ameya Pratap Singh, “What Shapes India’s View on the Quad?” The Diplomat, accessed November 28, 2019, https://thediplomat.com/2019/11/what-shapes-indias-view-on-the-quad/.

② Jesse Barker Gale and Andrew Shearer, “The Quadrilateral Security Dialogue and the Maritime Silk Road Initiative,” *CSIS Briefs*, March 2018, p.3.

区力量平衡。《国防战略报告》中大肆渲染中国带来的“威胁”，指责中国不断利用经济和军事优势争夺印太地区霸权，谋求取代美国的全球领导地位。因此，美国必须拓展其在印太地区的同盟和伙伴关系，建立一个能够抵御侵略、维护稳定以及自由出入公共领域的网络安全架构。可以说，美国希望通过四边安全对话来进一步对抗中国。蓬佩奥在华盛顿特区的一次政策讲话中说：“我们重新召开了‘四方会谈’，也就是日本、澳大利亚、印度和美国之间搁置了九年的安全谈判。”“这对未来的局势将非常重要，确保中国在世界上只保留其应有的地位。”①

美印日澳四边安全对话自重启以来不断升温，但仍受到内外因素的制约。首先，内部成员存在一定的分歧，无法达成完全一致。比如，印度在海上发展与其他成员存在分歧，印度不愿意建立一条让他国海军共享信息的卫星链通道，担心信息泄露到巴基斯坦。另外，从表 5 中关于“朝鲜核不扩散”的表述可以看出，印度更关心朝鲜核问题是否会引起巴基斯坦的连锁反应。其次，四边安全对话容易受到成员国国内政治因素的影响。2008 年四边安全对话的解散是由于安倍晋三辞职和陆克文宣告退出导致的，那么，将来安倍晋三任职结束的情况，下一任澳大利亚总理是否倾向改善中澳关系，都是四边安全对话面临的不稳定因素。再次，通过对话达成的“民主政治”“贸易自由开放”等承诺很可能停留在口头上，特朗普使美国退出 TPP、对日本征收关税等做法与承诺格格不入，削弱了四方会谈的合理性。②最后，来自中美的不确定性。遏制中国的需求上升，但是激怒中国的风险和代价也在上升。同时，美国作为盟国和合作伙伴的信誉也在急剧下降。因此，四边安全对话能否发展成为印太地区的长期多边机制并对地区秩序产生深远影响，仍有待观察。

---

① Ankit Panda, “US, India, Australia, Japan ‘Quad’ holds Senior Officials Meeting in Bangkok,” last modified November 5, 2019, https://thediplomat.com/2019/11/us-india-australia-japan-quad-holds-senior-officials-meeting-in-bangkok/.

② “The US-Japan-India-Australia Quadrilateral Security Dialogue: Indo-Pacific Alignment or Foam in the Ocean?” *FIIA Briefing Paper*, May 2018, p.8.

四、美印日澳之间的三边战略互动

美国印太战略推出之后，美日印和美日澳两组三边关系得到了突飞猛进的发展。同时，印日澳也是近几年发展起来的一组重要的三边关系。接下来将重点考察这三组小多边安全合作的动力与发展情况。

（一）美日印三边对话与合作

美日印三边关系的发展是以美印和美日双边关系为坚实的基础。第一，美日同盟是两国参与印太事务的基石。2020 年 1 月，在纪念《美日安保条约》签署 60 周年之际，两国政府发布的联合声明指出："我们的同盟已经并将继续在确保两国和平与安全方面发挥不可或缺的作用，同时通过区域安全合作实现我们关于自由和开放的印太地区的共同愿景。今天，我们的联盟比以往任何时候都更强大、更广泛、更重要。"① 第二，美印战略关系也在逐步增进，2019 年 7 月，特朗普与莫迪会晤的时候宣布，两国是"全球和平与稳定的中心"，并承诺在"未来几十年为应对全球挑战和本国公民实现繁荣提供强有力的领导"。双方领导人承认双边关系具有空前的广度和深度，包括经济、贸易、能源、国防和安全、反恐和太空等。② 第三，日印关系也成为印太地区发展最为迅速的双边关系之一，并在经济和安全层面都开展了密切合作。2017 年，日印两国提出了"亚非增长走廊"（Asia-Africa Growth Corridor），重点发展互联互通和优质的基础设施建设。2019 年 11 月，日印两国在新德里举行首届"2+2"部长级对话，将为双方提供一个机会，以审视印度和日本之间的现状，并就进一步

---

① US Department of Defense, "Joint Statement on Sixtieth Anniversary of the Signing of the Treaty of Mutual Cooperation and Security Between the United States of America and Japan," last modified January 17, 2020, https://www.defense.gov/Newsroom/Releases/Release/Article/2059722/joint-statement-on-sixtieth-anniversary-of-the-signing-of-the-treaty-of-mutual/.

② "Ians, Japan, America and India trilateral meeting was productive: Modi tweets," Gulf News, accessed June 28, 2019 https://gulfnews.com/world/japan-america-and-india-trilateral-meeting-was-productive-modi-tweets-1.1561692139406.

加强两国防务和安全合作交换意见，从而为“印日特殊战略和全球伙伴关系”提供更大的深度。[①] 印度总理莫迪会见日本外相茂木敏充（Toshimitsu Motegi）和防卫相河野太郎（Taro Kono）时强调：“印度与日本的关系是我们实现和平、稳定与繁荣的‘印太’愿景的关键组成部分，也是印度‘东向行动’政策的基石。”[②]

美日印首次三边对话于 2011 年 12 月在华盛顿举行，一开始是三国高官对话，2015 年首次召开了美日印三边部长级对话。会议强调了三国在印太事务中日趋一致的利益，强调了国际法、和平解决争端、航行自由以及不受阻碍的合法贸易的重要性。特朗普上任之后，更是将三国政治关系提升到了一个新的高度。2019 年 7 月，三国领导人在大阪召开的 G20 峰会期间进行三边会晤。会后，白宫发布的会议声明称，三国领导人重申了加强合作的重要性，以加强共同的核心价值观，促进全球安全与繁荣。三国领导人同意每年举行一次会议，以确保在多个领域合作的成功，包括海上安全、优质的基础设施、促进印太地区和其他地区的繁荣等。印度总理莫迪在会后发推特表示：“今天的日美印三国会议是富有成效的，我们就印太地区事务进行了广泛讨论，提升互联互通和基础设施建设。”[③]

美日印三国的务实合作水平也在不断提升。美印两国自 1992 年起举行名为“马拉巴尔”（Malabar）的联合军事演习，该演习于 1998 年因印度核试验暂停，2002 年重启并成为年度常规演习。2007 年，美印曾邀请日本、澳大利亚和新加坡加入军演。从 2015 年起，日本海上自卫队永久

---

① “India, Japan to hold first 2+2 ministerial dialogue today,” India Today, accessed November 30,2019, https://www.indiatoday.in/india/story/india-japan-hold-first-foreign-defence-ministerial-dialogue-today-november-30-1623855-2019-11-30.

② “Ties with Japan key to stability in Indo-Pacific, says Narendra Modi,” The Hindu, accessed November 2019, https://www.thehindu.com/news/national/ties-with-japan-key-to-stability-in-indo-pacific-says-narendra-modi/article30123938.ece.

③ “Ians, Japan, America and India trilateral meeting was productive: Modi tweets,” Gulf News, accessed June 28, 2019 https://gulfnews.com/world/japan-america-and-india-trilateral-meeting-was-productive-modi-tweets-1.1561692139406.

加入“马拉巴尔”联合军事演习，至此实现了由美印双边到美日印三边合作的转变。美国前国防部长马蒂斯在访印期间提到：“美印马拉巴尔海军演习是与日本的联合演习，这是一个不断加深共同信任和军事合作的例子。”与此同时，印度国防部长尼尔玛拉·希塔拉曼（Nirmala Sitharaman）强调：“‘马拉巴尔’展示了我们两国海军在协同作战方面取得的进展”。① 随着“马拉巴尔”联合军演的内容不断升级，三国海军关系也不断加强。2018 年 6 月，美日印三国在关岛附近海域举行了第 22 次联合军演。该次军演包括在关岛港口基地举行的培训和在菲律宾举行的海上演习。美国海军的一份声明说：“这次演习实现了三支海上力量的海上互操作性训练的既定目标，强调了高端作战技能、海上优势和力量投射。”② 最近一次军演在 2019 年 9 月举行，印度开发的两艘前线舰艇“萨哈德里”号（INS Sahyadri）和“基尔坦”号（INS Kiltan）已被部署用于演习。在海上演习阶段开展了复杂的水面、次水面和空域的海上行动，包括反潜战、防空和反水面发射，以及海上封锁行动。③

值得注意的是，澳大利亚一直热衷于加入“马拉巴尔”联合军演。2015 年时任澳大利亚国防部长凯文·安德鲁斯（Kevin Andrews）访问印度期间，在一次问答会上声称，陆克文领导的工党政府当时退出所谓的“四边防务对话”和海军训练是一个“错误”，该届政府并不赞同这样的做法，“如果印度邀请我们在未来作为观察员或正式成员加入这样的演习，我和政府都会接受邀请。”④ 印度一直拒绝澳大利亚的申请，有可能是担心

① J.Berkshire Miller, “The US-Japan-India Relationship, Trilateral Cooperation in the Indo-Pacific,” *Foreign Expert Perspective*, November 18, 2017.

② Franz-Stefan Gady, “India, US, and Japan Conclude Malabar Military Exercise,” The Diplomat, accessed June 19, 2018, https://thediplomat.com/2018/06/india-us-and-japan-conclude-malabar-military-exercise/.

③ India, US, Japan begin trilateral maritime exercise,” India Today, accessed September 26, 2019, https://www.indiatoday.in/india/story/india-us-japan-maritime-exercise-1603343-2019-09-26.

④ Prashanth Parameswaran, “Australia Wants to Join India, US and Japan in Naval Exercises: Defense Minister,” The Diplomat, accessed September 5, 2015, https://thediplomat.com/2015/09/australia-wants-to-join-india-us-and-japan-in-naval-exercises-defense-minister/.

此举会引起中国的过激反应。但是，2020 年印度邀请澳大利亚加入“马拉巴尔”联合军演，这说明美印日澳四国正在将安全合作落实到实践上。

美日印三边政治关系不断提升，其安全合作具有牢固的基础且不断升级。该三边关系迎合了三国日趋一致的战略利益，对于美国来说更是大有裨益。米勒（Miller）认为，美日印三边可以作为一个地区堡垒，阻止中国控制亚洲东部海域和印度洋，该组织意义重大，因为它有助于将美国在东亚的联盟和南亚的印度联系起来。帕特里克 • 克罗尼（Patrick Cronin）认为，三边联盟是美国通过让印度加入而进一步分散负担计划的一部分，印度进入东亚，日本进入印度洋，从而减轻美国的成本。①

（二）美日澳三边对话与合作

美日澳是印太地区另一组战略关系紧密且逐步上升的三边关系，它以牢固的美日安全同盟和美澳军事同盟为支撑，同时日澳两国双边关系也在突飞猛进地发展。澳大利亚和日本在 2014 年建立了特殊的战略伙伴关系，两国都致力于印太区域建设，并拥有长期的经济和投资关系，成功推进了包括 TPP 在内的区域一体化合作。日本前首相安倍晋三在接受《澳大利亚金融评论》采访时说：“我认为我们两国之间的关系是历史上最密切的。”日澳两国一方面积极努力拉拢美国介入印太事务，使美国对该地区发展始终保持警惕。②另一方面也在积极作为，在美日澳三边关系中争取更平等的地位和更大话语权。还有学者认为：“澳大利亚和日本在与美国加强更紧密的安全关系的同时，还加强措施争取更平等的同盟关系，而不是仅仅作为‘轮辐’（spokes）接受来自美国‘中心’（hub）的命令。”③

---

① Troy Lee-Brown, “Asia’s Security Triangles: Maritime Minilateralism in the Indo-Pacific,” *East Asia* 35, (2018): 172.

② Hugo Seymour, “Trilateral Diplomacy: Australia's Indo-Pacific Strategy,” last modified April 3, 2018, Australia Institute of International Affairs, http://www.internationalaffairs.org.au/australianoutlook/trilateral-diplomacy-foundations-in-an-australian-indo-pacific-strategy/.

③ Troy Lee-Brown, “Asia’s Security Triangles: Maritime Minilateralism in the Indo-Pacific,” *East Asia* 35, (2018): 171.

美日澳三边战略对话（Trilateral Strategic Dialogue）于 2002 年启动，2005 年提升到部长级对话。2019 年 8 月 1 日，日本前外务大臣河野太郎、美国前国务卿蓬佩奥以及澳大利亚外交部长、联邦参议员佩恩在泰国举行第九次三边战略对话部长级会议。会后发布的联合声明显示，三国外长重申了三国战略伙伴关系和美日澳三国深化协调的重要性。三方重申将积极合作，维护和促进自由、开放、繁荣和包容的印太地区。除此之外，三国外长还讨论了印太事务相关的诸多问题，如加强海上安全合作；通过优质的基础设施投资来加强互联互通；彻底、可核查以及不可逆转地拆除朝鲜所有大规模毁灭性武器和弹道导弹；重申对国际法的承诺以及维护海洋领域和平与稳定的重要性；讨论了深化反恐和暴力极端主义合作的途径等。通过联合声明文本可以看出，三国在多个问题上的合作并非浅尝辄止，而是非常细致入微甚至具体到多个路径。另外，有两条内容值得引起注意：一是“强调 2016 年 7 月菲律宾南海仲裁案裁决的重要性，对双方具有法律约束力”；二是“就东海海域的形势保持密切沟通，并表示强烈反对任何旨在改变现状和加剧该地区紧张局势的强制性单边行动”[①]。这两条内容都是针对中国，并明确将中国作为三国的对立面。

美日澳在经济合作方面取得一定的进展。2018 年 7 月，三国宣布成立“三边伙伴关系”（trilateral partnership）来开展在印太地区的基础设施投资。蓬佩奥在华盛顿发表讲话时表示，美国已拨出 1.13 亿美元用于印太地区的基础设施建设。[②]11 月 12 日，澳大利亚外交贸易（DFAT）和出口信贷和保险公司（Efic）、日本国际合作银行（JBIC）和美国海外私人投资公司（OPIC）签署了三方的谅解备忘录（MOU）致力于在印太地区实施投资的三国伙伴关系。三国政府发布的联合声明声称：“我们将通过这份

① Ministry of Foreign Affairs of Japan, “Trilateral Strategic Dialogue Joint Ministerial Statement,” last modified August 1, 2019, https://www.mofa.go.jp/a_o/ocn/page4e_001053.html.

② Jonathan Pryke and Richard Mcgregor, “The new US–Japan–Australia infrastructure fund,” last modified July 31, 2018, https://www.lowyinstitute.org/the-interpreter/the-new-us%E2%80%93japan%E2%80%93australia-infrastructure-fund.

谅解备忘录，共同动员和支持私营部门投资资金，在印太地区实施新的重大基础设施项目，加强数字互联互通和能源基础设施建设，实现共同发展目标。”[①]2019 年 4 月，美日澳三国联合访问巴布亚新几内亚以考察可以投资的项目。据《日经亚洲评论》（Nikkei Asian Review）报道，作为此次访问的结果，三国将在巴布亚新几内亚投资一个新的液化天然气项目，预计投资价值 10 亿美元。将在今后两到三年确定最终计划。[②]

美日澳三边安全合作也在不断推进。2017 年 9 月，澳大利亚皇家海军首次与美国海军、日本海上自卫队一同举行三边潜艇军事演习。这次演习被称为潜艇竞赛（SUBCOMP），在日本南部海域举行，强调每个国家进行反潜战（ASW）的各个方面的能力。2019 年 6 月，在香格里拉对话期间，美日澳三国国防部长举行三边对话，“同意采取更多行动来协调各自的地区防务接触活动，比如联合演习、培训和能力建设。”同年 7 月，日本加入两年一次的美澳“护身军刀”（TalismanSabre）军事演习，派出 JS Ise“日向级”直升机驱逐舰（Hyuga-class helicoptercarrier）和 JS Kunisaki“大隅级”两栖运输码头舰（Osumi-classtransport dock ship）以及 500 名人员参与演习。这是日本第三次加入美澳军演，也是有史以来以最大规模加入的演习。澳大利亚皇家海军基地的指挥官杰拉尔德·萨夫瓦基斯（Gerald Savvakis）中校表示，日本参与演习给了参与者一个共同操作的机会，以提高互操作性。[③]美国海军陆战队第三师负责军事行动的助理参谋长约翰·梅德罗斯（John Medeiros）上校声称：“这场演习让我们有

---

① The White House, “Joint Statement of the Governments of the United States of America, Australia, and Japan,” last modified November 17, 2018, https://www.whitehouse.gov/briefings-statements/joint-statement-governments-united-states-america-australia-japan/.

② Grant Wyeth, “Australia, Japan, US Start Down Their Own Indo-Pacific Road in PNG,” last modified June 26, 2019, https://thediplomat.com/2019/06/australia-japan-us-start-down-their-own-indo-pacific-road-in-png/.

③ Mike Yeo, “Japan to dramatically scale up participation in Australian exercise,” last modified June 17, 2019, https://www.defensenews.com/training-sim/2019/06/17/japan-to-dramatically-scale-up-participation-in-australian-exercise/.

能力展示三个盟国联合登陆部队的协同作战能力，同时改善和加强我们的作战能力”。[①]

（三）印日澳三边对话与合作

印日澳也是印太地区一组重要的三边关系。2015 年 6 月，印日澳首次在新德里举行高层三边对话，三国外长讨论了一系列问题，海上安全被提上议程，包括南海的航行自由问题以及印度洋和太平洋三边海上合作，以及加强经济合作的前景。[②] 有媒体分析称，三边对话的启动是印日澳在亚太地区所面临的棘手安全局势的一种可以理解的、适当的回应。这一行动反映了区域范围内加强以双边和三边安全为重点的关系的趋势，意味着恢复的四边或类似的小边集团可能会在未来补充区域安全结构。实际上，澳大利亚、日本和印度之间密集的三边接触，将为最终回归集体安全机制提供坚实的基础。[③]2015 年 12 月，莫迪和安倍晋三发布联合声明指出，印日澳三边等对话机制可以为建设开放、包容、稳定和透明的印太地区的经济、政治和安全架构做出贡献。最近一次三边对话于 2018 年 7 月举行，三方强调了各自国家在印太区的利益日益趋同，并强调了他们对该地区和平、民主、经济增长和基于规则的秩序的共同承诺。会后澳大利亚外交与贸易部部长弗朗西斯 • 亚当森（Frances Adamson）透露，三边会议讨论了朝鲜核扩散、来自恐怖组织的挑战、海上安全以

① Franz-Stefan Gady, “Japan’s Marines Storm Beach Alongside Australian, US Troops,” last modified August 1, 2019, https://thediplomat.com/2019/08/japans-marines-storm-beach-alongside-australian-us-troops/.

② Prashanth Parameswaran, “India, Australia, Japan Hold First Ever Trilateral Dialogue,” The Diplomat, accessed June 9,2015, https://thediplomat.com/2015/06/india-australia-japan-hold-first-ever-trilateral-dialogue/.

③ David Lang, “The not-quite-quadrilateral: Australia, Japan and India,” last modified July 9 2015, https://www.aspistrategist.org.au/the-not-quite-quadrilateral-australia-japan-and-india/.

及遵循透明程序进行的互联互通项目。[①]

印日澳三边对话反映了一个现实问题，即印太地区的中等强国（Middle Powers）正有意识地排除中美的参与并结成紧密的联盟。美国对华地缘竞争给地区安全带来了极大的不确定性，而特朗普上任后更是加剧了这一趋势。这些国家不想被动卷入其中，也不想对美国产生过度依赖。虽然他们结成的联盟并不能消除该地区的安全困境，但是可以在帮助参与国应对风险和变化的同时维护他们的利益，这实质上是地区国家寻求增强自身安全和能力而进行的谨慎互助。印日澳三国具有相似的价值观、共同抵抗所谓“中国威胁”的战略目标、几乎没有历史恩怨，这些都是他们进行合作的有利因素。三个国家具有大致相当的能力，有着同样的对海上安全的战略需求，不会出现有效参与不足的问题，很好地避免了多边合作中的“搭便车”现象。

---

① Dipanjan Roy Chaudhury, “India, Japan & Australia firm up partnership for free and open Indo-Pacific region,” last modified July 12, 2018, https://economictimes.indiatimes.com/news/defence/india-japan-australia-firm-up-partnership-for-free-and-open-indo-pacific-region/articleshow/62055943.cms.

第四章

印太战略背景下美国与东盟、欧洲的战略互动

在美国、印度、日本和澳大利亚纷纷介入印太地区的同时，东盟和欧洲也是两个非常重要的行为体。东盟作为众多国家所宣称的构建印太地区秩序的中心，于2019年推出了《东盟印太展望》；法国、德国作为欧盟实力最强的两个国家以及美国传统的北约盟友，纷纷推出了各自的印太战略，英国虽然未推出正式的文件，但脱欧之后在“全球英国”的政策背景下，逐渐实现了对印太地区的战略转向。分析美国与东盟和欧洲国家在印太战略背景下的战略互动，有助于判断印太战略对地区形势的影响，也能更好地把握各自印太战略的实质以及相互之间的关系。

第一节　美国与东盟的战略互动

“9·11”事件之后，东南亚在美国全球战略中的地位逐步上升。奥巴马政府推出“亚太再平衡”战略之后，东南亚成为中美博弈的重要场所。在印太战略的背景下，东南亚成为特朗普政府极力争取并与中国进行战略竞争的对象。美国增加了与东盟的安全合作和基础设施方面的投资，却忽视了以东盟为中心的多边机制的互动。同时，特朗普政府的印太战略与东盟印太展望在对中国的立场、“美国优先”与东盟多边主义以及东盟国家的认知差异方面存在一定的分歧，长远来看，美国主导的四

边安全对话对东盟的中心地位也将带来一定的冲击。

一、东南亚在美国全球战略中的地位演变

美国建国之后，便开始与爪哇岛、菲律宾群岛等进行贸易往来。1989年美西战争后，美国占领了菲律宾，从此在东亚拥有了重要据点。此后，美国对菲律宾进行了长达半个世纪的殖民统治，并把自己的发展模式输出到这一异质文化地区，推动了当地的美国化。二战期间，菲律宾一度被日军占领，美国为了实现对菲律宾的全面控制而开展一系列扫除障碍的行动，激发了菲律宾人民的抗议，并最终导致菲律宾于1946年7月4日独立。[①] 这可谓早期美国与东南亚的接触。

冷战时期，东南亚成为美国对抗共产主义的重要战场。新中国成立后，美国意识到“在亚洲大陆或东南亚阻止共产党统治进一步蔓延的必要性”[②]，美国将“多米诺骨牌效应”理论[③] 视作冷战对外战略的指导思想，并尽可能采取一切手段防止共产主义在东南亚的蔓延。首先，美国加强在东南亚地区的防御体系建设。1951年8月，与菲律宾签署《菲美共同防御条约》；1954年9月，与泰国、菲律宾、澳大利亚等国家成立东南亚条约组织；1962年与泰国建立军事同盟关系。其次，介入越南战争。肯尼迪政府时期美国将越南看作“自由世界在东南亚的柱石、拱顶石和提防要塞”。最后，向东南亚提供经济援助。美国在这一时期对东南亚的经济援助目标

① 方连庆、王炳元、刘金质主编《国际关系史（战后卷）》上册，北京大学出版社，2006，第110页。

② 尼古拉斯·塔林：《剑桥东南亚史》，贺圣达、陈明华、俞亚克译，云南人民出版社，2013，第288页。

③ 多米诺骨牌效应理论在冷战时期由美国总统艾森豪威尔提出，认为东南亚地区对美国至关重要，共产主义对其中任何一个国家的控制都会在该地区产生连锁反应并最终波及其他地区；目前东南亚地区正面临着共产主义“扩张”的危险；所以美国要采取措施，在该地区全面遏制共产主义。

是以对东南亚国家和西方都有利的方式为稳定和安全奠定经济基础[①]。美国为东南亚提供的援助包括防务支援、特种援助、技术合作、开发贷款基金等，二战之后到70年代中期，美国对东南亚的军事和经济援助约为370亿美元，占其对外援助总额的22%。[②]

冷战后，随着苏联解体，东南亚国家面临的威胁消失，美国在东南亚总体上采取了收缩的战略，以“选择性介入”的方式经略东南亚事务。首先，经济利益成为美国与东南亚关系的首要因素。克林顿在任职之初便强调了恢复经济并重建经济领导力对美国的重要性，其中，贸易是确保美国安全的优先要素。[③]美国看到了亚洲地区快速发展的潜力，从而增加与东南亚的贸易往来及投资，发展新兴市场。2000年，美国向东盟的出口与1993年相比增加了62%，进口增加了95%，直接投资增加了41%。[④]其次，随着冷战的结束，美国在东南亚不再拥有驻军。但是，为了能够确保美国在东南亚地区的利益，防止被其他国家趁机获取对该地区的支配地位，美国仍然维持在东南亚的军事存在。一方面，美国加强与菲律宾、新加坡、泰国的军事合作关系，举行联合军演、签署港口和军事设施使用协议等；另一方面，美国于1994年参加首届东盟地区论坛，并以此来深入参与东亚地区的安全事务。最后，美国在“扩展战略”的框架下，在东南亚地区推广西式民主，并以民主和人权问题为借口对地区国家的内政进行干涉。东南亚地区国家对美国施压的行为表示不满和抗议，普遍认为人权必须置于不同的经济和社会现实以及每个国家独特的价值体系的背景下，尤其是新加坡和马来西亚直言不讳地批评了美国的“傲

① 鲁塞尔·法菲尔德：《美国政策中的东南亚》，群力译，世界知识出版社，1965，第211页。

② 马嫚：《析冷战时期及冷战后美国对东南亚的政策》，《国际观察》1999年第2期。

③ William J. Clinton, “Remarks at the American University Centennial Celebration,” last modified February 26, 1993, https://www.presidency.ucsb.edu/documents/remarks-the-american-university-centennial-celebration.

④ 白雪峰：《冷战后美国东南亚政策的调适》，《厦门大学学报（哲学社会科学版）》2011年第4期。

慢”和“文化帝国主义”[①]。

“9·11”事件之后，反对恐怖主义成为美国全球战略重心，美国将东南亚视为反恐战争的“第二战场”。一方面，美国强化反恐的战略部署，借助反恐合作来强化与东南亚盟国的伙伴关系。2002 年，美国开始部署 600 多名美军士兵到菲律宾南部，参加“肩并肩”联合军演，美国将菲律宾指定为“非北约主要盟国”，美军在菲律宾的部署以及双边关系的强化，使美菲同盟得以重启；2003 年，美国宣布泰国为“非北约主要盟国”，两国关系达到越战结束以来最紧密的状态，美国强化了对泰国的援助，泰国将部分海军和空军基地租借给美国作为前沿军事基地，并派兵到伊拉克对其重建进行援助；2002 年的美国《国家安全战略》报告中称新加坡为“亲密朋友”，2005 年 7 月，美新签订了《关于建立更紧密防务和安全合作伙伴关系的战略框架协定》，美国在该协定中强调新加坡是“重要的安全合作伙伴”[②]；此外还改善与印尼之间的关系并强化与越南的合作。另一方面，美国通过与东盟开展合作来尽可能地影响东盟区域主义进程。这一时期，东盟一体化飞速发展，东盟方式日益成熟，与此同时，东盟试图增强其在亚太事务上的发言权，提升在国际社会上的影响力，避免受到美国等大国力量的过分介入而削弱其自主性。美国不愿意被东南亚区域主义排除在外，便通过与东盟的一系列合作尽可能参与东南亚区域主义的发展，如东盟合作计划、东盟发展倡议等。[③]

奥巴马政府将亚太作为其全球战略重心，其中，东南亚具有重要的战略地位。2009 年 2 月，时任美国国务卿希拉里将亚洲作为其首站访问目的地。希拉里与东盟领导人在会面时声称美国将东盟视为亚太地区稳

---

① Marvin C. Ott, “Southeast Asian Security: A Regional Perspective,” *Asian Perspectives on the Challenges of China: Papers from the Asia-Pacific Symposium*, March 7 and 8, 2000, p.46.

② 曹筱阳：《九一一事件后美国在东南亚的军事存在及其影响》，《当代亚太》2006 年第 3 期。

③ 白雪峰：《冷战后美国东南亚政策的调适》，《厦门大学学报（哲学社会科学版）》2011 年第 4 期。

定与经济进步的中心，并将致力于加深和扩大并提升美国与东盟之间的关系。随着“亚太再平衡”战略的实施，美国也将东南亚视为与中国争夺影响力并遏制中国的战略要地。奥巴马政府时期的美国东南亚政策取得了诸多成果。首先，加入以东盟为中心的地区机制。2009 年，美国加入《东南亚友好合作条约》，成为第 16 个区域外成员国，体现了奥巴马政府对东盟的重视，以及遏制中国影响力的战略考量[①]；2011 年，美国突破了布什政府的漠视与观望态度，成为东亚峰会的正式成员，同时重视东盟防长扩大会议和亚太安全峰会，试图掌控地区安全合作的主导权。[②]其次，强化与东南亚国家的军事合作，包括双边和多边军事演习、军事援助、武器出售、情报分享等，“双方合作形式丰富，在诸多领域有重大突破性进展”[③]。同时，在原有的同盟和伙伴关系的基础上，美国尤其注意加强与印尼之间的战略关系，有意将其打造成美国在亚太地区的战略支点。再次，积极推动“跨太平洋伙伴关系协定”（TPP）的谈判，试图通过贸易规则的制定来确保美国的经济主导权和影响力，建立高标准的“跨太平洋伙伴关系”，“将确保由美国而不是中国成为全球贸易规则的制定者”。[④]同时也修正了东南亚国家对美国“过于偏重安全、过于军事化，损害了该地区的经济需求”[⑤]的不满。最后，充当“南海仲裁案”的重要推手，怂恿菲律宾单方面提起仲裁，为菲律宾有关仲裁活动提供多方面

---

① 朱稳坦：《美国加入〈东南亚友好合作条约〉意在制衡中国》，《环球时报》2009 年 7 月 22 日。

② 杜兰：《从“重返”到“再平衡”——奥巴马政府第二任期的东南亚政策》，《东南亚纵横》2013 年第 8 期。

③ 宋清润：《“亚太再平衡”战略背景下的美国与东南亚国家军事关系：2009—2014》，社会科学文献出版社，2015，第 235-236 页。

④ Barack Obama, “President Obama: The TPP would let America, not China, lead the way on global trade,” The Washington Post, accessed May 2, 2016, https://www.washingtonpost.com/opinions/president-obama-the-tpp-would-let-america-not-china-lead-the-way-on-global-trade/2016/05/02/680540e4-0fd0-11e6-93ae-50921721165d_story.html.

⑤ Prashanth Parameswaran, “The Power of Balance: Advancing US-ASEAN Relations under the Second Obama,” *The Fletcher Forum of World Affairs* 37, no. 1 (2013): 126.

的支持，甚至拉拢盟国及其他国家对中国施压。①

可以看出，“9·11”事件之后，东南亚在美国的全球战略中的地位逐步上升，美国不仅增强与东南亚国家之间的联系，奥巴马政府时期的美国也开始增进与东盟之间的关系，通过以东盟为中心的多边机制进一步深入东南亚事务，增强在亚太地区的战略主导权与影响力。特朗普政府时期，美国将中国视为战略竞争对手，东南亚地区也成为美国极力拉拢并共同遏制中国的对象，东南亚地区在美国的全球战略中的价值也进一步上升。

二、东盟对印太的接纳与东盟印太展望

（一）东盟对印太的接纳与印尼的推动作用

随着印度洋和太平洋从地缘政治的意义上逐步融合，东盟在印太地理范围的中心位置进一步凸显。随着美印日澳等国纷纷推出本国的印太战略并推动印太秩序重构，各个国家都强调“以东盟为中心”的核心原则，他们认识到东盟将成为这一新兴的“自由与开放的印太”战略的中心部分。东盟开始重新思考自身在印太中的战略价值和战略需求，在这个过程中逐步接纳印太概念并提出了东盟版的印太展望。可以说，东盟对印太的接纳是美印日澳等国对东盟地缘重要性的肯定以及东盟渴望在印太秩序中承担重要角色两者共同作用的结果。

印度尼西亚是推动东盟接纳印太概念并制定印太战略的主要国家。早在 2013 年，时任外交部部长马蒂·纳塔莱加瓦（Marty Natalegawa）在美国著名智库战略与国际研究中心（Center of Strategy and International Studies）发表了题为“印度尼西亚的印太视角”的演讲。并在演讲中指出印太这个术语在地缘政治的术语中的应用越来越普遍。印太一词使人们注意到印

① 陈奕平：《从奥巴马到特朗普：美国东南亚政策的走势》，《东南亚研究》2017 年第 1 期。

度洋和太平洋将会实现相互融合的现实，而印太的未来发展关系到印度尼西亚的重要利益。对此他提出了三方面的建议：首先，促进印太地区的经济发展、进步与繁荣，才能够维护该地区的和平与稳定；其次，构建战略互信与战略自信，才能够化解当前紧张局面，形成良性循环；最后，构建印太地区国家间关系的新模式，形成“动态均衡”。马蒂指出，2011 年东亚峰会宣言的互利互惠原则已被印太地区国家采纳，他最终建议将其转化为《印太友好合作条约》（Indo-Pacific Wide Treaty of Friendship and Cooperation），并作为管理地区安全事务的机制。

但是东盟对此一直持观望态度。甚至在特朗普政府推出印太战略之后，东盟仍没有明确表态。2018 年初，印尼开启了对东盟长达 18 个月的说服与动员工作。印尼外交政策的重点是保持东盟的团结及其在印太地区事务中的中心地位，在日益复杂的区域环境中，力争在印太秩序中发挥积极的塑造作用。2018 年 1 月，印尼外长蕾特诺在联大发表了题为《和平、安全与繁荣的伙伴》的演讲，阐述了印尼的印太愿景：“东南亚位于印太地区的十字路口，印尼和东南亚国家必须参与区域结构建设并发挥重要作用。印尼希望在印度洋和太平洋沿岸以及印太地区建立和平、稳定和繁荣的生态系统。”[①] 印尼将与东盟一道，继续为推动印太地区强有力的积极合作做出贡献，而不是建立在怀疑或威胁的基础上的合作。印尼将与其他的国家合作，开发一个“印太合作的保护伞”，致力于构建一个自由、开放、包容、全面的印太合作场域。这将有利于本地区各国的长远利益以及基于印太地区国家对维护和平、稳定和繁荣的共同承诺的履行。具体举措包括：支持建立信任措施和互利合作；加强区域合作架构内对话的习惯；以双边和多边方式，加强印太地区国家在安全、海上、贸易和投资等各战略领域的合作；在区域层面，鼓励加强环太平洋联盟的合作；在众多双边和多边合作以及印度洋合作架构与东盟领导的机制

① Dewi Fortuna Anwar, “Indonesia and the ASEAN outlook on the Indo-Pacific,” *International Affairs* 96, no. 1 (2020): 125.

之间建立联系。[①] 印尼希望有一个类似于东盟“和平、稳定与繁荣的生态系统”的印太“区域架构”，该架构将借鉴东盟主导的机制，并基于包容建立信任和国际法的原则。

2018 年 4 月 28 日在新加坡举行的第 32 届东盟峰会上，印尼总统佐科·维多多（Joko Widodo）提出了印太合作的建议，敦促东盟加强其统一性，在制定印太战略框架以实现包容性合作方面发挥中心作用，提议在印度洋和太平洋沿岸的所有国家之间进行合作。印尼总统指出：“东盟必须能够在‘印太’合作框架中发挥作用，这对东盟保持联系和其中心地位至关重要。”[②] 在此次峰会上，东盟各国领导人讨论了印太概念，但没有提出任何立场。在主席声明中，只是简短的提到——我们期待着进一步讨论最近的倡议，包括‘印太’概念。

2018 年 5 月 8 日在雅加达举行的全球战略与国际研究中心对话中，印尼外交部长蕾特诺（Retno L.P. Marsudi）宣布了东南亚国家的印太合作概念，她指出该概念基于“公开，透明和包容，促进对话、合作以及维护国际法的原则”。蕾特诺还概述了佐科对印太合作的愿景：第一，东盟倡导尊重国际法，促进对话和和平解决争端并避免使用武力；第二，东盟需要应对恐怖主义、毒品等跨国安全挑战；第三，东盟应支持建立“开放和公平的经济体系”，在印太建立“新的经济增长中心”。[③]

2018 年 6 月，时任印尼国防部长里亚米扎尔德·里亚库杜（Ryamizard Ryacudu）在香格里拉对话会上强调了重新调整印太地区安全架构的重要

---

① Retno LP Marsudi, “Indonesia: Partner for peace, security, prosperity,” The Jakarta Post, accessed January 10, 2018, https://www.thejakartapost.com/academia/2018/01/10/full-text-indonesia-partner-for-peace-security-prosperity.html.

② Marguerite Afra Sapiie, “Indonesia wants ASEAN to take central role in developing Indo-Pacific cooperation,” The Jakarta Post, accessed April 29, 2018, https://www.thejakartapost.com/seasia/2018/04/29/indonesia-wants-asean-to-take-central-role-in-developing-indo-pacific-cooperation.html.

③ Jansen Tham, “What’s in Indonesia’s Indo-Pacific Cooperation Concept?” The Diplomat, accessed May 16, 2018, https://thediplomat.com/2018/05/whats-in-indonesias-indo-pacific-cooperation-concept/.

性，以便能够正确和适当地应对该地区的每一个威胁和挑战。重新调整该地区安全架构可以从传播这样一种认识开始，即恐怖主义不是伊斯兰教所为，而是以伊斯兰教的名义进行的。在这方面，伊斯兰国家将通过清真寺、电视、广播和社交媒体提供有关使用伊斯兰教的恐怖威胁的信息。他们还应该寻求与伊拉克、叙利亚和阿富汗的 ISIS 等恐怖组织有关的活动和身份的信息，并寻找资金的来源。扩展并关闭他们的网络，包括社交媒体网络。①

2018 年 8 月在东盟第 51 次部长级会议上，蕾特诺提出了印太合作构想，该构想强调开放、包容、透明、尊重国际法、东盟中心的原则，建议通过两方面的方式开展合作：首先，加强东盟主导的机制，特别是东亚峰会，然后将这些机制与印太地区的其他非东盟区域机制联系起来。其次，概述了合作的三个主要目标：第一，为和平、稳定和繁荣创造有利的环境；第二，应对传统和非传统安全挑战；第三，促进经济合作。文件提出了三个具体合作领域，即海上合作、基础设施和可持续发展。② 会后的联合声明提到——我们讨论了东盟外部伙伴为深化本地区合作提出的一些新倡议，如‘印太’概念。且我们注意到印尼介绍印太概念的情况。我们期待着就‘印太’概念进行进一步讨论，这一概念包括东盟中心地位、开放、透明、包容等关键原则，同时有助于增进互信、相互尊重和互利。这说明，东盟对于印太的讨论较之前相比更加深入，并开始逐步接纳且在某些原则上达成了一定的共识。

2018 年 11 月，佐科在新加坡举行的第 33 届东亚峰会上进一步呼吁东盟的印太合作。佐科指出：“‘印太’地区所面临的不确定性和严重的

① “Recalibration of regional security important: Ryacudu,” last modified June 3, 2018, https://www.republika.co.id/berita/en/national-politics/18/06/03/p9puwl414-recalibration-of-regional-security-important-ryacudu.

② Dian Septiari, “RI pushes for shared ASEAN position on Indo-Pacific,” The Jakarta Post, accessed August 15, 2018, https://www.thejakartapost.com/amp/news/2018/08/15/ri-pushes-shared-asean-position-indo-pacific.html.

挑战，将对这一与世界大国有关地区的和平、稳定与繁荣构成威胁。位于‘印太’地区中部的东盟也必须成为发挥作用的枢纽，并将潜在的威胁转化为加强的合作。”[①] 关于印太的合作理念和具体方案，佐科指出：“‘印太’合作概念强调包括合作、包容性、透明性和开放性以及对国际法的尊重，而不是竞争。”“‘印太’合作侧重于三个领域，即包括打击海上犯罪在内的海事合作、促进经济增长的互联互通合作以及以实现可持续发展为目标的合作。不需要建立新的‘印太’合作机构，可以通过东亚和加勒比海地区国家之间的牢固合作来实现，重要的是今后加强与印度洋其他伙伴的合作。”[②]

2019 年 3 月，印尼举行了一场关于印太合作的高级别对话会议，主题为“印太合作高级别对话：迈向和平，繁荣与包容的地区”。在对话中，蕾特诺阐述了印尼提出的印太构想。并在同日发表于《雅加达邮报》（The Jakarta Post）的一篇文章中写道：“作为一个位于太平洋和印度洋中间的国家，印度尼西亚在确保这两个地区的和平、稳定与繁荣方面具有很高的价值。”她呼吁各国共同开发印太地区的合作框架，再次强调东盟的中心性、开放性、透明性、包容性和对国际法的尊重及几大合作原则，并指出了两条路径来实现东盟的印太愿景：第一，必须继续加强由东盟主导的机制，特别是东亚峰会；第二，继续把这些机制与印太地区的其他非东盟区域机制联系起来。[③]

2019 年 6 月，在曼谷举行的第 34 届东盟峰会上，东盟各国正式通过了《东盟印太展望》，这是首份东盟加强印太合作的倡议，目标是“发挥

---

① “Indo-Pacific Concept Important for ASEAN: President Jokowi,” last modified November 14, 2018, https://setkab.go.id/en/indo-pacific-concept-important-for-asean-president-jokowi/.

② “Indo-Pacific Cooperation Concept Focuses on Cooperation, Not Rivalry: President Jokowi,” last modified November 2018, https://setkab.go.id/en/indo-pacific-cooperation-concept-focuses-on-cooperation-not-rivalry-president-jokowi/”.

③ Retno LP Marsudi, “Insight: Time to deepen Indo-Pacific cooperation,” last modified March 20, 2019, The Jakarta Post, https://www.thejakartapost.com/academia/2019/03/20/insight-time-to-deepen-indo-pacific-cooperation.html.

东盟的集体领导作用，形成和塑造更密切的印太合作框架”，标志着东盟作为一支重要的区域力量正式接受了印太这个新的地缘概念。我们可以看出，东盟对印太的立场发生了根本性的转变。起初，东盟对印太概念持犹豫不决的态度，一方面是因为美国推出的印太战略尚未具体化，对于该地区秩序的走向的判断尚未成熟。2018 年初，时任东盟轮值主席国新加坡的一位高级外交政策观察员表示，东盟目前对自由开放的印太概念的态度仍是未知数，因为它仍然缺乏明确性；另一方面，更重要的是，东盟认识到中美两国正在印太发生激烈的战略竞争并且这种趋势将会愈加明显，许多国家比如新加坡等将避免在中美之间选边站。

但是，东南亚各国逐渐意识到，一味回避印太战略可能会使东盟成为旁观者。在这种情况下，如果东盟不及时发声，那么很有可能失去在印太秩序重构过程中的核心地位；如果不借助东盟这个力量更强大的平台而是以某个东南亚国家为单位单独融入印太秩序，那么这个国家很有可能被实力更强大的地区国家群体湮没。正如泰国外交部前常任秘书西哈萨克·彭格科沃（Sihasak Phuangketkewo）所说：“我们不能沉默，因为它影响我们在更广泛的地区主义中的中心地位，一旦我们参与进来，我们就必须表现出团结。”“如果我们不提出前景文件，我们将变得无关紧要。”因此，东盟逐步实现了由观望、犹豫不决到接纳，最终出台《东盟印太展望》的态度转变。

（二）《东盟印太展望》与“平衡战略”

《东盟印太展望》承认印太地区对于东盟的重要性，指出亚太地区和印度洋地区都是世界上最具活力的地区，也是几十年来的经济增长中心。该地区正在推进地缘政治和地缘战略的转变，这些变化对于东盟各国来说既是机遇，也是挑战。东盟长期以来致力于包容性地区架构的发展，在塑造印太地区更加紧密合作的愿景方面，需要进一步提升集体领导力，继续保持其在东南亚地区以及周边地区架构演变中的中心地位。东盟推出印太展望旨在加速东盟共同体建设的进程，赋予现有机制新的动力。保持东盟的中心地位是促进印太地区合作的根本原则，加强以东盟为主导的机制，如东亚峰会，是印太合作的对话和实施平台。东盟设想的印太地区是一个以东盟为中心的、相互连通的区域，倡导对话与合作，而非对抗，并强调海洋领域的重要性。

《东盟印太展望》提出的目标包括：第一，提出指导该地区合作的展望；第二，在应对共同挑战、维护以规则为基础的地区架构、促进更紧密的经济合作等方面，为本地区的和平、稳定与繁荣创造有利的环境；第三，加速东盟共同体建设进程，强化东亚峰会等以东盟为中心的机制；第四，优先推动海上合作、互联互通、可持续发展等合作领域。《东盟印太展望》的推行基于以下原则：第一，坚持加强东盟中心性、开放性、透明度、包容性、以规则为基础的框架、尊重国际法等原则；第二，遵照《东南亚友好合作条约》的宗旨和原则，包括和平解决争端、放弃以武力进行威胁或使用武力以及促进法治等；第三，将以上原则推广到印太地区，为本地区建立战略互信、合作共赢提供动力。

《东盟印太展望》提出了实现上述目标的几大合作领域。第一，开展海上合作。强调和平解决争端，促进海上安全和保障；进行海洋资源的可持续管理，发展蓝色经济，促进海上贸易等合作；应对海洋污染，保护海洋环境和生物多样性；推动绿色航运等海洋科技合作等。第二，加强互联互通。探索重点合作领域，施行现有的《印太中心 2025》，促进印太地区繁荣发展；制定区域公私伙伴关系（public-private partnership）发展议程，为包括印太地区基础设施项目在内的互联互通项目调动资源；探讨与次区域合作框架，如环太平洋区域合作联盟、环孟加拉湾多领域经济技术合作组织倡议、湄公河次区域合作框架等机构组织的潜在协同效应；加强人与人之间的互联互通以及通过东盟智慧城市网络倡议应对快速城市化的挑战等。第三，致力于实现联合国 2030 年可持续发展目标。利用数字经济；加强区域发展议程与可持续发展目标的对接，如《东盟共同体愿景 2025》《联合国 2030 年可持续发展议程》等的颁发；促进与东盟可持续发展的研究和对话及本地区其他相关机构的合作。第四，加强经济以及其他领域的合作。加强南南合作；提高贸易便利化，改善物流基础设施和服务；强化应对气候变化和减少灾害风险的管理；启动积极的老龄化政策及创新政策；深化经济一体化，确保金融稳定和恢复力；为第四次工业革命开展合作，促进私营机构的发展等。

可以看出，东盟的印太展望反映了东盟自身对于当前印太地区大国博弈以及秩序构建方面的观点。其一，东盟设想的印太是包容性、非排他性的。东盟并不想排斥任何一个国家在外，包括中国。美国的印太理念强调民主价值观的一致，主要意图是将中国排斥在外。而东盟的印太理念和价值观没有关注民主，而是强调诸如发展与繁荣之类的共同利益，并进一步寻求在海事、区域连通性和实现联合国全球可持续发展目标方面优先合作。东盟并非要从美国和中国搭建的地区秩序中选择一个，而是让包括中国在内的所有地区大国就一个广泛的多边地区架构达成共识。这种愿望源于这样一种担忧，即某些地区大国对印太地区的愿景具有排他性，可能会将该地区分裂成对立的阵营，使长期以来东盟管理的地区旧分歧暴露出来。①

其二，东盟的印太构想始终强调地区秩序的构建要遵循“东盟中心地位”原则。《东盟印太展望》的出台，主要源于这样一个目的和动力，即为印太秩序的构建提出东盟自身的方案与立场。东盟坚持地区架构要以现有的地区机制为基础，如东亚峰会等，而不是再重新建立新的地区机制。东盟强调的“东盟中心地位”原则与美国所强调“东盟中心地位”的含义并不相同。东盟理解和寻求的“东盟中心地位”，主要是指东盟在处理对内关系、推进地区经济一体化进程、构建地区政治与安全架构、处理域内外大国关系以及在地区议程设置和秩序塑造等方面发挥的引领作用，如人们常说的“驾驶员”角色。而美国在印太战略中实际上是打着“东盟中心地位”的幌子，以东盟主导的地区机制为平台，最终目的在于维护美国在

① Evan A. Laksmana, “Indonesia’s Indo-Pacific vision is a call for Asean to stick together instead of picking sides,” last modified November 20, 2018, https://www.scmp.com/week-asia/geopolitics/article/2173934/indonesias-indo-pacific-vision-call-asean-stick-together.

印太地区的利益。美国设想的印太秩序是以美日印澳四国联盟为核心，东盟只不过是美国实现战略的工具与手段之一。[①]

其三，东盟真实的用意和立场是“两面下注”，避免在中美之间“选边站”。东盟各国对未来谁的影响力更胜一筹尚无定论。在这种情况下，东南亚各国感知到中国的影响力越来越大，担忧也随之增长，但是对中国的经济依赖使他们不敢与中国为敌；美国所提出的印太原则如航行自由等对他们来说有一定吸引力，在安全上能够为东南亚国家提供庇护，但是东南亚各国并不愿意站在美国这边，因为这将极大地损害东盟在地区的中心地位和领导作用。同时，东盟也避免了因为“选边站”而导致中美矛盾激化的后果，这对于东盟以及整个地区安全来说都毫无裨益。

2019 年，新加坡总理李显龙在香格里拉对话会上就中美关系所发表的言论很好地表明了东盟各国“不主张中美竞争、不选边站”的立场：“中美关系若持续紧张和不明朗，即使最后没有发生严重冲突，也将对全球带来巨大破坏。我们必须尽最大的能力避免冲突的发生，以免双方产生长久难以根除的敌意。新加坡支持‘一带一路’倡议，我们认为这是中国积极参与该地区及其他地区的建设性机制。其他国家也为区域合作出谋划策，例如几个国家提出了‘印太合作’的各种概念，新加坡对此也表示支持。这些区域合作倡议是开放和包容的平台，各国可以进行建设性合作，并加深区域一体化。但这些举措应加强以东盟为中心的现有合作机制，非不是破坏它们、建立敌对集团，更不是迫使各国‘选边站’，应当加强各国的团结而不是产生分化。”[②]

---

① 韦宗友：《印太视角下的“东盟中心地位”及美国—东盟关系挑战》，《南洋问题研究》2019 年第 3 期。

② “PM Lee Hsien Loong at the IISS Shangri-La Dialogue 2019,” last modified May 2019, https://www.pmo.gov.sg/Newsroom/PM-Lee-Hsien-Loong-at-the-IISS-Shangri-La-Dialogue-2019.

三、美国与东盟在印太地区中的战略互动

在特朗普政府时期的印太战略中，东盟有着重要且特殊的战略地位。2018年5月，美国战略与国际问题研究中心学者艾米·希尔莱特（Amy Searight）在国会听证会上建议将东南亚纳入美国印太战略中，并指出了东南亚对于美国的重要价值——东南亚地区代表着美国和中国之间的大国竞争的棋盘，是印太战略的十字路口。中国对东南亚地区的影响力有超过美国的可能性，在中国表现出对该地区的高度关注之际，美国也需要对该地区进行长期战略部署。同时应强调保持东盟中心地位对于美国的重要性，东盟建立的以规范为基础的区域架构，对于促进以规则为基础的秩序的战略至关重要，并能够对中国施加压力。美国的《印太战略报告》赋予东盟较高的战略地位，并重视与东盟国家的双边关系。印太战略将支持东盟在地区安全架构中的中心地位，并进一步增强东盟的影响力。报告指出，美国和东盟拥有共同的价值观，东盟是推动美国‘印太战略’价值观和政策的重要伙伴。美国将菲律宾、泰国、新加坡视为重要的盟国和合作伙伴，并加强与越南、印度尼西亚、马来西亚、文莱、老挝和柬埔寨的安全关系。印太战略背景下美国与东盟战略互动的特点主要体现在以下几个方面。

（一）美国忽视以东盟为中心的多边机制

东亚峰会是印太地区18个国家领导人讨论地区经济与安全事务的主要论坛，可以说是奥巴马政府时期美国与亚洲关系的重要支柱。近几年，与会各国在“印太”框架之下进行战略互动。早在2018年在新加坡举行的第13届东亚峰会上，会议参与国就讨论了“印太”概念。东盟轮值主席国发布的联合声明指出：东盟内部正在讨论在印太区域发展集体合作，强调印太地区合作应遵循东盟中心地位、开放、透明、包容、规则导向等重要原则，以增进互信、尊重和互利。2019年在泰国举行的第14届东亚峰会上，声明中指出了东盟在以上原则的基础上提出了《东盟印太展望》，

并期待通过《东盟印太展望》就共同关心的领域推动国际合作。

然而，特朗普政府并未表现出对东亚峰会的足够重视。2018 年，时任美国副总统彭斯在东亚峰会上强调了东盟是美国印太战略的中心，阐释了美国对印太地区盟国与伙伴的捍卫、美国的印太原则、美国对印太的投资以及印太地区所面临的威胁。① 但是，应当是领导人级别出席的东亚峰会，特朗普却提前离开，缺席东亚峰会的全体会议，并委托时任国务卿雷克斯·蒂勒森（Rex Tillerson）代表其参会。该事件被奥巴马政府时期国家安全顾问苏珊·赖斯（Susan Rice）评价为："特朗普的这次访问使美国更加孤立和退缩，将刚刚改名为'印太'战略的领导权交给了中国。"②2019 年，特朗普更是缩减了参加东亚峰会的人数，并派国家安全顾问罗伯特·奥布赖恩（Robert C.O' Brien）率代表团与商务部长威尔伯·罗斯（Wilbur Ross）参会。可以说是自 2011 年美国正式加入东亚峰会以来，参会级别最低的官员。艾米·希尔莱特对此批评称东亚峰会已成为亚太地区首要的战略对话论坛，总统的缺席将令人怀疑本届政府对印太战略的重视程度，并且对美国作为该地区战略伙伴的可靠性产生质疑。③

随后几年，特朗普也同样缺席东盟峰会。以往代表美国出席的都是总统、副总统或国务卿级别的高层领导人，2018 年，特朗普派出副总统彭斯，且 2019 年、2020 年美方进一步"降级"，派出国家安全顾问罗伯特·奥布莱恩（Robert C.O' Brien）参会。美国—东盟商业委员会安理会首席执行官亚历山大·费尔德曼（Alexander Feldman）表示对此"感到非常失望"，"派出高级别代表不仅重申了美国对印太和东盟的承诺，而且重

① "Prepared Remarks for Vice President Pence at the East Asia Summit Plenary Session," last modified November 2018, https://www.whitehouse.gov/briefings-statements/prepared-remarks-vice-president-pence-east-asia-summit-plenary-session/

② Steve Herman, "Trump, At Last Minute, Skips East Asia Summit," VOA, accessed November 14, 2017, https://www.voanews.com/east-asia-pacific/trump-last-minute-skips-east-asia-summit.

③ David Brunnstrom, "U.S. set to disappoint Asia with downgraded delegation for Bangkok summits," Reuters, accessed October 30, 2019, https://www.reuters.com/article/us-usa-asia-idUSKBN1X9023.

申了作为太平洋国家的责任。美国有义务帮助所有人建立一个自由开放的印太地区。美国的缺席将为中国留下更大的空间，以进一步提高其在该地区的知名度和影响力”。[①] 新加坡国立大学的学者亚历山大·卡普里（Alex Capri）对此称，“特朗普的缺席引发了其他国家关于美国对亚太地区承诺的质疑”[②]。特朗普对东亚峰会和东盟峰会这两个重要论坛的忽视，符合其“重双边、轻多边”的一贯风格，但在一定程度上损害了美国的国际形象以及对盟友和伙伴国家的信誉，也使其印太战略的实施大打折扣。

（二）美国加强与东盟的安全合作

第一，通过立法强化与东盟国家的防务关系。2018 年 12 月通过的《亚洲再保证法案》支持将“美国—东盟”关系提升为战略伙伴关系，并将通过帮助建立一个强大、稳定、政治凝聚力、经济一体化和具有社会负责感的国家共同体，重新致力于东盟的中心地位。美国将重点加强与东盟的伙伴和盟友的防务合作，包括增强海上能力和海洋领域意识，保护对商业安全和自由流动至关重要的亚太区域国际水道的畅通和使用，打击海盗和海上非法贩运活动，例如贩运人口、货物和毒品，加强各国或区域组织的海事能力，敦促东盟成员国就菲律宾仲裁案的裁决达成共识。[③] “2019 财年国防授权法案”要求把“东南亚海事安全倡议”（MSID）授权延长五年，并更名为“印太海事安全倡议”，将东南亚作为援助和培训的重点区域，该法案还要求国防部长尽快向国会提交“印太稳定倡议”（IPSI）五年

① “Trump slammed for absence from Asean Summit,” US-Asean Business Council, accessed November 14, 2020, https://www.usasean.org/council-in-the-news/2020/11/16/trump-slammed-absence-asean-summit.

② Harini V, “Trump’s absence at the ASEAN summit signals the US is ‘not as committed’ to Asia,” CNBC, accessed November 14, 2018, https://www.cnbc.com/2018/11/15/trump-absence-in-asean-summit-signal-not-as-committed-to-asia.html.

③ Congress Gov, “S.2736 - Asia Reassurance Initiative Act of 2018,” last modified December 31, 2018, https://www.congress.gov/bill/115th-congress/senate-bill/2736/text.

计划方案，以强化美国在该地区军事能力。[①]

第二，举行首次海上联合演习。首次东盟—美国海上演习（ASEAN-U.S. maritime exercises）于 2019 年 9 月在泰国举行。东盟成员国和美军在一个联合的特遣部队结构下共同行动，模拟各种现实情景。此次演习包括来自七个国家的八艘军舰和四架飞机，以及十个东盟成员国代表和美国的一千多名人员。美国第七舰队司令菲尔·索耶（Phil Sawyer）副上将表示“他们的部队在全年的演习中齐心协力，已经这样进行了数十年。东盟—美国海上演习提供了一个新的多边场所，可以就该地区共同的海上安全优先事项进行合作。负责监督美国海军在东南亚安全合作的第 73 特遣队司令乔伊·廷奇（Joey Tynch）少将表示：“东盟—美国海上演习以东盟的力量、我们海军之间纽带的力量以及我们对自由开放的印太的共同信念为基础，建立更大的海上安全。”[②]

第三，安全援助重点针对越南和菲律宾。特朗普上台后，表示美国将缩减防务方面的开支，避免盟友和伙伴国家“搭便车”，总体来说，特朗普政府对外安全援助有所减少。美国削减了在中东和中亚用于打击恐怖主义、防止核扩散的安全援助，增加了对印太地区尤其是东南亚的援助。2018 年 8 月，时任国务卿蓬佩奥宣布美国对印太地区相关国家提供安全援助，价值约合 3 亿美元，其中 2.905 亿美元为对外军事资助（Foreign Military Financing）项目，包括加强海上安全、人道主义和救灾援助、维和能力建设等内容，且惠及印尼、菲律宾、越南等国。[③] 由表 6 可以看出，菲律宾和越南是特朗普政府重点援助的对象，其中，对越南的援助金额呈上升趋势。

---

① 刘卿：《美国东南亚政策转向及前景》，《国际问题研究》2020 年第 5 期。

② “ASEAN-U.S. Maritime Exercise Begins in Thailand,” last modified September 1, 2019, https://asean.usmission.gov/asean-u-s-maritime-exercise-begins-in-thailand/.

③ US Embassy & Consulates in China, “Fact Sheet: U.S. Security Cooperation in the Indo-Pacific Region,” last modified August 4, 2018, https://china.usembassy-china.org.cn/u-s-security-cooperation-in-the-indo-pacific-region/.

表 6：美国 2013 年至 2020 年对东南亚国家的安全援助一览表[①]

单位：百万美元

	2013	2014	2015	2016	2017	2018	2019	2020
印尼	16.07	16.49	21.09	36.44	16.65	18.89	33.00	11.50
马来西亚	1.46	1.86	3.42	4.08	1.21	22.96	1.08	1.10
菲律宾	45.32	61.40	108.70	152.82	63.66	121.45	54.70	58.54
新加坡	-	-	-	-	-	-	-	-
泰国	4.59	3.33	4.54	4.57	6.27	2.16	5.30	2.7
文莱	0	0	0.01	0.33	-	-	0	0
越南	11.00	24.56	17.91	33.86	23.76	30.04	34.61	59.73
柬埔寨	9.01	9.49	4.49	1.99	1.29	0.41	5.00	7.00
老挝	0.14	2.43	2.18	0.30	0.28	0.41	34.00	10.50
缅甸	0	0	0	0	0	0.04	3.50	2.00

（三）加大对东盟国家的基础设施投资

随着中国“一带一路”倡议的推进，美国意识到对于东南亚投入的资源不足。陆克文认为：“由于美国预算削减进而导致其外交影响力下降，美国在东南亚的基础设施投入存在明显的缺口，没有提供对‘一带一路’倡议的替代方案，日本与印度的投资规模也远远不及‘一带一路’。”[②]特朗普政府明显加大了对东南亚基础设施的投资，与中国展开了战略竞争。2019 年 11 月发布的《自由开放的印太：推进共同愿景》中表示，东盟是美国在印太地区投资的首选目的地。2018 年，美国对东盟的累计投资为 2710 亿美元，超过对中国和日本的投资总和。

① 参见刘若楠：《印太战略框架下美国与东南亚国家的安全合作》，《南洋问题研究》2020 年第 2 期。

② Kevin Rudd, “The United States, China, And Southeast Asia: Can ASEAN Find a New Strategic Equilibrium? Asia Society Policy Institute,” last modified November 8, 2018, https://asiasociety.org/policy-institute/united-states-china-and-southeast-asia-can-asean-find-new-strategic-equilibrium.

近年来，特朗普政府采取了一系列促进基础设施投资的有效措施。2018年7月，美国启动了“基础设施建设交易及协助网络”（Infrastructure Transaction and Assistance Network，简称ITAN），通过优化美国市场来促进私营部门投资，为孟加拉国、马尔代夫、尼泊尔、菲律宾、越南等国提供帮助和支持；2018年10月，美国国会通过《更好地利用投资促进发展（建设）法案》，并成立美国国际发展金融公司，使美国政府的发展融资能力增加了一倍，达到600亿美元，还与国务院、安全机构展开紧密合作；2018年11月，美日发表《通过能源、基础设施和数字互联互通合作推进自由开放的印太》联合声明，日本表示，有意通过调整日本政府100亿美元的公共和私人资金以及能力建设培训目标，与美国的“通过能源促进亚洲发展和增长倡议”（Asia EDGE initiative）对接，推动液化天然气基础设施建设项目的高标准投资[①]；美国海外私人投资公司（OPIC）、日本国际协力银行（JBIC）及澳大利亚出口融资保险公司（EFIC）签署了谅解备忘录，三方伙伴致力于推进印太地区基础设施领域的合作，包括电气化、天然气价值链和数字连接等，运用债务融资、赠款和技术援助等各种工具，提高该地区基础设施发展的灵活性[②]；2018年11月，在新加坡举行的“美国—东盟”峰会上，彭斯宣布建立“美国—东盟智慧城市伙伴关系”（U.S.-ASEAN Smart Cities Partnership），通过帮助城市利用数据驱动技术创新和管理市政资源，刺激美国对该地区数字基础设施的投资；2019年11月，美国、日本和澳大利亚在泰国举行的印太商业论坛上宣布成立“蓝点网络”计划（Blue Dot Network），共同对符合高透明度、可持续性和发展影响标准的全球基础设施项目进行认证，其目的是让包括美国养老基金和

---

① “2019 Japan-U.S. Strategic Energy Partnership Statement: Recent Major Developments,” last modified December 4, 2019, https://www.enecho.meti.go.jp/category/others/jusep/pdf/statement_191104.pdf.

② US International Development Finance Corporation, “OPIC, JBIC, and DFAT/Efic Reaffirm Commitment to Indo-Pacific Infrastructure Development,” last modified June 25, 2019, https://www.dfc.gov/media/opic-press-releases/opic-jbic-and-dfatefic-reaffirm-commitment-indo-pacific-infrastructure.

保险公司在内的私人投资者参与进来，为美国在基础设施上的投资提供进一步的支持。[①]

四、美国—东盟印太战略之间的关系

2019年，《东盟印太展望》的推出给美国与东盟印太战略之间的关系以及地区格局增添了很多的复杂性。这一部分内容将从美国与东盟印太战略之间的关系、美国主导的四边安全对话与东盟的中心地位之间的关系这两个方面进行分析。

（一）美国—东盟印太战略之间的分歧

虽然在特朗普印太战略推行的过程中，美国与东盟存在诸多利益一致的地方，如基础设施建设、海上安全等，但双方的印太战略也存在一定的分歧，这将在很大程度上削弱美国印太战略的实施效果。

首先，战略目标与立场上的根本差异。特朗普政府印太战略的主要目的是在印太地区进行资源最大化整合，从而应对与中国的战略竞争，可以说其战略目标是遏制中国。但是东盟印太战略并非针对中国，也不想在中美之间“选边站”。《东盟印太展望》推出的目的正是为了表明东盟对于印太地区秩序的理念与主张，即构建以东盟为中心的包容性的地区秩序，也是在一定程度上对美国印太战略的回应。东盟对于美国对华战略竞争的立场是保持中立，正如蕾特诺表示：“东盟需坚定不移地保持中立和团结，”“我们不希望陷入这场对抗。”[②]新加坡总理李显龙表示：“地区国家的印太战略应加强以东盟为中心的现有合作机制，非不是破坏它们、建立

① Mercy A. Kuo, “Blue Dot Network: The Belt and Road Alternative,” The Diplomat, accessed April 7, 2020, https://thediplomat.com/2020/04/blue-dot-network-the-belt-and-road-alternative/.

② 资料来源：“东盟密集会期前，印尼外长喊话‘不愿被卷入中美对抗’”，观察者网，2020年9月9日，https://www.guancha.cn/internation/2020_09_09_564516.shtml。

敌对集团，更不是迫使各国‘选边站’。”[①]“我认为我们最好不要选边站队，如果东盟不得不选择其中之一，我希望这一天不要很快到来。”[②]

其次，“美国优先”与东盟多边主义的差异。特朗普上台之后，在“美国优先”的原则下处处维护美国的利益，大力推行单边主义。虽然美国印太战略声称要维护东盟的中心地位，参加以东盟为中心的多边机制，但实际上美国对东盟多边机制是持怀疑态度的，这从特朗普政府时期缺席东亚峰会和东盟峰会的“降级”现象就可以看出来。特朗普政府对多边主义和国际组织的轻视，与东盟依靠多边主义方式推进地区议程的理念相差甚远。[③]“美国优先”理念下的印太战略与东盟多边主义模式下的印太战略，显然存在巨大的理念差异。拜登在任期内会一定程度修复美国与东盟的关系，但是美国与东盟在根本利益发生冲突时，美国势必以维护自身利益为重。

最后，东盟国家对美国印太战略尚有疑虑。安全方面，在美国的引领下，印太地区诸多行为体参与进来，以维护“以规则为基础”的秩序之名义，加强前沿部署以及与伙伴国军事安全方面的合作，从而刺激了东南亚地区以及整个印太地区的军备竞赛，加大了战争与冲突爆发的可能性。甚至一些东盟国家看清了美国打着维护规则之名的旗号实行强权政治的行径。[④]此外，部分东盟成员国并不完全接受美国印太战略。新加坡、泰国、越南作为美国的伙伴国家与盟友，对美国提供的安全保护有较深的依赖，有借助印太战略来提升自己的地位的目的；印尼、马来西亚并没有完

---

① “PM Lee Hsien Loong at the IISS Shangri-La Dialogue 2019,” last modified May 2019, https://www.pmo.gov.sg/Newsroom/PM-Lee-Hsien-Loong-at-the-IISS-Shangri-La-Dialogue-2019.

② Anna Maria Romero, “PM Lee: ASEAN may have to choose sides in US-China standoff,” The Independent, accessed November 17, 2018, https://theindependent.sg/pm-lee-asean-may-have-to-choose-sides-in-us-china-standoff/.

③ 韦宗友：《印太视角下的“东盟中心地位”及美国－东盟关系挑战》，《南洋问题研究》2019 年第 3 期。

④ 刘阿明：《东盟对美国印太战略的认知与反应》，《南洋问题研究》2020 年第 2 期。

全倒向美国，而是一定程度保持中立，实行平衡战略；菲律宾、柬埔寨对于“印太战略”持谨慎态度；文莱、老挝、缅甸对美国需求较低，不愿过多参与“印太战略”。①

（二）美国主导的 QUAD 与东盟的中心地位是否发生冲突？

在东盟的印太展望中，东亚峰会、东盟地区论坛等多边机制是维护东盟中心地位的基础，也是美国等国家一致赞同的地区秩序赖以构建的首要原则。与此同时，美国与日本、印度以及澳大利亚力推四边安全对话机制，似乎正在成为印太地区架构中的主导力量。那么，四边安全对话与东盟中心地位之间到底是什么关系？新加坡学者伊恩·斯托里（Ian Storey）和马尔科姆·库克（Malcolm Cook）认为：“美印日澳印太战略概念重叠的具体化，很可能意味着东盟已经失去了领导这一概念以及使用这一概念的能力，无法像‘亚太’概念那样，将主要大国与东盟主导的区域架构更紧密地联系起来。”② 新加坡南洋理工大学的学者吴·乔尔（Joel Ng）指出：一个很大的现实问题在于，既然四个国家一再宣称东盟的中心位置，那么为什么东盟或者东盟最大的成员国印度尼西亚没有参与四边安全机制？东盟成员国坚信他们的中心地位对于维护印太地区安全至关重要，这种中心地位不仅仅是地理上的，而是意味着要经过东盟国家的磋商与同意，而且要通过东盟主导的区域论坛来处理印太事务以及协调印太国家相关利益。

了解东盟的立场对于厘清四边安全对话与东盟的关系至关重要。澳大利亚战略政策研究所（Australian Strategic Policy Institute）一位学者就东盟成员国对四边安全对话的态度进行了调查。该调查结果显示，受访者中的多数意见（57%）支持四边安全对话，认为它在地区安全中发挥了有益的作用，是对以东盟为中心的区域框架的补充。也有一些东南亚国家更关

① 刘稚、安东程：《东盟国家视角下的美国“印太战略”》，《国际展望》2020 年第 3 期。

② Ian Storey and Malcolm Cook, “The Trump Administration and Southeast Asia: America’s Asia Policy Crystalizes,” *Perspective,* no. 77 (2018): p.6.

注四边安全对话对东盟中心地位的不利影响，这种担忧在印尼和新加坡比较明显。有 44% 的受访者认为 QUAD 是对现有东盟框架的补充，21% 的受访者认为这对东盟主导的架构构成挑战或使它处于边缘。其中，越南和菲律宾是四边安全对话的最大支持者，大体上认为四边安全对话最有价值的地方就是维护安全与稳定，而这两个国家恰恰是对南海紧张局势最为关切的东南亚国家。大多数受访者（36%）将四边安全对话视为"反中国堡垒"，认为这是必要的，而另有 21% 的受访者认为这样的思想很危险。总体上有 54% 的受访者认为四边安全对话的连续性将取决于中国在整个海域，特别是在印太海上领域的侵略性。①

也就是说，目前为止，东盟国家对于四边安全对话基本持支持态度，他们认为四边安全对话在维护地区安全与稳定，尤其是在平衡中国的影响力、维持地区局势方面发挥了重要的作用。即使四边安全对话表现出一定的反华倾向，但东盟国家认为这并无不妥，尤其是与中国产生领土纠纷与主权争议的国家。他们重点关注四边安全对话内部利益分歧、目标不清晰等挑战，并希望四边安全对话为实现"基于规则"的印太秩序做出贡献，特别是在领土和海上争端方面。

虽然目前四边安全对话的存在对东盟架构似乎不构成威胁，但是长远来看，基于美国对华战略竞争不断加剧的背景，随着四边安全对话日益成为印太地区秩序构建的核心，逐渐稀释了东盟在印太中的影响力，两者之间的矛盾与冲突就会凸显。而且，东盟的立场是尽最大可能维持中美力量平衡，但美国对华战略竞争加剧甚至会导致地区冲突可能性上升，会迫使东南亚国家从中美之间选边站，届时东南亚国家从经济上依赖中国、从安全上投靠美国的做法就行不通了。

---

① Huong Le Thu, "How Southeast Asians Really Perceive the Quadrilateral Security Dialogue," Asia Maritime Transparency Initiative, accessed November 12, 2018, https://amti.csis.org/how-southeast-asians-really-perceive-quad/.

第二节 美国与欧洲的战略互动

冷战时期，美国一度将欧洲作为其战略重心，欧洲因此成为美苏对峙的主要战场。冷战之后，美国的全球战略逐渐经历了由反恐到遏制中国，再到与中国开展战略竞争的转变。随着美国战略重心的东移，欧洲对于美国的战略价值逐渐下降。特朗普政府时期的美国忽视欧洲盟友，导致了美国与欧洲在印太地区战略互动不足。拜登政府时期，美国将重新“找回西方”，回归跨大西洋伙伴关系，势必将加强双方在印太地区的互动。

一、二战后美国战略重心东移与美欧关系的演进

美国与欧洲的关系具有很深的渊源，在冷战时期，美国通过欧洲确立了美国霸权，可以说美国的战略重心集中在欧洲地区。美国在立国之后直至参加第二次世界大战之前都在极力避免卷入西半球的事务，专注于在美洲范围内建立霸权并防范、遏制欧洲霸权。然而，二战使美国成为世界上实力最强的国家，也给美国干预欧洲事务提供了机会。二战之后，美苏两极对峙的世界格局形成，欧洲成为美国与苏联争霸而需要控制的重点区域。

冷战之初，“苏联威胁”是美欧结为同盟的决定性因素，美国逐步通过一系列政策实现了对欧洲的霸权控制。随着苏联对中欧和东欧日益加强的高压控制，1946 年，丘吉尔发表了“铁幕”演说，试图将美国势力引入欧洲。1947 年，杜鲁门宣称美国要在全世界反对共产主义的扩张，美苏冷战开始。战后初期，西欧面临严峻的经济困难，美国担心西欧的经济混乱以及政局的不稳定会给苏联的势力渗透以可乘之机，于是美国抛出了“马歇尔计划”，表示希望欧洲国家之间提出联合性质的复兴计划，并承诺

美国将尽其所能提供支持。可以说，杜鲁门主义和马歇尔计划是美国冷战初期欧洲政策的两个重要支柱，前者是遏制共产主义扩张，后者则为了恢复欧洲实力以联合对抗苏联。[①] 除了经济上的援助，美国还通过《北大西洋公约》实现了对欧洲的安全庇护。1948 年 3 月，英国、法国、比利时、荷兰、卢森堡五国签订了《布鲁塞尔条约》，主要内容包括组织并协调彼此间的经济和文化方面的合作与交流，更重要的是形成了一个防御性质的军事联盟，也为建立欧洲军事集团打下了基础。然而，缔约国普遍认为，欧洲的安全保障离不开美国，只有美国的帮助才能够使欧洲国家有效地抵御侵略。在防止苏联势力进一步渗透的共同利益上，美国、加拿大与西欧国家开始就建立大西洋安全体系进行谈判，并于 1949 年 4 月 4 日签订了《北大西洋公约》，随后设立了一系列的军事一体化机构。北约组织是美国首次在和平时期同美洲大陆之外的国家建立的军事集团，美国从此加强了对欧洲的控制，也为此后的大西洋合作奠定了基础。[②]

同时，美国对 20 世纪 50 年代开始的欧洲一体化运动表示极大的支持，其中，德国问题是一个重要的因素。美国试图把西德纳入欧洲一体化的框架内，赋予西德平等地位，以防止西德重新走上扩张主义的道路以及倒向苏联，同时又能够借助西德的力量来遏制苏联。此外，美国还希望通过欧洲一体化在欧洲推广“美国模式”，如联邦制、政治民主和开放的市场等。美国希望通过欧洲一体化来壮大欧洲实力，共同遏制共产主义势力。美国对欧洲一体化的设想是必须将其纳入大西洋伙伴关系的框架之中，美国要在这个合作框架内保持西方世界的领导地位。[③] 然而，美国却忽略了一个强大的欧洲对自己的潜在威胁。有学者指出，“美国的决策者完全被欧洲模仿美国自己的大陆联邦的前景所吸引，以至于忽略了培养一

① 赵怀普：《当代美欧关系史》，世界知识出版社，2011，第 61 页。

② 方连庆、王炳元、刘金质主编《国际关系史（战后卷）》，北京大学出版社，2006，第 64 页。

③ 赵怀普：《当代美欧关系史》，世界知识出版社，2011，第 116 页。

个如此令人生畏的潜在对手所带来的危险”①。总之，从冷战爆发直至整个50年代，美欧关系保持了良好的发展势头，共同遏制苏联这一威胁构成了大西洋联盟建立的基础。美国将战略重心放在了欧洲地区，西欧则依附于美国，北约沦为美国维持欧洲霸权的工具。虽然北约从成立之初是带有不平等性质的，但基于苏联这一威胁的认知，北大西洋联盟和美欧关系在冷战初期保持了一定的稳定性。

20世纪60年代直至冷战结束，欧洲一体化的快速发展对美欧关系产生了较大影响，两者之间的矛盾开始显现。进入60年代，美苏关系开始缓和，与此同时，欧洲经济快速增长，在国际社会中地位上升，独立意识也随之增强。戴高乐提议建立“欧洲人的欧洲”，试图改革北约的领导体制，并对欧共体进行改造，使之向主权国家联盟的方向发展，法国甚至于1966年退出北约军事一体化机构。与此同时，美国陷入越南战争的泥潭，其经济实力也相对衰退，对欧洲一体化的驾驭能力逐渐下降，大西洋联盟出现裂痕。70年代，美欧关系出现了调整，欧洲试图独立于美国之外来发展对苏联的外交政策，通过改善与苏联、东盟的关系来扩大外交上的回旋余地，以获得更高的政治地位。同时，美国的霸权弱化趋势明显，双方的不信任感上升。尼克松强调，美国担任保护者的时代已经结束，尊重欧洲的独立意志并宣布与西欧建立伙伴关系。②卡特政府时期，美欧关系有所改善，但并不能弥补双方之间的分歧。80年代中期以后，单一欧洲市场战略的实施，以及欧洲经货联盟和政治联盟建设被提上欧共体的日程，欧洲一体化程度加深且日益壮大，也进一步加剧了双方之间的矛盾。③总之，60年代之后直至冷战结束这段时间，美欧关系呈现出控制与反控制的特点，美国维持对欧洲的绝对霸权与欧洲寻求独立以及更加平等化的大西洋伙伴

① David P. Callo and B.M. Rowland, America and the World Political Economy, *Atlantic Dreams and National Realities*, (indiana: Indiana University Press, 1973), pp.74-75.

② 门洪华：《美国霸权与美欧关系》，《南开学报（哲学社会科学版）》2007年第3期。

③ 赵怀普：《从“特殊关系”走向“正常关系”——战后美欧关系纵论》，《国际论坛》2006年第2期。

关系构成了目标上的冲突和矛盾。总体来说，虽然美欧之间的离心倾向愈加明显，但冷战时期的欧洲一体化始终被纳入美国对苏遏制的全球战略之中，美欧之间的矛盾与分歧还是被控制在一定范围内的，大西洋联盟始终服务于遏制苏联这一整体战略目标。

冷战结束后，随着苏联这一威胁目标的消失，欧洲不再成为容易受攻击的对象，美欧之间的大西洋联盟的政治基础严重动摇。美国国内的新孤立主义者认为北约已经完成了其使命，主张美国撤出北约，接下来应由欧洲建立自己的安全体系。① 虽然新孤立主义者并不代表美国国内的主流意见，但反映了在新的国际形势下美欧关系面临的前所未有的挑战。美国认为，北约仍然具有重要价值，仍然是美国保持在欧洲的影响力的工具。但与此同时，美国减少在欧洲的军事力量，驻军人数也由冷战时期的 30 多万减少至 10 多万。此外，美国加强了其政治方面的职能，其任务也开始转向危机处理、干预地区性冲突等领域，还推动北约向“域外”行动转型，以弥补自身因扩张过度而面临资源上的制约等问题。② 欧盟的建立凸显了美欧之间的根本性矛盾，欧洲希望建立一个更加独立、统一的欧洲，摆脱美国的控制，但受制于多种因素，很难在短时间内建立欧洲安全体系。美欧之间的经贸摩擦也进一步凸显。美国推行贸易保护主义对欧洲的利益造成了损害，而欧元的诞生也加剧了双方在货币和金融问题上的矛盾。总之，虽然冷战结束使双方一致的威胁目标消失，但欧洲形势的不确定性仍然使双方认识到有必要继续保持大西洋关系的稳定，不过这一时期的美欧关系发生了历史性的转变，实现了从冷战时期的“特殊关系”向冷战后既竞争又合作的“正常关系”转变。

“9·11”事件之后，美国对其外交政策进行了调整，反恐成为美国首要的全球战略安全目标。这一时期，美国与欧洲之间的矛盾与分歧进一步

---

① Ted Galen Carpenter, “US Must Shake Its NATO Habit,” Christian Science Monitor, accessed June 19, 1991, https://www.csmonitor.com/1991/0619/19181.html.

② 赵怀普：《从“欧洲优先”到“美国优先”：美国战略重心转移对大西洋联盟的影响》，《国际论坛》2020 年第 3 期。

被激发。美欧双方的安全观产生了严重的碰撞，双方在对威胁的认知、威胁产生的根源以及如何消除等问题上产生了分歧，尤其是小布什政府采用单边主义、“先发制人”的方式与欧洲倡导的多边主义、“外交优先”的理念格格不入。2003 年，伊拉克战争的爆发给双方带来了二战后最严重的一次分歧。欧洲民众普遍反对美国对伊拉克动武、法德两国联手抵制美国的政策，美国则对欧洲采取分而治之的策略，利用亲美的所谓“新欧洲”牵制反战的“老欧洲”。这反映出基于历史底蕴、文化理念以及对国际秩序的构想等方面的差异，美国与欧洲在许多国际问题上无法达成统一的“西方”立场。2004 年，欧盟吸收了波兰、匈牙利、捷克等 10 个成员国，同时，北约也完成了新一轮的扩大，罗马尼亚、保加利亚等 7 个国家加入了北约。欧盟与北约的双东扩反映了双方试图将中东欧地区纳入西方体系以及防范并遏制俄罗斯潜在威胁的共同战略目标，同时，更多地体现了双方的博弈，美国试图将北约改造成服务于其全球战略目标的工具，并通过控制欧洲来巩固自己的领导权，而欧盟东扩是实现“欧洲统一”这一欧洲一体化中心目标的历史性机遇，欧盟的影响力和国际地位进一步提升。总之，这一时期，美国通过北约来限制欧盟壮大与欧盟一体化进程之间的根本性矛盾表现得尤为突出。

奥巴马执政之后，美国的全球战略目标转移到亚太地区。奥巴马第二任期内，美国逐步将中国确立为竞争对手，并制定了“亚太再平衡”的外交战略。奥巴马政府采取了收缩的政策，在从中东撤军的同时加强在亚太地区的前沿部署，并加强与亚太盟友之间的合作。美国官员丹尼尔·汉密尔顿（Daniel S. Hamilton）指出，奥巴马处理欧洲事务的方式更加务实，对于共同价值观的承诺是坚实的，但欧洲早已不像 20 世纪那样能够成为美国外交的核心。美国判断跨大西洋关系的价值大体上取决于欧洲是否愿意承担更多责任来处理自身挑战。[①] 奥巴马政府时期的美国已经开始退出欧洲事务，欧债危机、难民危机、英国“脱欧”等危机发生时，美国在这

① Daniel S. Hamilton, “The Transatlantic Pivot,” *Current History* 113, no. 761 (2014): 123.

些问题的解决过程中明显缺位。[①] 可以说，美国战略重心逐渐从冷战时期的欧洲转移到小布什政府时期的中东，在奥巴马政府时期转移到亚太，随着美国战略重心的转移，欧洲在美国全球战略中的价值逐渐下降，成为美国实现全球战略目标的工具。与此同时，美国与欧洲之间的矛盾与分歧不断加大，在冷战时期，双方的威胁认知与战略目标一致，冷战之后，双方的安全观、外交理念以及战略目标出现了根本分歧，美欧由冷战时期的特殊关系走向了竞争与合作并存的正常伙伴关系。

二、特朗普政府时期美欧关系的嬗变与欧洲的“战略自主”

特朗普执政之后，坚持“美国优先”的原则，并采取“交易方式”来对待欧洲盟友，无视大西洋伙伴关系的价值，双方在理念与外交方式上的差异也显而易见。在这一时期，美欧之间的分歧与竞争达到了空前的程度，给大西洋联盟带来了极大的裂痕。

第一，特朗普政府“美国优先”原则下的单边主义行径与欧洲的多边主义传统发生了严重碰撞。特朗普上台后，陆续退出一系列多边机制和条约：特朗普早在竞选时就抨击“跨大西洋伙伴关系协定”是“对国家的潜在灾难”，认为该协议损害了美国的制造业，[②] 他在任职总统几天之内便签署行政命令退出 TPP；2017 年，美国宣布退出联合国教科文组织（UNESCO），指责该机构对以色列持有偏见，应对其进行彻底的改革；2017 年，特朗普宣布退出《巴黎气候协定》，指责该协议给美国经济带来

① Thomas Wright, “A post-American Europe and the future of U.S. strategy,” last modified December 2017, https://www.brookings.edu/research/a-post-american-europe-and-the-future-of-u-s-strategy/.

② “Trump executive order pulls out of TPP trade deal,” BBC News, accessed January 24, 2017, https://www.bbc.com/news/world-us-canada-38721056.

了“无法承受的负担”[①]；2018 年，美国宣布退出伊朗核协议，声称伊朗未遵守 2015 年的核协议内容，并呼吁欧洲盟友采取一致行动[②]；2020 年，在新冠疫情全球爆发之际，特朗普宣布美国停止对世界卫生组织的资助，并将在次年退出该组织。欧洲向来主张多边主义的外交方式，不认可特朗普政府的理念和做法，并呼吁美国回归到多边主义舞台。在美国决定退出《巴黎气候协定》之后，欧盟委员会发言人米娜·安德烈耶娃（Mina Andreeva）表示：“它的大门仍然向美国敞开，希望有一天美国能够重新加入。”[③]在特朗普宣布退出世界卫生组织之后，欧盟委员会主席乌尔苏拉·冯·德莱恩（Ursula von der Leyen）表示应加强合作以避免损害成果的行为出现，“我们敦促美国重新考虑其宣布的决定”。德国卫生部长詹斯·斯潘（Jens Spahn）认为美国的行为是“令人失望”的，“欧盟必须发挥领导作用”。[④]美欧“单边主义”和“多边主义”外交理念和行为方式的差异，严重地削弱了双方的战略互信以及合作的基础。

第二，特朗普政府以“交易方式”对待欧洲盟友，迫使其承担更多的防务责任。冷战之后，随着美国全球战略重心的逐渐东移，欧洲对于美国的战略价值不断下降，再加上特朗普彻底将重心转移到印太地区并将中国视为战略竞争者，采用一切以美国利益为导向的外交政策，尤其是特朗普政府时期，美国用“交易式”的方式对待欧洲盟友，为此，欧洲盟友对其长期“搭便车”的行为极为不满。北约曾在 2014 年要求各成员国在 10 年

---

① Lisa Friedman, “Trump Serves Notice to Quit Paris Climate Agreement,” The New York Times, accessed November 4, 2019, https://www.nytimes.com/2019/11/04/climate/trump-paris-agreement-climate.html.

② “US urges Europe to quit Iran deal, stop busting sanctions,” France 24, accessed February 14, 2019, https://www.france24.com/en/20190214-usa-europe-pence-trump-quit-iran-deal-stop-busting-sanctions-warsaw-syria.

③ “EU Hopeful U.S. Will Rejoin Paris Climate Change Accord,” Fortune, accessed November 6,2019, https://fortune.com/2019/11/05/paris-agreement-eu-hopeful-u-s-will-rejoin-paris-climate-change-accord/.

④ “Coronavirus: Backlash after Trump signals US exit from WHO,” BBC News, accessed May 30, 2020, https://www.bbc.com/news/world-us-canada-52862588.

之内将军费开支增加至 GDP 的 2%，然而大部分成员国未能达标，剩下的约 70% 的缺口由美国来承担。特朗普利用这一承诺大力敦促同盟国分担防务开支，以减轻美国的负担。在美国的敦促下，欧洲盟友同意每年再支付 1300 亿美元用于防务开支，2024 年将达到 4000 亿美元。[①] 同时，美国成功实现了“少出钱”的愿望。北约各成员国在伦敦峰会上同意将美国在北约总计 25 亿美元的年度行政预算中的份额从 22% 降至 16%。[②]2020 年 7 月，特朗普指责德国向北约拖欠防务军费，表示“不再想成为傻瓜”，并将 12000 名士兵撤出德国。该做法受到美德两国官员的广泛批评。德国外交事务委员会主席诺伯特·洛特根（Norbert Roettgen）表示，从德国撤军将“削弱北约同盟”；美国民主党参议员杰克·里德（Jack Reed）认为“这一举动实际上损害了美国的利益”；共和党参议员罗姆尼（Mitt Romney）将撤离德国的决定描述为“严重失误”和“对朋友和盟友的一记耳光”。[③] 特朗普执政时期，美欧在防务分担责任上的矛盾反映了双方控制与反控制的关系，以及随着美国战略重心转移双方共同利益的分歧。

第三，特朗普政府对欧洲采取“分而治之”的态度，并蔑视大西洋同盟体系的价值。历史上，美国对欧洲一体化的态度并非一成不变的。在冷战初期，出于共同遏制苏联威胁的战略需要，美国对欧洲一体化持支持的态度，认为一个强大的欧洲有利于增强西方资本主义阵营的力量。然而，随着欧洲实力的壮大，对美国在大西洋关系中的霸权地位构成了威胁，美国对欧洲一体化的态度变得复杂且对欧洲提出附加条件，即欧洲联合应服务于美国在西方世界的领导及与苏联的对抗。冷战之后，美欧之间的共同威胁消失，出于巩固西方力量的目的，美国对欧洲一体化

---

① Joe Gould, “Trump repeats questionable NATO funding claims in GOP convention speech,” Defense News, accessed August 28, 2020, https://www.defensenews.com/congress/2020/08/28/trump-boosts-questionable-nato-funding-claims-in-gop-convention-speech/.

② 陈雅东：《美欧矛盾是当下北约面临的核心问题》，《世界知识》2020 年第 1 期。

③ “US to withdraw 12,000 troops from Germany in ‘strategic’ move,” BBC News, accessed July 29, 2020, https://www.bbc.com/news/world-us-canada-53589245.

持支持态度，但也出现过对欧洲进行分化来实现其战略目的的情况，如小布什发动伊拉克战争遭到欧洲国家的反对，美国利用所谓亲美的“新欧洲”牵制反战的“老欧洲”。可以说，特朗普政府对欧洲“分而治之”的态度达到空前的程度。特朗普对英国“脱欧”表示支持，并将与英国签订贸易协议。他还称欧盟已受到移民危机的严重破坏，并预言其他国家将跟随英国而离开欧盟。[①] 同时，特朗普还贬低欧盟的价值，认为“欧盟是美国最大的敌人之一”，甚至声称“欧盟的成立是为了利用美国”。[②] 在新冠疫情全球爆发之际，美国并没有选择与欧洲盟友进行合作来解决危机，而是采取了单方面的行动，同时还对没有采取“旅行禁令”的欧洲国家进行了严厉的批评，而欧盟委员会主席冯·德莱恩和欧盟理事会主席查尔斯·米歇尔（Charles Michel）在一份联合声明中表示，应对冠状病毒应当需要合作而不是单方面的行为。大西洋理事会专家认为，这是对大西洋联盟的又一次重创。[③]

美欧之间的分歧以及特朗普政府对欧洲盟友价值的蔑视使美欧关系在这一时期跌至有史以来的最低点。虽然在拜登政府表示将重新回归“西方”并重视美欧关系，但许多学者和官员普遍认为，特朗普政府给大西洋联盟带来的裂痕要花很长时间才能够修复。哈佛大学肯尼迪学院学者凯瑟琳·克鲁弗·阿什布鲁克（Cathryn Cluver Ashbrook）表示：“特朗普政府的外交政策影响了欧洲生活的各个方面，无论是贸易、国防甚至思想和文化纽带，使这些事情失去了他们的价值。”一些欧洲官员表示对美国失去

---

① Michael Gove, “Donald Trump: I’ll do a deal with Britain,” The Sunday Times, accessed January 15, 2017, https://www.thetimes.co.uk/article/donald-trump-interview-brexit-uk-trade-deal-theresa-may-phthbjsmw.

② Thomas Colson, “Trump says the European Union was ‘formed in order to take advantage of the United States’,” Business Insider, accessed July 15, 2020, https://www.businessinsider.com/donald-trump-says-european-union-formed-take-advantage-united-states-2020-7.

③ “Trump hits out against Europe in coronavirus speech: The transatlantic alliance suffers,” Atlantic Council, accessed March 12, 2020, https://www.atlanticcouncil.org/blogs/new-atlanticist/trump-hits-out-against-europe-in-coronavirus-speech-the-transatlantic-alliance-suffers/.

了信任，虽然特朗普输掉了大选，但他的政治势力和影响力依然存在，并有可能在2024再次赢得大选。[①]在此背景下，欧洲选择了加强“战略自主”，在不依附于美国的情况下，在中美之外走出第三条道路。

“战略自主”这一概念最初是在2016年《欧盟外交和安全政策的全球战略》报告中提出的。报告提出了欧盟应当成为全球安全提供者这一目标，同时欧盟应当对自身的安全承担更大的责任，并有能力阻止、应对和保护自身免受外部威胁。报告认为，“适度的战略自主对欧洲实现这一安全目标非常重要。”[②]2017年，德国国际政治和安全事务研究所（SWP）发表了一份题为《法国、德国和追求欧洲战略自主》的报告，并对“战略自主”做了详细的界定，认为其应当包含三个层面的内容：政治自主，即能够制定安全政策决策并据此采取行动的能力；行动自主，即根据必要的体制框架和所需的能力，独立规划和进行民事和军事行动的能力；工业自主，即实现行动自主所需要的基础和能力。其中，政治自主是战略自主的核心和基础。也就是说，“战略自主”最初提出是与欧洲的防务和安全相关。随着2017年特朗普上台，对北约盟友的苛责、对多边主义秩序和价值观的蔑视等行为使美国的战略信誉急剧下降，欧洲国家开始怀疑美国能否成为所谓的“自由主义”国际秩序的领导者以及欧盟安全的共同防卫者。与此同时，英国脱欧进程不断推进，给欧洲一体化带来了前所未有的冲击，欧盟成员国离心力加强，许多国家都面临着民族主义、民粹主义运动和持久移民危机的压力。[③]面对内部和外部的双重压力，欧盟更加坚定了增强战略自主权的信念，正如欧盟理事会主席查尔斯·米歇尔（Charles

① Luke McGee, “Trump has trashed America’s most important alliance. The rift with Europe could take decades to repair,” CNN, accessed January 17, 2021, https://edition.cnn.com/2021/01/16/europe/trump-has-trashed-the-transatlantic-alliance-intl/index.html.

② “Shared Vision, Common Action: A Stronger Europe A Global Strategy for the European Union’s Foreign And Security Policy,” last modified June 2016, https://eeas.europa.eu/archives/docs/top_stories/pdf/eugs_review_web.pdf.

③ “Europe: A New Player in the Indo-Pacific,” The Diplomat, accessed January 19, 2019, https://thediplomat.com/2019/01/europe-a-new-player-in-the-indo-pacific/.

Michel）表示："实现欧洲战略自主是我们这一代人的首要目标。""有效的战略自主是一种信条，它将我们聚集在一起，定义我们的命运，并对世界产生积极的影响。"①

经过欧盟的推动与发展，欧盟"战略自主"的发展已经涉及多个领域。2017年，法国总统马克龙在索邦大学演讲中提出了建立欧洲主权的几大要素，指出欧洲要从国防与安全、应对移民挑战、外交政策、可持续发展、数字技术以及工业和货币经济这些领域着手壮大自身的实力。②在防务领域，2017年，25个成员国签署了永久结构化合作（permanent structured of cooperation，PESCO）的联合防务协议，深化欧盟成员国之间的防务合作，提升可用于欧盟军事行动的防御能力。③在货币与经济领域，欧盟委员会于2018年推出了《推动欧元更强的国际地位》的行动倡议，呼吁欧盟成员国在能源等关键领域更加广泛地使用欧元，在货币体系日趋多元化的背景下保护欧洲的经济和货币主权，增加欧盟在国际上的政治、经济以及金融方面的权重。在数字技术领域，德国在2020年7月担任欧盟轮值主席之后出台的路线图中，将加强欧盟的数字主权作为优先事项，并将其视作欧盟数字政策的核心宗旨。德国强调了促进欧盟的数字主权才能够应对其他世界大国带来的挑战，目标是实现基于欧洲价值观的数字

---

① European Council, "'Strategic autonomy for Europe - the aim of our generation' - speech by President Charles Michel to the Bruegel think tank," last modified September 28, 2020, https://www.consilium.europa.eu/en/press/press-releases/2020/09/28/l-autonomie-strategique-europeenne-est-l-objectif-de-notre-generation-discours-du-president-charles-michel-au-groupe-de-reflexion-bruegel/.

② Ouest France, "Sorbonne speech of Emmanuel Macron - Full text / English version," last modified September 26, 2017, http://international.blogs.ouest-france.fr/archive/2017/09/29/macron-sorbonne-verbatim-europe-18583.html.

③ European Council, "Defence cooperation: Council establishes Permanent Structured Cooperation (PESCO), with 25 member states participating," last modified December 11, 2017, https://www.consilium.europa.eu/en/press/press-releases/2017/12/11/defence-cooperation-pesco-25-member-states-participating/.

领域的领导。① 可以说，战略自主概念推动了欧盟在各个领域加强主权建设，进而增强了欧洲国家的内部团结，提升了欧盟的整体实力，并促使欧洲开始作为独立行为体介入印太地区政治、经济和安全事务。

三、欧洲的印太战略转向：以法德英为先驱

（一）法国：独立自主的“大国梦”

在法国的印太战略制定中，彰显独立自主的大国形象成为法国独有的“标签”。马克龙自 2017 年就任法国总统以来，继承了戴高乐主义的外交传统，坚持独立自主的外交原则，重申振兴欧洲的雄心，积极参与国际事务，并在国际热点问题上斡旋协调，在全球事务中努力发挥平衡作用。马克龙政府以“法德轴心”推动欧洲改革，提升法国在欧盟中的影响力；提出了加强“欧洲自主行动能力”的倡议，推动欧洲一体化建设；呼吁欧洲将战略目标聚焦在反恐方面，认为“北约作为一个集体防御联盟面临的首要威胁是恐怖主义，而不是中国或苏联”②；呼吁坚持多边主义的规则与框架来解决地区及全球性热点问题，将自身定位为“平衡力量”，在地区及全球事务上发挥法国的影响力，并灵活处理与美国、俄罗斯等大国的关系。

印太战略则是马克龙政府实现法国“大国梦”的重要组成部分。一方面，印太战略反映了马克龙重振法国实力的努力，旨在通过独立自主的外交政策转移国内矛盾，增强凝聚力并恢复法国的大国地位。近几年法国国内问题重重：人口老龄化急剧加快，养老金支出持续攀升，以退休金为社会福利的政策让政府财政不堪重负。马克龙政府不得不推动养

---

① European Association for Digital Transition, “Merkel committed to the EU’s digital sovereignty,” last modified July 30, 2020, https://digitalforeurope.eu/merkel-committed-to-the-eus-digital-sovereignty.

② “China and Russia not Nato’s enemies, Emmanuel Macron says, as he defends ‘brain death’ remarks,” last modified November 29, 2019, South China Morning Post, https://www.scmp.com/news/world/europe/article/3039840/china-and-russia-not-natos-enemies-emmanuel-macron-says-he.

老金制度改革，因为改革触动了既得利益，近年来法国连续爆发大规模抗议活动。因此，马克龙也希望通过印太战略的推出能进一步转移国内矛盾。法国在印太地区的定位是作为一个调停力量和外交、军事、文化和教育大国，能够捍卫法国的利益和价值观。① 马克龙相信法国必须“在更广阔的世界上雄心勃勃”并再次“成为大国”，力图扩大欧洲以及法国的战略自主权，力争在气候变化等问题上发挥全球范围内的领导作用，以应对日益不可靠的美国。② 另一方面，法国推动欧盟参与印太事务，借此提升法国在欧盟的地位。比如法国在印太战略中多次提到对加强欧盟在印太地区地位的努力，包括与东盟缔结战略伙伴关系、实现欧亚连通性等。马克龙深刻认识到，欧盟是法国赖以生存的土壤，是法国施加影响力的重要平台，只有提升整个欧盟的实力，增强欧盟的战略自主性，法国才能够再次强大。

法国印太战略的主要内容主要由以下几个方面构成。

第一，保持并深化法国在印太地区的军事存在。法国目前在印太地区有五个军事司令部，分别位于印度洋南部、新喀里多尼亚、法属波利尼西亚、吉布提和阿拉伯联合酋长国，共部署了 7000 多名国防人员，还维持着由分布在亚洲和大洋洲国家的 33 个 18 名国防武官组成的密切网络。法国前国防部长西尔维·古拉德（Sylvie Goulard）在 2017 年 6 月香格里拉对话上指出，法国在印太地区将保持经常性的海军存在。法国海军从 2010 年开始将“戴高乐号”（Charles de Gaulle）航空母舰部署到印度洋，以支持针对塔利班控制的阿富汗的持久自由行动；从 2014 年开始向东扩展到南海，通过“葡月号”（Vendémiaire）护卫舰实现与美国、澳大利亚的海军演习以及 2018 年 3 月的“航行自由行动”，2017 年和 2018 年

---

① Ministère de l’Europe et des Affaires étrangères, “2030 France in Asia-Oceania: Towards an Inclusive Indo-Pacific Region,” last modified August 2018, p4, https://www.diplomatie.gouv.fr/IMG/pdf/livre_blanc-com-_fr-eng_cle876fb2-1.pdf.

② Qi Siang Ng, “The limits to Frenchgrandeur in the Indo-Pacific,” The Interpreter, accessed July 26, 2019, https://www.lowyinstitute.org/the-interpreter/limits-french-ambition-indo-pacific.

将“圣女贞德号”（Jeanned’Arc）直升机巡洋舰部署在南海地区。[①]此外，法国还通过与印太伙伴国家合作来深化在印太的存在。2020年3月，印度海军的P-81飞机到达留尼汪岛，与法国的海军和空军在毛里求斯附近的印度洋南部展开联合巡逻。

第二，加强与印太地区国家的伙伴关系，将印度和澳大利亚视为优先级伙伴。2018年3月，法国总统马克龙对印度的访问极大地提升了两国1998年建立的战略伙伴关系，两国签署了在印度洋地区合作的联合战略构想，将致力于加强双边及国际协调，扩大海军演习，增强海域意识。[②]2019年8月，莫迪访问法国，两国领导人进一步就印太合作达成了一致意见，双方重申对维护“航行自由”的共同承诺，并指出两国之间的海上安全合作是战略伙伴关系的卓越领域。澳大利亚和法国有着长期密切的防务关系，《弗朗茨协议》[③]便是两国在太平洋协调人道主义和救灾行动很好的例证。2018年，在马克龙访问澳大利亚期间，两国领导人签署了《澳法关系愿景声明》，并重申了在印太地区开展合作的重要性，澳大利亚国防军与法国武装部队签署了一项后勤相互支持协议。[④]

---

① David Scott, “France’s ‘Indo-Pacific’ Strategy: Regional Power Projection,” *Journal of Military and Strategic Studies* 19, no. 4 (2019): 87-90.

② “Joint Strategic Vision of India-France Cooperation in the Indian Ocean Region,” last modified March 10, 2018, https://mea.gov.in/bilateral-documents.htm?dtl/29598/Joint+Strategic+Vision+of+IndiaFrance+Cooperation+in+the+Indian+Ocean+Region+New+Delhi+10+March+2018.

③ 弗朗茨协议（FRANZ Arrangement）是法国、澳大利亚与新西兰三国于1992年签订的关于人道主义与灾害救援方面的多边协议。根据这项协议，在伙伴国家提出要求时，三个国家协调在太平洋地区的灾害侦察和救灾援助。弗朗茨伙伴关系承认并尊重受影响国家在应对灾害方面的主权和主导作用，与受影响国家和太平洋人道主义小组密切协调，该小组还包括来自联合国、红十字会运动、非政府组织和民间社会组织的人道主义和发展伙伴。资料来源：https://www.mfat.govt.nz/assets/Aid-Prog-docs/NZDRP-docs/Franz-Arrangement-Brochure.pdf.

④ “France and Australia sign MLS agreement,” Defence Connect, accessed May 3, 2018, https://www.defenceconnect.com.au/key-enablers/2234-france-and-australia-sign-mls-agreement.

第三，加强与印太区域性组织的接触，推动印太地区多极化。法国努力推动与区域性组织的接触，尤其是加强了与东盟的接触。早在2007年，法国就成为第一个加入《东南亚友好合作条约》的欧洲国家；东盟是法国在亚洲地区的第二大商业伙伴，2008—2018年，十年时间双边贸易额增长了33%，法国在东盟的投资在10年内呈上升趋势，到2017年FDI达到162亿欧元，创造了接近24万个就业岗位；法国还将继续致力于在东盟防长扩大会议、环印度洋协会等有关论坛上做出更大贡献。2019年8月，马克龙与莫迪会晤时计划于2020至2022年期间在留尼汪岛召开印度洋海军论坛，并由法国担任主席。[①] 此外，法国还致力于加强欧盟在该地区的地位，支持欧盟与东盟缔结战略伙伴关系、加入东亚峰会、推进贸易和投资协定的谈判；支持欧盟“连接欧亚战略”[②] 以及欧洲太平洋战略的实施。

（二）德国：出口导向型国家的发展机遇

在德国《印太政策指导方针》中，并没有通过精确的地理资料来明确印太区域的范围。德国理解的印太概念主要是指印度洋和太平洋形成的整个地区，是一个地缘政治和地缘经济相互作用的空间，通过连锁竞争的战略规划和全球价值链这两个因素来定义。[③] 可以说，德国在印太地区的重

---

① Ministry of External Affairs Government of India, “India-France Joint Statement on Visit of Prime Minister to France,” last modified August 2019, https://mea.gov.in/bilateral-documents.htm?dtl/31755/IndiaFrance_Joint_Statement_on_Visit_of_Prime_Minister_to_France_2223_August_2019.

② “连接欧亚战略”是欧盟在2018年10月发布的一项战略，旨在通过可持续、全面和基于规则的互联互通增强亚欧人民和社会的繁荣、安全和抗风险能力。欧洲将通过促进有效的跨境联系和运输、能源、数字和人力网络，基于共同商定的规则和标准来加强双边、区域和国际伙伴关系，以及利用可持续的投资融资三个方面来将强欧亚的连通性。资料来源：https://eeas.europa.eu/sites/eeas/files/eu-asian_connectivity_factsheet_september_2019.pdf_final.pdf.

③ Felix Heiduk, Nedim Sulejmanović, “Will the EU take view of the Indo-Pacific? Comparing France’s and Germany’s approaches,” *German Institute for International and Security Affairs*, January 2021, p.17.

要利益是其战略规划与实施的基础和导向。

德国的经济繁荣与印太息息相关。在印太地区地缘政治重要性和复杂性上升的背景下，德国认为其利益面临着一定的挑战与威胁。德国作为世界最大的贸易国之一，其经济繁荣严重依赖印太地区。①2019 年，德国保持了世界第三大出口国和第三大进口国的地位，在世界贸易中的份额为 7.1%，对外贸易依存度②约为 87.8%。德国的就业也严重依赖国际贸易，大约 28% 的岗位与出口相关，在制造业甚至达到 56%。③其中，南亚、东南亚、东亚国家以及澳大利亚和新西兰在德国对外贸易中的份额已超过 20%，接近 4200 亿欧元。与之相关联的，印太地区海上贸易路线和供应链的安全对于德国的经济来说至关重要。然而，随着众多域外行为体纷纷介入印太地区，大国博弈和地缘政治紧张的局势日益加剧，海上和陆上边界争议、国内和跨界冲突、恐怖主义网络等不稳定因素对地区和全球稳定产生了威胁。同时，美国对华战略竞争成为该地区的重要地缘特征，地区国家有被迫从中“选边站”进而陷入单方面依赖的风险。马斯指出：“德国社会的繁荣取决于开放的航运路线、实体和数字互联互通以及参与正常运作的增长型市场。在印太地区出现新的两极分化，新的分界线将损害这些利益。”而且“该地区的军备竞赛和潜在冲突将引起全球动荡。”④总之，作为出口导向型的贸易大国，德国将经济繁荣作为其优先事项。随着印太地区将成为世界权力和经济中心，德国经济高度依赖该地区的开放市场、贸易往来、海上通道安全以及与伙伴国家的合作。维护印太地区的安全与稳定，并进一步利用其经济发展的机遇，是德国印太战略

---

① David Brewster and C. Raja Mohan, “Germany in the Indo-Pacific: Securing Interests Through Partnerships,” *International Reports online*, no.10 (2019): 3.

② 对外贸易依存度为进出口总额占 GDP 的比例。

③ 资料来源：“Facts about German foreign trade”, https://www.bmwi.de/Redaktion/EN/Publikationen/Aussenwirtschaft/facts-about-german-foreign-trade.pdf?__blob=publicationFile&v=4.

④ Hans Monath, “Mit diesem Konzept will Maas die Außenpolitik radikal neu denken,” Der Tagesspiegel, accessed September 2, 2020, https://www.tagesspiegel.de/politik/der-himalaya-plan-mit-diesem-konzept-will-maas-die-aussenpolitik-radikal-neu-denken/26151264.html.

的首要战略利益。

德国学者费利克斯·海杜克（Felix Heiduk）和内迪姆·苏莱曼诺维奇（Nedim Sulejmanović）指出，印太战略有四个关键维度，即战略维度（权力平衡的转移）、结构维度（地区制度结构）、规范维度（基于规则的国际秩序），以及地缘经济维度（亚洲的经济增长动力）。其中，后两个维度指向了德国作为一个全球贸易国家和一个“基于规则的国际秩序”的有力支持者的印太角色。[①] 托里·陶西格（Torrey Taussig）认为，德国没有能力也没有意愿在该地区采取强大的安全战略并增强前沿军事存在，这意味着它更有可能寻求政治和经济上的途径。德国印太战略主要侧重政治与经济方面的倡议，同时还将加强伙伴关系作为德国介入印太的重要途径。

1. 政治方式

第一，加强多边主义合作方式。2019 年 2 月，法国外长让·伊夫·勒·德里安（M. Jean-Yves Le Drian）与德国外长海科·马斯（Heiko Maas）在《南德日报》上发表文章指出，由于强权政治的出现、对国际合作的怀疑、大国之间的竞争以及日益增长的民族主义，在政治、经济和社会方面造成了世界秩序的日益分裂，多边秩序面临自二战以来最严重的威胁。法德两国致力于建立一个由志趣相投的国家组成的全球网络，即“多边主义联盟”，以促进在贸易、人权、核武器、气候变化和网络空间等问题上的合作。[②]2019 年 9 月，在联合国大会上，法国和德国共同推动了“多边主义联盟”的建立，并发起了人道主义行动、网络空间安全、信息与民主和全

① Felix Heiduk, Nedim Sulejmanović, “Will the EU take view of the Indo-Pacific? Comparing France’s and Germany’s approaches,” *German Institute for International and Security Affairs*, January 2021, p.18.

② “Who, if not us? An alliance for multilateralism,” last modified February 14, 2019, https://onu.delegfrance.org/Who-if-not-us-An-alliance-for-multilateralism.

球伙伴关系等六项倡议。[①] 德国在《印太政策指导方针》中也主张加强在印太地区的多边主义合作，加强与东盟的接触并参与东盟的组织机构，如申请成为东盟防长扩大会议的观察员等，并加强欧盟与东盟的战略伙伴关系；同时德国将加强与区域性机构的合作，如太平洋岛国论坛、湄公河委员会、亚欧会议、孟加拉湾多部门技术和经济合作倡议等。[②]

第二，塑造"以规则为基础"的地区秩序。"基于规则的秩序"（rules-based order）是欧美以及若干周边国家"说道"中国时喜欢用的一个辞藻[③]，近年来，在美印日澳以及东盟的印太战略中被频繁提及并成为共识。2018年7月，马斯在演讲中提到："如果我们集中力量，也许可以成为'规则塑造者'（rule shapers），设计并推动世界迫切需要的国际秩序。"[④] 在德国印太战略的文本中，更是46次提及所谓的"基于规则的秩序"。[⑤] 一方面针对特朗普领导下的美国出现的单边主义行为，另一方面借助国际规则对中国进行约束与遏制，将中国纳入西方国家主导的国际秩序中。德国印太战略在不同的领域倡导"基于规则的秩序"：国际合作方面，加强印太地区的伙伴国家在联合国安理会改革及在国际货币基金组织、世界贸易组织、世界卫生组织中的合作；安全方面，在印太地区维护《联合国海洋法公约》、通过联合国制裁朝鲜、推动北约与印太国家的合作等；经贸方面，推动自由贸易协定的谈判、营造公平的贸易环境等。

---

① Federal Foreign Office, "Six initiatives for multilateralism," last modified September 26, 2019, https://www.auswaertiges-amt.de/en/aussenpolitik/internationale-organisationen/vereintenationen/alliance-multilateralism/2250460.

② The Federal Government, "Policy Guidelines for the Indo-Pacific," last modified September 1, 2020, p.13, https://www.auswaertiges-amt.de/en/aussenpolitik/regionaleschwerpunkte/asien/german-government-policy-guidelines-indo-pacific/2380510.

③ 薛力：《美国如何运用"基于规则的秩序"》，《世界知识》2019年第13期。

④ Federal Foreign Office, "Speech by Minister for Foreign Affairs, Heiko Maas at the National Graduate Institute for Policy Studies in Tokyo, Japan," last modified July 25, 2018, https://www.auswaertiges-amt.de/en/newsroom/news/maas-japan/2121846.

⑤ RSIS, "CO20169 | Germany's Indo-Pacific Strategy: Can Berlin Contribute? " last modified September 10, 2020, https://www.rsis.edu.sg/rsis-publication/cms/germanys-indo-pacific-strategy-can-berlin-contribute/#.X4FgCmgzY2x.

第三，强调人权和法治。德国表示要密切关注印太国家的人权状况并提高人权标准，促进保障言论自由、宗教信仰自由、出版自由和集会自由等公民政治权利。德国将在双边层面、欧盟层面以及多边论坛的框架下与对方国家进行开放性和批判性的对话，同时，推动欧盟建立违反人权制裁制度，将使欧盟能够对严重违反人权的行为做出反应。除了与政府对话外，德国还将寻求与民间社会利益攸关方对话，如非政府组织、宗教和信仰团体、知识分子等。此外，德国将在新加坡设立一个区域性德国新闻中心，促进“基于事实的”信息的传播，并通过具体项目加强对虚假信息的抵御能力。可以看出，德国强化了政治价值观在其印太战略中的地位，赋予了自身以及欧盟介入中国内政问题的“合法性”，未来将以此为借口进一步加大对中国的遏制，甚至展开实质性行动。

2. 经济方式

第一，推进贸易多样化，呼吁公平贸易。中国是德国在印太地区最重要的贸易伙伴，占据德国在印太地区对外贸易的 50%。一方面，德国推动经济关系多样化，避免对中国的过度依赖。德国推动欧盟在印太地区缔结自由贸易和投资保护协定，改善欧洲产品的市场准入，保障供应链安全。欧盟已经与韩国、日本、新加坡、越南签订了自由贸易协定，目前正在寻求与澳大利亚、新西兰、印度尼西亚、泰国、马来西亚、菲律宾、印度进行自由贸易协定的谈判。[①] 与此同时，默克尔呼吁德国经济界的投资和出口要减少对中国依赖，敦促德国企业实现多元化，在亚太地区赢得中国以外的新市场。[②] 另一方面，德国推动欧盟与中国加快《全面投资协定》的谈判。中欧《全面投资协定》自 2013 年启动，于 2020 年底之前完成谈

① The Federal Government, “Policy Guidelines for the Indo-Pacific,” last modified September 1, 2020, https://www.auswaertiges-amt.de/en/aussenpolitik/regionaleschwerpunkte/asien/german-government-policy-guidelines-indo-pacific/2380510.

② Stuart Lau, “Angela Merkel says German companies should diversify to Asian markets beyond China,” last modified October 20, 2020, https://www.scmp.com/news/china/diplomacy/article/3106179/angela-merkel-says-german-companies-should-diversify-asian.

判。默克尔表示，与中国的投资协议必须平等互惠，欧盟在中国的公司必须享受与中国在欧盟投资一样的自由。① 只有统一的欧洲对华政策才能有效地实现减少市场准入的障碍、打破贸易和投资壁垒、保护知识产权等目标。《全面投资协定》将有力推动中欧双向投资的高质量发展，为中欧企业提供更大的市场准入、更高水平的营商环境、更有力的制度保障和更光明的合作前景。②

第二，发展数字经济，提升德国竞争力。德国的数字技术一直是其经济发展的短板，在印太战略中加入数字经济这一项重要内容，旨在借助印太地区的经济发展机遇来推动数字化转型。德国将从三个方面来具体实施：一是增强互联互通，与印太地区的主要伙伴加强基础设施建设。德国依托欧盟于 2018 年通过的"连接欧亚战略"，在此基础上加强与日本可持续互联互通和高质量基础设施伙伴关系以及东盟的伙伴关系；欧盟《邻里、发展和国际合作文书》(NDICI) 将为战略投资提供政策支持，国家层面的德国复兴信贷银行也能够为能源、公共交通等基础设施领域提供资金。二是"工业 4.0"背景下推动欧洲与印太的市场一体化。"工业 4.0"概念最早由德国提出，制造业是德国经济的支柱，"工业 4.0"的引入是为了以信息化技术推动工业生产方式的变革，提高德国的核心竞争力。德国将与日本和韩国展开数字对话，包括 5G、人工智能、数据使用等方面的内容，此外还与日本、中国、澳大利亚开展"工业 4.0"框架下的合作。③ 三是提升人工智能技术。人工智能是数字化转型中的关键技术，也是欧盟

---

① "EU summit: Angela Merkel wants China to be fair on investments", DW, accessed October 2, 2020, https://www.dw.com/en/eu-summit-angela-merkel-wants-china-to-be-fair-on-investments/a-55138016.

② 参见"卢沙野大使：中欧投资协定将有力推动双向投资高质量"，人民网，2021 年 2 月 5 日，https://www.auswaertiges-amt.de/en/aussenpolitik/internationale-organisationen/vereintenationen/alliance-multilateralism/2250460.

③ The Federal Government, "Policy Guidelines for the Indo-Pacific", last modified September 1, 2020, https://www.auswaertiges-amt.de/en/aussenpolitik/regionaleschwerpunkte/asien/german-government-policy-guidelines-indo-pacific/2380510.

应对中国和美国之间的技术竞争的重要突破口。2018 年 11 月，默克尔政府推出了一项数字战略，宣布到 2025 年将投资 30 亿欧元用于人工智能，该战略主要用于数字化教育、基础设施、创新的数字化转型、数字社会以及现代化国家这五大领域。①

3. 伙伴关系

促进伙伴关系的多元化发展是德国印太战略的重要目标之一。文件指出，印度将在未来几年内成为该地区的主要经济和战略参与者，它还主张扩大与日本、澳大利亚、新西兰和韩国的合作。从战略重要性来说，日本和印度是德国构建印太伙伴关系的核心。

德国将日本视为印太地区最关键的伙伴之一，认为日本可以成为“多边主义联盟”的核心力量。2018 年 7 月，德国外交部长马斯在日本政策研究院发表演讲，声称德国与日本必须肩并肩合作，两者有着共同的价值观，并且两个国家实力不够强大，不足以单独行动。如果集中力量，德国与日本可以成为“规则塑造者”，设计并推动世界迫切需要的国际秩序。马斯提出了德国和日本成为“多边主义联盟”核心的几大关键要素，如共同捍卫并发展现有的规则，当国际法被践踏时保持团结一致，在财政上和政治上共同承担国际组织的责任等。②2018 年 7 月，日本和欧盟达成了自由贸易协定，几乎消除了所有的关税，为日本和德国的贸易往来创造了有利的环境；2019 年 2 月，默克尔访问日本时，发出了关于促进自由贸易和加强日德经济关系的强烈信号，还指出德国与日本有必要加强合作以共同应对与中国关系的消极面③；2020 年 10 月，日本外务大臣茂木敏充（Motegi Toshimitsu）与马斯举行视频会议时赞扬了德国近期发布的《印太

---

① “Germany launches digital strategy to become artificial intelligence leader,” DW, accessed November 15, 2018, https://www.dw.com/en/germany-launches-digital-strategy-to-become-artificial-intelligence-leader/a-46298494.

② 资料来源：Federal Foreign Office, “Speech by Minister for Foreign Affairs, Heiko Maas at the National Graduate Institute for Policy Studies in Tokyo, Japan”, July 25, 2018.

③ Reiji Yoshida, “Abe and Merkel seek to take Japan-Germany ties to ‘higher level’ amid trade turmoil and Brexit,” *The Japan Times*, February 4, 2019.

政策指导方针》，并表示要加强日德在印太地区的合作。安全方面，两国领导人达成了一项共享敏感安全信息的协议，将促进国防领域的合作。日本对德国将在 2021 年向印太地区派遣一艘军舰的计划表示支持，建议其在南海地区航行，并与日本自卫队进行联合演习。①

二战之后，印度是最早与德意志联邦共和国建交的国家之一。2000 年 5 月，德国与印度建立了战略伙伴关系。2011 年起，双方设立了首脑级别的政府间磋商机制（Inter-Governmental Consultations）。德国与印度的合作涵盖经贸、安全与教育等多个领域。经贸方面，根据欧盟统计局 2019 年的数据显示，欧盟成员国中，德国是印度最大的进口国和出口国，双边贸易额达到了 194.42 亿欧元。②2019 年 11 月，两国签署了 21 项战略合作协议，包括一些新兴领域，如人工智能、网络空间、智慧城市、城市绿色交通等。③ 安全方面，德国和印度于 2006 年签署了国防合作协议，为德国对印度技术转让和军售以及在印度西海岸举行联合军演提供了合作框架。2017 年 5 月，双方签署了《德印网络政策合作意向联合声明》，在提高 IT 安全性以及打击网络犯罪方面进行合作。④2019 年 2 月，两国签署了《关于加强国防和国防工业合作的实施安排》，承诺“进一步加强军民互动以及国防工业与研发的联系”，并指出国防合作是印德战略伙伴关系的“重

---

① Jiji, “Japan strongly supports German warship dispatch plan,” *The Japan Times*, December 16, 2020.

② 数据来源：“India-EU – international trade in goods statistics”, https://ec.europa.eu/eurostat/statistics-explained/index.php/Main_Page. https://www.reuters.com/article/us-india-germany-idUSKBN1XB3K4.

③ Andreas Rinke, Aditi Shah, “Germany, India sign wide-ranging agreements to deepen bilateral ties,” Reuters, accessed November 1, 2019, https://www.reuters.com/article/us-india-germany-idUSKBN1XB3K4.

④ Federal Foreign Office, “The Indo-German intergovernmental consultations in Berlin – strengthening cyber cooperation,” last modified May 30, 2017, https://www.auswaertiges-amt.de/en/aussenpolitik/laenderinformationen/indien-node/170530-regierungskonsultationen/290276.

要方面”。[①] 教育方面，2015 年 10 月，双方开启了“印德高等教育合作计划”，印度和德国将从 2016 年到 2020 年各投资 350 万欧元，以支持两国高等教育机构之间的合作。2019 年 11 月，双方开启了合作计划的第二阶段，将伙伴关系又延续了四年，其合作囊括计算机、环境、可持续能源等领域。[②]

（三）英国：“全球英国”背景下的战略转向

英国的印太战略转向则是其脱欧背景下的“全球英国”政策的必然导向。自英国脱欧公投以来，英国政府推出了“全球英国”（Global Britain）这一愿景，以此来展望英国在欧盟以外的未来。“全球英国”政策意味着英国将加强其与他国历史悠久的贸易关系，同时通过开拓更广阔的全球市场来提高英国的竞争力。正如英国前首相特蕾莎·梅（Theresa May）所说：“现在是英国步入世界并重新发现其作为一个伟大的全球贸易国的角色的时候了。”同时也意味着英国从此将以全球视角而非欧盟视角来考虑和制定对外战略。“全球英国”愿景的提出展现了一个充满全球视野、意气风发、充满信心的国家形象，志在重新夺回其应有的国际地位，以逃离被英国脱欧主义者视为欧洲笼子的束缚。同时，也有人认为，全球英国似乎更像是新殖民时代的幻想。该愿景并非出于明确的经济目的，很大程度上归因于对英帝国主义时期的怀念。正如英国独立党（UKIP）的詹姆斯·卡弗（James Carver）认为：“如果世界是一枚牡蛎，而英联邦

---

① Mandeep Singh, “India, Germany strengthen partnership with defense cooperation pact,” last modified March 16, 2019, https://ipdefenseforum.com/2019/03/india-germany-strengthen-partnership-with-defense-cooperation-pact/. https://www.reuters.com/article/us-india-germany-idUSKBN1XB3K4.

② 数据来源：“Indo-German partnership in higher education”, https://www.diplomaticsquare.com/indo-german-partnership-in-higher-education/.https://www.reuters.com/article/us-india-germany-idUSKBN1XB3K4.

依然是那颗珍贵的珍珠。”①

在英国脱欧以及“全球英国”政策的背景下，英国重新发现了印太的价值，而印太也给英国提供了一个扩大经济和安全影响力的机会。英国在2018年发布的最新《国家安全能力评论》显示英国正在重新审视其在中东和非洲的政策，并将重心转移到继北美和欧洲之后、“全球经济和政治影响的三大中心”之一的印太地区。伦敦国王学院的东亚安全专家阿莱西奥·帕塔拉诺（Alessio Patalano）指出：“英国未来作为一个国际领导角色的特性，将在应对‘亚太’复杂安全角色方面体现出来。”②帕塔拉诺还指出，“印太”为英国提供了一个机会，使“全球英国”的概念与东亚的经济雄心相一致，并将英国对地区安全的贡献与其最亲密的盟友和伙伴联系起来。安全智库亚洲研究所（IISS-Asia）执行董事蒂姆·赫胥黎（Tim Huxley）表示：“英国宣布重返回到苏伊士以东，并在扩大其在海湾和亚洲的国防活动，是对该地区日益上升的重要性的认可，反映出英国政府希望以全球而不是欧洲的角度来考虑英国的防务角色。”③因此，在“全球英国”政策背景下，英国实现了战略重点向印太地区的转变，以寻求英国扩大全球影响力的机遇。

虽然英国尚未出台正式的印太战略文件，但可以看出其战略举措主要集中在军事安全和经济领域。第一，军事安全方面。自2016年英国宣布“回到苏伊士以东”以来，就不断加强其在印太的军事存在。2019年是英国军事力量全面回归印太地区的一年，自2013年以来，英国首次在该地区部署军舰，不仅连续向该地区部署了三艘军舰，而且还增加了与该地区

---

① Mehdi Boussebaa, “Brexit’s ‘Global Britain’: UK needs a clear economic strategy for its trading future, not a dead colonial fantasy,” last modified May 2019, http://theconversation.com/brexits-global-britain-uk-needs-a-clear-economic-strategy-for-its-trading-future-not-a-dead-colonial-fantasy-116707.

② David Hutt, “Post-Brexit Britain eyes new forceful role in Asia,” Financial Times, accessed January 2020, https://asiatimes.com/2020/01/post-brexit-britain-eyes-new-forceful-role-in-asia/.

③ Jeevan Vasagar, “Britain revives military engagement east of Suez,” last modified December 10, 2016, https://www.ft.com/content/3477fe5a-c809-11e6-8f29-9445cac8966f.

伙伴的防御合作。第一，英国“阿尔比恩”号（HMS Albion）军舰在南海西沙群岛附近进行“航行自由”演习，使英国成为除美国外唯一一个公开在海洋议题上挑衅中国的非声索国；第二，英国与日本自卫队共同参加海上演习；第三，在 2019 年初于菲律宾海岸举行的反潜战（anti-submarine warfare）演习中，英国扩大了与日本和美国的三边关系。[①] 英国前国防部长加文·威廉姆森（Gavin Williamson）在 2019 年年初宣布了一项重大的东部扩张计划，包括在印度–太平洋建立一个“沿海打击小组”以及建立一个新的常设基地，使重新部署后的英国军舰重返印度–太平洋，以重振英国脱欧后的全球态势。英国也进一步加强与印太国家的防御伙伴关系。二战后，英国与澳大利亚、新西兰、马来西亚和加拿大签署了《五国联防协议》(Five Power Defence Arrangements)，并始终与其余四个国家保持军事联系。2015 年，时任英国外交部部长哈蒙德表示，英国准备加强在亚太地区的军事力量部署，随时动员及支持各同盟及伙伴。2015 年，英国与印度建立了防务与国际安全伙伴关系；2016 年，两国首相提出了构建印英战略伙伴关系的愿景；2018 年，两国首相发布联合声明致力于构建一个安全、自由、开放、包容和繁荣的印太。英国与日本和澳大利亚的正式防务合作协议导致了进一步的海上合作协议的升级，如 2016 年 10 月签署的英日美三边合作协议和 2018 年 11 月签署的英澳海军关系联合指导。2019 年，澳大利亚国防部长雷诺兹呼吁澳大利亚和英国的军事和安全能力应“结合起来以产生更大的影响”，她特别指出，两国情报机构“应该更紧密地联系在一起”。[②]

---

① John Hemmings, “United Kingdom’s ‘Global Britain’ Posture Facilitates Forward-leaning Indo-Pacific Policy,” last modified January 12, 2019, https://www.cogitasia.com/united-kingdoms-global-britain-posture-facilitates-forward-leaning-indo-pacific-policy/.

② Dominic Nicholls, “Australia urges Britain to be 'more militarily engaged' in the Asia-Pacific region,” last modified July 2019, https://www.telegraph.co.uk/news/2019/07/08/britain-should-militarily-engaged-asia-pacific-region-australias/.

第二，经济方面。英国表示，脱欧之后将加入 TPP，并称之为促进自由贸易的“正义军”。特蕾莎·梅和鲍里斯·约翰逊两任首相都表达了对加入 TPP 的向往，日本、澳大利亚以及新西兰等国都表示欢迎与支持。同时，随着脱欧进程的推进，英国开始着手与各个伙伴国家签署贸易协定，其中第一站是澳大利亚。2020 年 2 月，英国外交大臣多米尼克·拉布（Dominic Raab）访问澳大利亚时，与澳大利亚外交大臣马里斯·佩恩重申了致力于尽快开展双边自由贸易协定谈判的承诺。拉布补充说：“澳大利亚有望成为我们正在追求的第一波高优先级交易的其中一个国家。”① 此外，英国还期待与印度、日本、新西兰、马来西亚以及中国等国家签署自由贸易协定。在基础设施投资方面，2015 年，英国成为第一个加入亚洲基础设施投资银行的西方国家。2018 年 3 月 21 日，英国财政部长菲利普·哈蒙德（Phillip Hammond）向英国议会指出，英国的成员国身份加深了英国与亚洲的经济联系，并为英国企业创造了机会。基础设施援助的另一个渠道是亚洲开发银行（Asian Development Bank），英国自 1966 年以来一直是该银行的成员国，2018 年 5 月，国际发展部和亚洲开发银行启动了亚洲区域贸易和互联互通基金（Asia Regional Trade and Connectivity Fund），英国承诺提供 3000 万英镑首期资金。

四、美欧在印太地区的战略互动及其未来走向

特朗普政府时期的美欧关系受到了严重的冲击，在很多议题上的合作明显存在分歧甚至缺位。随着欧洲逐步将战略重心转移到印太地区，可以发现，与中国开展战略竞争、克服由中国崛起引发的“战略焦虑”并维护欧洲在秩序、文明以及经济上的主导权成为欧洲在印太地区的主要战略目标。美国和欧洲在印太地区有着遏制中国这一共同的战略目标，因此，美

① Rod McGuirk, “UK, Australia Commit to Free Trade Negotiations,” The Diplomat, accessed February 7, 2020, https://thediplomat.com/2020/02/uk-australia-commit-to-free-trade-negotiations/.

欧在印太地区的战略互动实际上是针对中国因素的战略互动。总体来说，特朗普政府更倾向于采用单边主义的外交方式，忽略了与欧洲盟友在印太地区的战略协调与合作。

特朗普政府时期，美欧在印太地区的互动形式主要为美国对欧洲在中国问题上进行施压，敦促其形成对华统一的战略竞争立场。特朗普政府不断向欧洲盟友施压，要求禁止使用华为公司的 5G 网络。东欧的罗马尼亚、波兰、爱沙尼亚、拉脱维亚和捷克与美国政府签署了有关 5G 安全的联合声明或备忘录，以限制高风险供应商的市场准入，并增加了对网络安全和情报部门的监管。[①] 同时，其他的欧洲国家也在美国的施压之下选择禁止或部分禁止使用华为的 5G 网络。比如，瑞典政府以“威胁国家安全”为由，宣布禁止华为和中兴等中国企业参与 5G 网络建设；法国政府表示不会将华为排除在外，但是出于安全原因，将更青睐欧洲的提供商，并将对其进行限制以保护军事基地、核设施和其他敏感地点[②]；英国对华为 5G 网络进行评估并表示，由于受美国所制定规则的影响，他们无法确保华为 5G 网络的安全可靠性[③]，英国的移动提供商被禁止在 2020 年 12 月 31 日之后购买新的华为 5G 设备，并且还必须在 2027 年之前从其网络中删除该公司的所有 5G 套件。[④]

特朗普政府时期，美欧在印太地区战略互动的缺失引发了学术界的广泛批评。关于如何推动美欧在印太地区的合作，诸多学者纷纷提出建议与

① Laurens Cerulus, “Trump and friends: Where European countries come down on Huawei,” Politico, accessed May 20, 2020, https://www.politico.eu/article/trump-and-friends-where-europe-comes-down-on-huawei-5g/.

② The Associated Press, “France won't ban Huawei but favors European 5G systems,” abc News, accessed August 29, 2020, https://abcnews.go.com/International/wireStory/france-ban-huawei-favors-european-5g-systems-72688684.

③ Toby Helm, “Pressure from Trump led to 5G ban, Britain tells Huawei,” The Guardian, accessed July 18, 2020, https://www.theguardian.com/technology/2020/jul/18/pressure-from-trump-led-to-5g-ban-britain-tells-huawei.

④ “Huawei 5G kit must be removed from UK by 2027,” BBC News, accessed July 14 2020, https://www.bbc.com/news/technology-53403793.

对策。卡内基国际和平基金会的埃里克·布拉特贝里（Erik Brattberg）和菲利普·勒·科尔（Philippe Le Corre）在《强化印太地区跨大西洋合作的切实途径》中指出，一方面，要深化欧洲在印太地区的存在，包括强化欧洲对印太地区的战略考量、建立欧洲对中国的共识、加强对以东盟为中心的地区多边主义的投资、增加对非传统安全的援助、鼓励法国和英国参与印太地区尤其是南海的海上安全和航行自由行动、增加国防出口以加强在印太地区的军事存在、深化与区域伙伴的互联互通合作；另一方面，美欧之间要加强在印太地区的合作，包括加强定期的、制度化的高层对话、峰会以及规划以及建立政治议题上的统一战线。美国政府应吸引欧洲伙伴加入其印太战略，重视欧盟的独特价值并发挥其补充性作用。美国不应再将欧盟视为敌人，而应鼓励欧洲在印太地区进行更广泛的合作以促进直接跨大西洋安全议题方面的合作，加强在地区基础设施和互联互通方面投资上的合作和加强在出口管制和外国直接投资审查方面的合作。[①]

哈佛大学肯尼迪学院发布了《一起更强大：一个振兴跨大西洋力量的战略》(Stronger Together: A Strategy to Revitalize Transatlantic Power)，该报告就美欧如何针对中国开展跨大西洋合作提出了政策建议。美欧双方应就中国挑战加强对话、共同协商。拜登政府需要恢复对大西洋两岸关系的信任，以及在欧洲价值观和利益受到侵犯时需要采取更团结、更强硬的政策。该报告建议双方合作的五大优先事项分别为：在 WTO 对中国的贸易问题形成统一战线；加强和协调投资审查机制，制定有针对性的出口控制措施来保护关键基础设施和技术，包括禁止华为进入欧美国家的 5G 网络，以及增加情报共享；开发可替代中国“一带一路”倡议的可靠方案，为受援国提供良好的治理环境和劳动成果；制定有针对性的出口管制和制裁措施以保障人权。[②]

① Erik Brattberg and Philippe Le Corre, “Tangible Ways to Deepen Transatlantic Cooperation in the Indo-Pacific,” *Carnegie Endowment for International Peace*, January 25, 2019, pp.26-32.

② “Stronger Together: A Strategy to Revitalize Transatlantic Power,” *Harvard Kennedy School*, December 12, 2020, pp.35-36.

在2020年美国大选前几日，两位德国政府官员呼吁美国与欧洲形成统一的对华战线。德国国防部长卡伦鲍尔是跨大西洋联盟的忠实拥护者，她主张建立一个“新强化的西方贸易联盟”来应对中国；马斯表示，特朗普执政的四年任期损害了欧美之间的关系，却让外部大国受益。中国崛起带来的挑战为跨大西洋伙伴关系的重新建立提供了机会。[①]在特朗普执政末期，拜登赢得大选尚未任职时，双方便开始推动大西洋伙伴关系的重新启动。2020年12月，欧盟发布了《欧盟—美国应对全球变化的新议程》（A new EU-US agenda for global change），该倡议强调了美国和欧洲跨大西洋关系得以建立的共同的历史、价值观和利益基础，以及美欧关系对于卫生、安全、气候、贸易和技术以及多边秩序方面的全球合作的重要性。欧盟提出大西洋伙伴关系新议程的基本原则应当为“致力于更加强大的多边行动和制度，追求共同利益和发挥集体力量，以公平、开放、竞争的价值观为基础”。该倡议详细列出了美欧下一步应当在应对新冠肺炎、气候治理、技术、贸易和标准以及促进全世界的安全、繁荣与民主等方面所要进行的合作项目。

拜登上台后，西方力量可能会有一定程度的联合，进一步提高在中国问题上的一致性，有可能在所谓的人权问题、科学技术以及南海问题等议题上对中国施压。然而，我们也不应过分夸大中国面临的来自美欧战略联合的压力，一方面，特朗普政府时期，美欧双方战略互信被严重削弱，在众多议题上存在分歧与矛盾，“美国优先”仍将隐形地体现在拜登政府的对欧政策中，美国与欧洲盟友关系的修复程度有限，较难形成对抗中国的联盟；另一方面，西方国家并非铁板一块，欧洲和美国是具有不同利益和对华立场的独立行为体，欧洲并不会一味迁就美国而牺牲自身利益。

① Stuart Lau, “German politicians call for US, Europe to form united front on China,” SCMP, accessed October 26, 2020, https://www.scmp.com/news/china/diplomacy/article/3107141/german-politicians-call-us-europe-form-united-front-china.

结 语

印太概念的普及以及大国印太战略的出台，说明太平洋和印度洋地区正在经历一场深刻的地缘政治的变化。同时，地区秩序正处于解构与重组的过程，印太地区正在呈现出地区力量格局多极化的趋势。除了美国之外，印度、日本、澳大利亚、东盟以及欧洲的法国、德国、英国以及荷兰等诸多印太地区及印太相关国家纷纷推出印太战略或印太愿景，进一步申明本国在印太地区的重要利益，并加紧升级与印太伙伴之间的战略合作，尤其是实力较强的地区大国将进一步参与印太地区事务，他们在互动的过程中不断增强自身实力，使地区力量格局呈现多极化趋势。这种多极化趋势有可能是一种“有限多极”，一方面，“极”之间非常不平衡，美国的综合国力依然远超其他国家，同时，中国与各国的差距也在不断拉大；另一方面，其他大国与中小国家的差距在缩小，大国的实力、能力和自由度都在不断下降，中小国家军费开支和装备投入日益增长，以致力于提升其国际话语权。①

可以看出，美国在印太地区的联盟体系较为稳定。其一，从美日澳关系来看，仍以美日与美澳同盟为依托，日澳双边关系的发展更多依靠美日澳三边关系，没有偏离该三边框架；其二，作为域外大国的英国，在寻求与印太国家日本的合作时，也是以美日同盟为依托，这就更加印证了美国同盟体系的牢固性；其三，美印日澳正在形成日益紧密的联盟，在一定程度上与中国形成抗衡的局面。美国正在试图主导美印日澳四边安全机制，

① 胡波：《全球海上多极格局与中国海军的崛起》，《亚太安全与海洋研究》2020 年第 6 期。

以在海上对中国形成围堵之势；应对来自美印日澳以国家身份以及联合性质的竞争与博弈，也是中国面临的一大挑战。

此外，印度、澳大利亚和日本都在寻求与除了美国之外国家进行合作。美国对华战略竞争为新兴的亚洲大国在中美之外寻求一个平台提供契机，这些国家对于地区秩序未来的不确定性使他们报团取暖，并加速寻找在经济与安全方面除了中美之外的替代路径。长期来看，对中国的不利影响在于，对话战略竞争将在一定程度上减弱中国的价值与优势。比如德国等欧洲国家在试图摆脱对中国的经济依赖，扩大在印太地区的伙伴关系网络，比如视印度为具有发展潜力的合作伙伴。

美国作为印太战略的主导国，其战略导向将在很大程度上影响其他国家战略目标的确立。拜登政府印太战略将很有可能增添一些新的内容，诸多国家战略合作的议题将更加广泛。同时，印太国家之间的战略互动很有可能会加速，美日印澳四国安全机制合作将更加紧密，印太地区未来局势的发展还需要进一步追踪观察。印太战略的实施与推行对于中国来说，更像是一个正在崛起的大国所面临的棘手的考验，我们需要以前所未有的警觉与智慧，将战略困境转化成机遇。

参考文献

一、中文文献

（一）中文专著

[1]陈万灵，等. 海上通道——21世纪海上丝绸之路[M]. 重庆：重庆大学出版社，2019.

[2]陈志瑞，刘丰. 国际体系与国内政治：新古典现实主义的探索[M]. 北京：北京大学出版社，2015.

[3]崔越. 澳大利亚的中等强国外交[M]. 北京：对外经济贸易大学出版社，2016.

[4]方连庆，王炳元，刘金质. 国际关系史（战后卷）[M]. 北京：北京大学出版社，2006.

[5]方长平. 国际冲突的理论与实践[M]. 北京：社会科学文献出版社，2015.

[6]韩爱勇. 在权力政治与自由主义之间——冷战后东亚秩序的理论范式研究[M]. 北京：中央编译出版社，2015.

[7]胡波. 后马汉时代的中国海权[M]. 北京：海洋出版社，2018.

[8]鞠海龙. 亚洲海权地缘格局论[M]. 北京：中国社会科学出版社，2007.

[9]鞠海龙. 中国海权战略[M]. 北京：时事出版社，2010.

[10]鞠海龙. 中国海权战略参照体系[M]. 北京：中国社会科学出版社，2012.

[11]鞠海龙. 海权与国际海洋秩序[M]. 北京：时事出版社，2018.

[12]李宝田，张丹，吴良. 中国历史上的南海与南海诸岛[M]. 深圳：海天出版社，2019.

[13]李庆余，任李明，戴红霞. 美国外交传统及其缔造者[M]. 北京：商务印书馆，2010.

[14]李少军. 国际战略学[M]. 北京：中国社会科学出版社，2009.

[15]李双建，于保华. 美国海洋战略研究[M]. 北京：时事出版社，2016.

[16]廉德瑰，金永明. 日本海洋战略研究[M]. 北京：时事出版社，2016.

[17]刘学成. 特朗普的印太战略新发展与东盟的战略应对[M]. 北京：世界知识出版社，2020.

[18]刘峥，刘远凝. 中国地缘政治的战略选项[M]. 北京：人民出版社，2017.

[19]栾建章. 百年大变局遇上百年大流疫[M]. 北京：当代世界出版社，2020.

[20]吕靖. 保障我国海上通道安全研究[M]. 北京：经济科学出版社，2018.

[21]吕正理. 东亚大历史[M]. 北京：群言出版社，2015.

[22]马加力. 印度外交战略纵论[M]. 北京：中国民主法治出版社，2020.

[23]门洪华. 中国国际战略导论（第二版）[M]. 上海：上海人民出版社，2017.

[24]倪世雄. 我国的地缘政治及其战略研究[M]. 北京：经济科学出版社，2015.

[25]钮先钟. 历史与战略[M]. 上海：文汇出版社，2018.

[26]钮先钟. 战略研究入门[M]. 上海：文汇出版社，2018.

[27]彭克慧. 新中国海洋战略发展史[M]. 北京：人民出版社，2017.

[28]秦亚青. 国际关系理论：反思与重构[M]. 北京：北京大学出版社，2012.

[29]秦亚青. 权力・制度・文化：国际关系理论与方法研究文集[M]. 北京：北京大学出版社，2005.

[30]任佳，杨光. 环印度洋地区经济发展研究[M]. 北京：中国社会科学出版社，2017.

[31]时宏远. 印度海洋安全战略研究[M]. 北京：中国社会科学出版社，2019.

[32]宋德星. 印度海洋战略研究[M]. 北京：时事出版社，2016.

[33]苏长和. 全球公共问题与国际合作：一种制度的分析[M]. 上海：上海人民出版社，2000.

[34]孙现朴. 印度东向政策研究[M]. 北京：中国社会科学出版社，2018.

[35]汪曙申. 海权—陆权关系与台湾问题[M]. 北京：社会科学文献出版社，2014.

[36]王帆. 大国外交[M]. 北京：北京联合出版公司，2016.

[37]王帆. 美国的东亚政策[M]. 北京：社会科学文献出版社，2016.

[38]王晓文. 美国印度洋战略的历史演进研究[M]. 北京：国家行政学院出版社，2017.

[39]王振玲. 美欧应对中国崛起：理论、战略与互动[M]. 北京：世界知识出版社，2016.

[40]吴征宇. 霸权的逻辑：地理政治与战后美国大战略[M]. 北京：中国人民大学出版社，2010.

[41]肖天亮. 战略学[M]. 北京：国防大学出版社，2015.

[42]修斌. 日本海洋战略研究[M]. 北京：中国社会科学出版社，2016.

[43]薛桂芳. 澳大利亚海洋战略研究[M]. 北京：时事出版社，2016.

[44]薛翔. 国家安全战略学教程[M]. 北京：军事科学出版社，2013.

[45]阎学通. 大国领导力[M]. 北京：中信出版社，2020.

[46]阎学通. 世界权力的转移：政治领导与战略竞争[M]. 北京：北京大学出版社，2015.

[47]杨国桢. 中国海洋权空间简史[M]. 北京：海洋出版社，2019.

[48]杨国桢. 中国海洋权益空间[M]. 北京：海洋出版社，2019.

[49]杨国桢. 中国海洋战略空间[M]. 北京：海洋出版社，2019.

[50]张茗. 摇晃的钟摆：欧盟—美国关系研究[M]. 上海：上海社会科学院出版社，2018.

[51]张维为. 这就是中国：走向世界的中国力量[M]. 上海：上海人民出版社，2019.

[52]张文木. 论中国海权[M]. 北京：海洋出版社，2010.

[53]张文木. 印度与印度洋——基于中国地缘政治视角[M]. 北京：中国社会科学出版社，2015.

[54]张文木. 中国地缘政治论[M]. 北京：海洋出版社，2015.

[55]赵原. 默克尔传[M]. 北京：新世界出版社，2016.

[56]郑永年. 大趋势：中国下一步[M]. 北京：东方出版社，2019.

[57]郑永年. 亚洲新秩序[M]. 广州：广东人民出版社，2018.

[58]周丕启. 合法性与大战略：北约体系内美国的霸权护持[M]. 北京：北京大学出版社，2005.

[59]朱翠萍. 印度洋地区发展报告（2019）[M]. 北京：社会科学文献出版社，2019.

[60]朱锋. 南海局势深度分析报告（2014）[M]. 北京：世界知识出版社，2016.

[61]朱坚真. 中国海洋安全体系研究[M]. 北京：海洋出版社，2015.

[62]朱坚真. 中国沿海港口交通体系与海上通道安全[M]. 北京：海洋出版社，2017.

[63]资中筠. 20世纪的美国[M]. 北京：商务印书馆，2018.

（二）中文译著

[1]埃马纽埃尔・马克龙. 变革[M]. 罗小鹏，译. 成都：四川人民出版社，2018.

[2]彼得・卡赞斯坦. 地区构成的世界：美国帝权中的亚洲和欧洲[M]. 秦亚青，魏玲，译. 北京：北京大学出版社，2007.

[3]布热津斯基. 大棋局——美国的首要地位及其地缘战略[M]. 中国国际问题研究所，译. 上海：上海人民出版社，2018.

[4]查尔斯・库普乾. 美国时代的终结——美国外交政策与21世纪的地缘政治[M]. 潘忠岐，译. 上海：上海人民出版社，2004.

[5]大卫・布鲁斯特. 印度之洋：印度谋求地区领导权的真相[M]. 杜幼康，毛悦，译. 北京：社会科学文献出版社，2016.

[6]格雷厄姆・艾利森. 注定一战：中美能避免修昔底德陷阱吗？[M]. 陈定定，傅强，译. 上海：上海人民出版社，2019.

[7]哈・麦金德. 历史的地理枢纽[M]. 武原，译. 北京：商务印书馆，2010.

[8]汉斯・摩根索. 国家间政治：权力斗争与和平[M]. 徐昕，郝望，李保平，译. 北京：北京大学出版社，2006.

[9]亨利·基辛格. 大外交[M]. 顾淑馨，林添贵，译. 海口：海南出版社，2012.

[10]亨利·基辛格. 世界秩序[M]. 胡利平，林华，曹爱菊，译. 北京：中信出版社，2015.

[11]胡里奥·克雷斯波·麦克伦南. 欧洲：欧洲文明如何塑造现代世界[M]. 黄锦桂，译. 北京：中信出版社，2020.

[12]贾瓦哈拉尔·尼赫鲁. 印度的发现[M]. 向哲濬，朱彬元，杨寿林，译. 上海：上海人民出版社，2016.

[13]杰弗里·帕克. 地缘政治学：过去、现在和未来[M]. 刘从德，译. 北京：新华出版社，2003.

[14]金俊远. 中国大战略与国际安全[M]. 王军，林民旺，译. 北京：社会科学文献出版社，2008.

[15]K. M. 潘尼迦. 印度和印度洋：略论海权对印度历史的影响[M]. 德隆，望蜀，译. 北京：世界知识出版社，1965.

[16]卡尔·豪斯霍弗. 太平洋地缘政治学—地理与历史之间关系的研究[M]. 马勇，张培均，译. 北京：华夏出版社，2020.

[17]克劳塞维茨. 战争论[M]. 孙志新，译. 北京：北京联合出版公司，2014.

[18]克里斯·布朗，克尔斯滕·安利. 理解国际关系（第三版）[M]. 吴志成，刘丰，刘佳，译. 北京：中央编译出版社，2010.

[19]克里斯托弗·科克尔. 大国冲突的逻辑：中美之间如何避免战争[M]. 卿松竹，译. 北京：新华出版社，2016.

[20]肯尼思·沃尔兹. 国际政治理论[M]. 信强，译. 上海：上海人民出版社，2008.

[21]拉贾·莫汉. 莫迪的世界[M]. 朱翠萍，杨怡爽，译. 北京：社会科学文献出版社，2016.

[22]兰德尔·施韦勒. 没有应答的威胁：均势的政治制约[M]. 刘丰，陈永，译. 北京：北京大学出版社，2015.

[23]李德·哈特. 战略论——间接路线[M]. 钮先钟，译. 上海：上海人民出版

社，2010.

[24]林肯・佩恩. 海洋与文明[M]. 陈建军，罗燚英，译. 天津：天津人民出版社，2017.

[25]罗伯特・D. 卡普兰. 即将到来的地缘战争[M]. 涵朴，译. 广州：广东人民出版社，2013.

[26]罗伯特・阿特. 美国大战略[M]. 郭树勇，译. 北京：北京大学出版社，2005.

[27]罗伯特・基欧汉，约瑟夫・奈. 权力与相互依赖（第3版）[M]. 门洪华，译. 北京：北京大学出版社，2002.

[28]罗伯特・基欧汉. 霸权之后：世界政治经济中的合作与纷争[M]. 苏长和，信强，何曜，译. 上海：上海人民出版社，2006.

[29]罗伯特・杰维斯. 系统效应：政治与社会生活中的复杂性[M]. 李少军，杨少华，官志雄，译. 上海：上海人民出版社，2020.

[30]罗伯特・杰维斯. 信号与欺骗：国际关系中的形象逻辑[M]. 徐进，译. 北京：中央编译出版社，2017.

[31]罗南・法罗. 向和平宣战：外交的终结和美国影响力的衰落[M]. 李茸，译. 北京：社会科学文献出版社，2019.

[32]马丁・格里菲斯，特里・奥卡拉格汉,史蒂芬・罗奇. 国际关系关键概念（第二版）[M]. 朱丹丹，译. 北京：北京大学出版社，2015.

[33]马汉. 海权论[M]. 一兵，译. 北京：同心出版社，2012.

[34]迈克尔・皮尔逊. 印度洋史[M]. 朱明，译. 北京：东方出版社，2017.

[35]曼瑟尔・奥尔森. 集体行动的逻辑[M]. 陈郁，郭宇峰，李宗新，译. 上海：上海人民出版社，2014.

[36]尼古拉斯・斯皮克曼. 世界政治中的美国战略：美国与权力平衡[M]. 王珊，郭鑫雨，译. 上海：上海人民出版社，2018.

[37]尼古拉斯・斯皮克曼. 和平地理学[M]. 俞海杰，译. 上海：上海人民出版社，2016.

[38]诺林・里普斯曼，杰弗里・托利弗，斯蒂芬・洛贝尔. 新古典现实主义

国际政治理论[M]. 刘丰，张晨，译. 上海：上海人民出版社，2017.

[39]乔尔根・舒尔茨，维尔弗雷德・A. 赫尔曼，汉斯-弗兰克・塞勒. 亚洲海洋战略[M]. 鞠海龙，吴艳，译. 北京：人民出版社，2014.

[40]容安澜. 悬崖勒马——美国对台政策与中美关系[M]. 贾宗谊，武文巧，译. 北京：新华出版社，2007.

[41]斯蒂凡・柯内琉斯. 默克尔传[M]. 杨梦茹，译. 北京：中信出版社，2015.

[42]斯蒂芬・沃尔特. 驯服美国权力：对美国首要地位的全球回应[M]. 郭盛，王颖，译. 上海：上海人民出版社，2008.

[43]斯蒂芬・沃尔特. 联盟的起源[M]. 周丕启，译. 北京：北京大学出版社，2007.

[44]斯科特・巴雷特. 合作的动力：为何提供全球公共产品[M]. 黄智虎，译. 上海：上海人民出版社，2012.

[45]索尔・科恩. 地缘政治学：国际关系的地理学（第二版）[M]. 严春松，译. 上海：上海社会科学院出版社，2011.

[46]伊曼纽尔・沃勒斯坦. 美国势力的衰落[M]. 谭松根，译. 北京：社会科学文献出版社，2007.

[47]约翰・刘易斯・加迪斯. 长和平——冷战史考察[M]. 潘亚玲，译. 上海：上海人民出版社，2011.

[48]约翰・刘易斯・加迪斯. 论大战略[M]. 臧博，崔传刚，译. 北京：中信出版社，2019.

[49]约翰・鲁杰. 多边主义[M]. 苏长和，等译. 杭州：浙江人民出版社，2003.

[50]约翰・米尔斯海默. 大幻想：自由主义之梦与国际现实[M]. 李泽，译. 上海：上海人民出版社，2019.

[51]詹姆斯・菲尔格里夫. 地理与世界霸权[M]. 龚权，译. 上海：上海人民出版社，2016.

（三）中文期刊类

[1]毕世鸿. 安倍晋三的“印太战略”：现实与虚幻之间[J]. 世界知识，2018(14).

[2]蔡鹏鸿. 美军推进“印太”海上安全战略新动向：影响与挑战[J]. 国际展望，2020(4).

[3]曹德军. 中美印不对称三角关系的“信任—权力”分析[J]. 国际展望，2015(5).

[4]曹文振，毕龙翔. 中国海洋强国战略视域下的印度洋海上通道安全[J]. 南亚研究季刊，2016(2).

[5]曹筱阳. 中美博弈：“亚太再平衡”与“一带一路”[J]. 世界知识，2016(4).

[6]陈邦瑜，韦红. 美澳印“印太”战略构想的异同与中国的应对[J]. 社会主义研究，2015(6).

[7]陈积敏，杨晶滢. 美国“印太战略”的演进及其前景探究[J]. 当代世界，2019(10).

[8]陈积敏. 特朗普政府“印太战略”：政策与限度[J]. 和平与发展，2018(1).

[9]陈积敏. 特朗普政府“印太战略”的进程、影响与前景[J]. 和平与发展，2019(1).

[10]陈雅东. 美欧矛盾是当下北约面临的核心问题[J]. 世界知识，2020(1).

[11]陈奕平. 从奥巴马到特朗普：美国东南亚政策的走势[J]. 东南亚研究，2017(1).

[12]丑则静. 从转型到危机：“美国优先”对国际秩序的影响[J]. 国际展望，2020(1).

[13]崔世委，王勇. 美国“印太战略”与印度“东向政策”的互动研究——基于“均势理论”的视角[J]. 东南亚纵横，2019(3).

[14]达巍. 美国对华战略逻辑的演进与“特朗普冲击”[J]. 世界经济与政治，2017(5).

[15]戴永红，周禹鹏. 美印“印太”战略融合与前景[J]. 现代国际关系，2020(7).

[16]丁伊. 印度视角下的“印太战略”[J]. 印度洋经济体研究，2020(2).

[17]冯传禄. 近期中印关系发展趋势研判“回归常态”抑或“战略性转向”[J]. 南亚研究，2019(3).

[18]傅梦孜，楼春豪. 关于21世纪“海上丝绸之路”建设的若干思考[J]. 现代国际关系，2015(3).

[19]甘均先. 中美印围绕新丝绸之路的竞争与合作分析[J]. 东北亚论坛，2015(1).

[20]高兰. 多边安全合作视野下日本“印太战略”的内涵、动因与影响[J]. 日本问题研究，2018(4).

[21]高兰. 印太战略的走向及其对美日同盟的影响——双重模糊、双重确保与双重牵制战略的形成与发展[J]. 人民论坛·学术前沿，2018(15).

[22]葛汉文. “拒绝衰落”与美国“要塞化”：特朗普的大战略[J]. 国际安全研究，2018(3).

[23]葛建华. 试析日本的“印太战略”[J]. 日本学刊，2018(1).

[24]韩召颖，黄钊龙. 从“战略协调”到“战略竞争”：中美关系的演进逻辑[J]. 国际观察，2020(2).

[25]韩召颖，田光强. 印度对于21世纪“海上丝绸之路”倡议的战略疑虑[J]. 现代国际关系，2015(9).

[26]贺凯. 美国印太战略实质与中国的制度制衡——一种基于国际关系理论的政策分析[J]. 现代国际关系，2019(1).

[27]胡波. 美国“印太战略”趋势与前景[J]. 太平洋学报，2019(10).

[28]胡波. 美军海上战略转型：“由海向陆”到“重返制海”[J]. 国际安全研究，2018(5).

[29]胡仕胜. 特朗普的“印太战略”构想与中印互动前景[J]. 世界知识，2018(5).

[30]胡志勇. 美国积极塑造“印太”战略格局及其地缘影响[J]. 南亚研究季

刊，2016(1).

[31]黄凤志，刘瑞. 应对中美关系南海困局的思考[J]. 东北亚论坛，2017(2).

[32]黄海涛. 不确定性、风险管理与信任决策[J]. 世界经济与政治，2016(12).

[33]黄河. 美国地缘政治战略演变中的遏制思维：从“选择性遏制”到“印太战略”[J]. 深圳大学学报（人文社会科学版），2018(1).

[34]季澄，宋德星. 印太视域下的中、美、印海上地缘博弈——表象与实质[J]. 亚太安全与海洋研究，2017(5).

[35]解晓东,赵青海. 美国对海权的再认识及其政策影响[J]. 国际问题研究，2017(3).

[36]鞠海龙. 中美海洋与岛屿战略：对撞抑或相容？[J]. 人民论坛·学术前沿，2014(13).

[37]李渤. “印太战略”与印度的安全理念[J]. 人民论坛·学术前沿，2019(12).

[38]李大海，孙杨，韩立民. 21世纪海上丝绸之路：扬流分析、支点选择与空间布局[J]. 太平洋学报，2017(1).

[39]李红梅. 印度洋地区安全结构演变的新态势及原因探析[J]. 国际论坛，2017(1).

[40]李金锋. 美国印太战略构想评析[J]. 印度洋经济体研究，2018(2).

[41]李金明. 在南海遏制中国：印太战略的根本目的[J]. 人民论坛·学术前沿，2018(15).

[42]李莉. 印度东进战略与印太外交[J]. 现代国际关系，2018(1).

[43]李向阳. 论海上丝绸之路的多元化合作机制[J]. 世界经济与政治，2014(11).

[44]连波. 摇晃的“楔子”：美国“印太”战略下的印度战略行为探析[J]. 南亚研究，2021(1).

[45]廉德瑰. 海洋政治视角下的日本印太战略分析[J]. 人民论坛·学术前沿，2018(15).

[46]梁甲瑞，高文胜. 中美南太平洋地区的博弈态势、动因及手段[J]. 太平洋

学报，2017(6).

[47]林民旺.“印太”的建构与亚洲地缘政治的张力[J]. 外交评论，2018(1).

[48]林民旺. 理顺中印关系，“印太战略”不攻自破[J]. 世界知识，2018(10).

[49]林民旺. 一个“印太”，各自表述[J]. 世界知识，2018(14).

[50]凌胜利，王彦飞. 木桶效应：“印太”视域下的印澳合作[J]. 南亚研究，2019(3).

[51]凌胜利. 亚太优先：美国亚太主导权战略探析[J]. 东北亚论坛，2020(2).

[52]刘阿明. 东盟对美国印太战略的认知与反应[J]. 南洋问题研究，2020(2).

[53]刘霏. 俄罗斯的南海政策及其对中国海洋争端的影响——基于美国亚太再平衡战略的分析[J]. 东北亚论坛，2016(1).

[54]刘霏. 印度强化“东向”政策对中国海洋争端的影响[J]. 世界经济与政治，2016(4).

[55]刘匡宇. 台湾参与“印太战略”的动机、路径与影响[J]. 世界知识，2018(16).

[56]刘兰，徐质斌. 关于中国海洋安全的理论探讨[J]. 太平洋学报，2017(2).

[57]刘磊，于婷婷. 莫迪执政以来印度与东南亚国家的海上安全合作[J]. 亚太安全与海洋研究，2019(1).

[58]刘琳.“印太战略”与南海：焦点中的焦点[J]. 世界知识，2018(13).

[59]刘琳. 东盟“印太展望”及其对美日等国“印太战略”的消解[J]. 东南亚研究，2019(4).

[60]刘卿. 美国东南亚政策转向及前景[J]. 国际问题研究，2020(5).

[61]刘若楠. 印太战略框架下美国与东南亚国家的安全合作[J]. 南洋问题研究，2020(2).

[62]刘胜湘，辛田. 均势制衡与特朗普政府“印太”战略论析[J]. 当代亚太，2018(3).

[63]刘新华. 西太平洋地区的海洋安全形势与中国的地区性海权[J]. 太平洋学报，2011(2).

[64]刘稚，安东程. 东盟国家视角下的美国“印太战略”[J]. 国际展望，2020(3).

[65]刘中民. 国际海洋形势变革背景下的中国海洋安全战略——一种框架性的研究[J]. 国际观察，2011(3).

[66]楼春豪. 新冠肺炎疫情与印度对外战略新态势[J]. 外交评论，2020(5).

[67]楼春豪. 战略认知转变与莫迪政府的海洋安全战略[J]. 外交评论，2018(5).

[68]马博. 特朗普“美国优先”外交理念与对华外交思维初探[J]. 东北亚论坛，2017(5).

[69]孟庆龙. 从美印关系看印太战略的前景[J]. 人民论坛·学术前沿，2018(15).

[70]孟庆龙. 中印边界战争前后美国对印度态度的变化———兼论美印关系的历史基础[J]. 清华大学学报（哲学社会科学版），2020(3).

[71]苗吉. “印太”视角下的日印关系[J]. 当代世界，2019(2).

[72]聂文娟. 中美东南亚地区秩序理念的比较及地区秩序的演变趋势分析[J]. 当代亚太，2020(6).

[73]潘飞. “印太战略”考虑下的特朗普政府对台政策[J]. 台湾研究，2019(4).

[74]庞加欣. 特朗普政府“印太投资计划”的内容及影响[J]. 人民论坛·学术前沿，2019(24).

[75]齐皓. 印太战略视角下南海问题国际化的特点与前景[J]. 南洋问题研究，2021(3).

[76]仇朝兵. 奥巴马时期美国的“印太战略”———基于美国大战略的考察[J]. 美国研究，2018(1).

[77]仇朝兵. 特朗普政府的“印太战略”及其对中国地区安全环境的影响[J]. 美国研究，2019(5).

[78]荣鹰. 从“马拉巴尔”军演看大国印太战略互动新态势[J]. 和平与发展，2017(5).

[79]沈雅梅. 特朗普“美国优先”的诉求与制约[J]. 国际问题研究，2018(2).

[80]师学伟. 印度“印太”战略：逻辑、目标与趋向[J]. 太平洋学报，

2019(9).

[81]石源华. “五海联动”构建中国周边海洋安全大布局[J]. 世界知识，2016(5).

[82]时殷弘. 关于中国的亚洲西太平洋战略和南海问题[J]. 东南亚研究，2016(5).

[83]宋伟. 从印太地区到印太体系：演进中的战略格局[J]. 太平洋学报，2018(11).

[84]宋伟. 试论澳大利亚的印太体系概念与战略路径选择[J]. 上海交通大学学报（哲学社会科学版），2016(2).

[85]孙现朴. “印太”语境下的印日防务合作[J]. 理论视野，2017(3).

[86]王建民. 台湾问题与中国海洋安全[J]. 世界知识，2017(18).

[87]王竞超. 日澳海洋安全合作探析：历史演进、动因与前景[J]. 太平洋学报，2018(9).

[88]王竞超. 日本印太战略的兴起与制约因素[J]. 世界经济与政治论坛，2018(4).

[89]王丽娜. 印度莫迪政府“印太”战略评估[J]. 当代亚太，2018(3).

[90]王鹏. “对冲”与“楔子”：美国“印太”战略的内生逻辑——新古典现实主义的视角[J]. 当代亚太，2018(3).

[91]王守都. 美国“印太战略”概念构建与政策现状——基于战略叙述框架的分析[J]. 亚太安全与海洋研究，2019(3).

[92]王晓文. 美国“印太”战略对南海问题的影响——以“印太”战略支点国家为重点[J]. 东南亚研究，2016(5).

[93]王晓文. 美国印太战略与中国海洋安全态势[J]. 前线，2019(12).

[94]王晓文. 中印在印度洋上的战略冲突与合作潜质——基于中美印“战略三角”格局的视角[J]. 世界经济与政治论坛，2017(1).

[95]韦宗友. 美国南海政策新发展与中美亚太共处[J]. 国际观察，2016(6).

[96]韦宗友. 印太视角下的“东盟中心地位”及美国－东盟关系挑战[J]. 南洋问题研究，2019(3).

[97]吴琳. 印度对中美竞争的认知与应对[J]. 国际问题研究，2020(4).

[98]吴心伯. 特朗普政府重构中美关系的抱负与局限[J]. 国际问题研究，2020(1).

[99]吴兆礼. 印度“东向”与越南“西看”：战略互动背后的驱动力量[J]. 世界知识，2016(6).

[100]夏立平，马艳红. 特朗普政府建立南海“议题联盟”初论[J]. 东南亚研究，2018(6).

[101]夏立平，钟琦. 特朗普政府“印太战略构想”评析[J]. 现代国际关系，2018(1).

[102]谢超. 中印洞朗危机后印度的对华政策及其美国因素[J]. 和平与发展，2018(6).

[103]谢贵平. 印太战略对中国的威胁及应对思路[J]. 人民论坛·学术前沿，2018(15).

[104]信强. “三重博弈”：中美关系视角下的“一带一路”战略[J]. 美国研究，2016(5).

[105]邢瑞利，刘艳峰. 印美在南海地区的战略互动：动因、进展与前景[J]. 国际论坛，2016(5).

[106]徐金金. 特朗普政府的“印太战略”[J]. 美国研究，2018(1).

[107]许娟. “印太”语境下的美印日海洋安全合作[J]. 南亚研究，2017(2).

[108]许少民. 澳大利亚“印太”战略观：内涵、动因和前景[J]. 当代亚太，2018(3).

[109]许少民. 国家利益、威胁认知与澳大利亚对华政策的重置[J]. 外交评论，2020(5).

[110]薛力. “印太战略”对“一带一路”影响几何[J]. 世界知识，2018(3).

[111]杨瑞，王世达. 印度与“印太战略构想”：定位、介入及局限[J]. 现代国际关系，2018(1).

[112]杨思灵. 印度与美日海洋安全互动：进攻性现实主义视角[J]. 国际安全研究，2017(5).

[113]杨泽军. 特朗普政府的极限“台湾牌”：表现、意图与影响[J]. 亚太安全与海洋研究，2020(3).

[114]杨震，王森. 论美国“印太战略”面临的障碍与困境[J]. 国际观察，2019(3).

[115]杨震，周云亨，郑海琦. 从美国海权合作战略的演进看美国海权战略调整[J]. 太平洋学报，2017(3).

[116]叶海林. “印太”概念的前景与中国的应对策略[J]. 印度洋经济体研究，2018(2).

[117]张根海，王颖. “印—太战略弧”视阈下美印日澳组合对南海安全的导向性分析[J]. 南亚研究，2017(4).

[118]张家栋. 美国“印太”倡议及其对中国的影响[J]. 印度洋经济体研究，2018(3).

[119]张洁. 东盟版“印太”愿景：对地区秩序变化的认知与战略选择[J]. 太平洋学报，2019(6).

[120]张洁. 东盟正式接受了“印太”概念[J]. 世界知识，2019(15).

[121]张洁. 美日印澳“四边对话”与亚太地区秩序的重构[J]. 国际问题研究，2018(5).

[122]张立. 美国“印太”联盟战略的困境与中国的应对[J]. 南亚研究季刊，2016(4).

[123]张晓东. 经济转型中的中国海权探索——以国家战略层面为中心[J]. 亚太安全与海洋研究，2020(1).

[124]张亚庆，刘子奎. 论特朗普政府的“印太战略”[J]. 当代美国评论，2018(2).

[125]张耀之. 日本的印太战略理念与政策实践[J]. 日本问题研究，2018(2).

[126]张勇. 奥巴马政府的亚太地区“少边主义”外交浅析[J]. 美国研究，2012(2).

[127]赵怀普. 从“欧洲优先”到“美国优先”：美国战略重心转移对大西洋联盟的影响[J]. 国际论坛，2020(3).

[128]赵明昊. “美国优先”与特朗普政府的亚太政策取向[J]. 外交评论，2017(4).

[129]赵明昊. 美国推进“印太战略”的四个趋向[J]. 世界知识，2019(13).

[130]赵明昊. 特朗普执政与中美关系的战略转型[J]. 美国研究，2018(5).

[131]赵青海. 新瓶旧酒：特朗普政府的印太战略[J]. 人民论坛·学术前沿，2018(15).

[132]钟厚涛. “印太战略”背景下特朗普政府对台湾的角色定位及其影响——以奥巴马时期“亚太再平衡战略”为参照[J]. 现代台湾研究，2019(5).

[133]周方银,王婉. 澳大利亚视角下的印太战略及中国的应对[J]. 现代国际关系，2018(1).

[134]朱翠萍. “一带一路”倡议的南亚方向：地缘政治格局、印度难点与突破路径[J]. 南亚研究，2017(2).

[135]朱翠萍. “印太”：概念阐释、实施的局限性与战略走势[J]. 印度洋经济体研究，2018(5).

[136]朱翠萍. 特朗普政府“印太”战略及其对中国安全的影响[J]. 南亚研究，2018(4).

[137]朱锋. “印太战略”阴影下的南海大国较量[J]. 世界知识，2018(1).

[138]朱锋. 大变局下的南海局势：新问题与新特点[J]. 人民论坛·学术前沿，2021(3).

[139]邹志强，孙德刚. 港口政治化：中国参与“21世纪海上丝绸之路”沿线港口建设的政治风险探析[J]. 太平洋学报，2020(10).

二、英文文献

（一）英文专著

[1]Ash Rossiter and Brendon J. Cannon. Conflict and Cooperation in the Indo-Pacific: New Geopolitical Realities[M]. New York: Routledge, 2020.

[2]C. Raja Mohan. Sino-Indian Rivalry in the Indo-Pacific[M]. Washington DC:

Carnegie Endowment, 2012.

[3]Chintamani Mahapatra. Rise of the Indo-Pacific: Perspectives, Dimensions and Challenges[M]. Washington DC: Pentagon Press, 2019.

[4]David P. Callo and B.M. Rowland. America and the World Political Economy, Atlantic Dreams and National Realities[M]. Bloomington: Indiana University Press, 1973.

[5]Edward A. Alpers. The Indian Ocean in World History[M]. Oxford: Oxford University Press, 2013.

[6]Harry Harding. The India-China Relationship: What the United States Needs to Know[M]. New York: Columbia University Press, 2004.

[7]Jeff M. Smith. Asia's Quest for Balance: China's Rise and Balancing in the Indo-Pacific[M]. Maryland: Rowman & Littlefield Publishers, 2018.

[8]Michael R. Auslin. Asia's New Geopolitics: Essays on Reshaping the Indo-Pacific[M]. California: Hoover Institution Press, 2020.

[9]Oliver Turner and Inderjeet Parmar. The United States in the Indo-Pacific: Obama's legacy and the Trump transition[M]. Manchester: Manchester University Press, 2020.

[10]Peter Dombrowski and Andrew C. Winner. The Indian Ocean and US Grand Strategy[M]. Washington DC: Georgetown University Press, 2014.

[11]Priya Chacko. New Regional Geopolitics in the Indo-Pacific[M]. New York: Routledge, 2016.

[12]Richard Javad Heydarian. The Indo-Pacific: Trump, China, and the New Struggle for Global Mastery[M]. Singapore: Palgrave Macmillan, 2020.

[13]Robert J.Art. A Grand Strategy for America[M]. New York: Cornell University Press, 2003.

[14]Robert J.Art. America's Grand Strategy and World Politics[M]. New Work: Routledge, 2009.

[15]Rory Medcalf. Indo-Pacific Empire: China, America and the contest for the

world's pivotal region[M]. Manchester:Manchester University Press, 2020.

[16]Sharad Tewari and Dr Roshan Khanijo. The Indo-Pacific Region: Security Dynamics and Challenges[M]. Delhi: Vij Books India, 2017.

（二）英文期刊、报告及论文类

[1]Amitendu Palit. India's Act East Policy and Implications for Southeast Asia[J]. Southeast Asian Affairs, 2016(01): 81-91.

[2]Andrea Gilli. France's New Raison D'ÊTRE in the Indo-Pacific[R]. German Marshall Fund of the United States, 2019(05): 18–21.

[3]Antara Ghosal Singh. India, China and the US: strategic convergence in the Indo-Pacific[J]. Journal of the Indian Ocean Region, 2012, 12(2): 161-176.

[4]Arzan Tarapore. The U.S. Response to the Belt and Road Initiative: Answering New Threats with New Partnerships[J]. Asia Policy, 2019, 14(2): 34-41.

[5]Asha Sundaramurthy. The China Factor in India-Australia Maritime[J]. Asian Affairs, 2020, 51(1): 169-188.

[6]Beverley Loke. China's Rise and U.S. Hegemony: Navigating Great-Power Management in East Asia[J]. Asia Policy, 2019, 14(3): 41-60.

[7]Bhubhindar Singh, Sarah Teo, Shawn Ho & Henrick Tsjeng. Contending visions of East Asian regional order: insights from the United States, China, Japan, and Indonesia, Asian Affairs: An American Review[J]. Asian Affairs, 2019, 46(1): 19-41.

[8]Bonnie S. Glaser.US-China Relations: Managing Differences Remains an Urgent Challenge[J]. Southeast Asian Affairs, 2014(02): 76-82.

[9]Brian Harding. The Trump Administration's Free and Open Indo-Pacific Approach[J]. Southeast Asian Affairs, 2019(03): 61-67.

[10]Caitlin Byrne. Securing the 'Rules-Based Order' in the Indo-Pacific: The Significance of Strategic Narrative[J]. Security Challenges, 2020, 16(3): 10-15.

[11]Chengxin Pan. The 'Indo-Pacific' and geopolitical anxieties about China's rise in the Asian regional order[J]. Australian Journal of International Affairs, 2014, 68(4):

453-469.

[12]Chinmoyee Das. India's Maritime Diplomacy in South West Indian Ocean: Evaluating strategic partnerships[J]. Journal of Strategic Security, 2019, 12(2): 42-59.

[13]Christian Wirth. Whose 'Freedom of Navigation'? Australia, China, the United States and the making of order in the 'Indo-Pacific'[J]. The Pacific Review, 2019, 32(4): 475-504.

[14]Chunman Zhang. The Power of a Niche Strategy and China's Preemptive and Adaptive Response to the US Indo-Pacific Strategy[J]. China Review, 2020, 20(3): 239-260.

[15]Constantino Xavier. Converting Convergence into Cooperation: The United States and India in South Asia[J]. Asia Policy, 2019, 14(1): 19-50.

[16]Daniel S. Hamilton, "The Transatlantic Pivot[J]. Current History, 2014, 113(761): 123-124.

[17]Darshana M. Baruah. India's Answer to the Belt and Road: A Road Map for South Asia[R]. Carnegie Endowment for International Peace Working Paper, 2018.

[18]David Brewster. India and China at Sea: A Contest of Status and Legitimacy in the Indian Ocean[J]. Asia Policy, 2016(22): 4-10.

[19]David Scott. India's Drive for A 'Blue Water' Navy[J]. Journal of Military and Strategic Studies, 2007, 10(2): 23–51.

[20]David Scott. Small Island Strategies in the Indo-Pacific by Large Powers[J]. The Journal of Territorial and Maritime Studies, 2021, 8(1): 66-85.

[21]David Scott. India's Role in the South China Sea: Geopolitics and Geoeconomics in Play[J]. India Review, 2013, 12(2): 51–69.

[22]Dewi Fortuna Anwar. Indonesia and the ASEAN outlook on the Indo-Pacific[J]. International Affairs, 2020, 96(1): 111-129.

[23]Dick Zandee. NATO in the Trump era: surviving the crisis[R]. Clingendael-the Netherlands Institute of International Relations, 2018.

[24]Donald L.Berlin. India in the Indian Ocean[J]. Naval War College Review,

2006, 59(2): 11-22.

[25]Duchâtel Mathieu. Europe and Maritime Security in the South China Sea: Beyond Principled Statements[J]. Asia policy, 2016, 21(1): 4-58.

[26]Edoardo Baldaro, Matteo Dian. Trump's Grand Strategy and the Post-American World Order[J]. Inter Disciplinary Political Studies, 2018, 4(1): 17-45.

[27]Erik Brattberg, Philippe Le Corre. Tangible Ways to Deepen Transatlantic Cooperation in the Indo-Pacific[R]. Carnegie Endowment for International Peace, 2019: 26–33.

[28]Erik Brattberg, Philippe Le Corre. The Prospects for Transatlantic Cooperation[R]. Carnegie Endowment for International Peace, 2019.

[29]Eva Pejsova. The Indo-Pacific: A Passage to Europe[R]. European Union Institute for Security Studies (EUISS), 2018.

[30]Faizal Yahya. India and Southeast Asia: Revisited[J]. Contemporary Southeast Asia, 2003, 25(1): 79-103.

[31]Felix Heiduk, Nedim Sulejmanović. Will the EU Take View of the Indo-Pacific? Comparing France's and Germany's Approaches[J]. Research Division Asia, 2021(04): 1-28.

[32]Feng Liu & Ruonan Liu. China, the United States, and order transition in East Asia: An economy-security Nexus approach[J]. The Pacific Review, 2019, 32(6): 972-995.

[33]Frank Hoffman. From Preponderance to Partnership: American Maritime Power in the 21st Century[R]. Center for A New American Security, 2008.

[34]Gang Lin and Jacques deLisle. Washington-Taipei Relations at a Crossroads: Introduction[J]. China Review, 2018, 18(3): 1-11.

[35]Garima Mohan. A European Approach to the Indo-Pacific?[R]. Global Public Policy Institute, 2019.

[36]Garima Mohan. A European Strategy for the Indo-Pacific[J]. The Washington Quarterly, 2020, 43(4): 171-185.

[37]Garima Mohan. Europe in the Indo-Pacific: A Case for More Coordination with Quad Countries[R]. German Marshall Fund of the United States, 2020.

[38]Glaser Bonnie S, Bush Richard C & Green Michael J. Toward a Stronger U.S.-Taiwan Relationship[R]. Washington D.C.: Center For Strategic &International Studies, 2020.

[39]Gurpreet S. Khurana. India as a Challenge to China's Belt and Road Initiative[J]. Asia Policy, 2019, 14(2): 27-33.

[40]Hal Brands. American Grand Strategy in the Post–Cold War Era[C]. New Directions in Strategic Thinking 2.0, 2018: 133-148.

[41]Hidetaka Yoshimatsu. The Indo-Pacific in Japan's strategy towards India[J]. Contemporary Politics, 2019, 25(4): 438-456.

[42]Hsiung-Shen Jung, Jui-Lung Chen. Impact of the 'U.S. Indo-Pacific Strategy' and 'Pivot to Asia' and China's 'Belt and Road Initiative' on Sino-US Political and Economic Relations[J]. International Business Research, 2019, 12(6): 11-22.

[43]Ian Bowers. Power Asymmetry and the Role of Deterrence in the South China Sea[J]. The Korean Journal of Defense Analysis, 2017, 29(4): 551-573.

[44]Jacques deLisle. The Taiwan Relations Act at 40: A Troubled but Durable Legal Framework for U.S[J]. Policy Asia Policy, 2019, 14(4): 35-42.

[45]Jagannath Panda. Maritime Silk Road and the India-China Conundrum[J]. Indian Foreign Affairs Journal, 2014, 9(1):23-32.

[46]James Hildebrand, et al. Build an Atlantic-Pacific Partnership[R]. Atlantic Council, 2020: 8–13.

[47]James Manicom. China and American Seapower in East Asia: Is Accommodation Possible[J]. Journal of Strategic Studies, 2014, 37(3): 345-371.

[48]Jesse Barker Gale and Andrew Shearer. The Quadrilateral Security Dialogue and the Maritime Silk Road Initiative[R]. CSIS Briefs, 2018.

[49]John Gerard Ruggie. Multilateralism: the Anatomy of an Institution[J]. International Organization, 1992, 46(3): 561-598.

[50]John Hemmings. Infrastructure, Ideas, and Strategy in the Indo-Pacific[R]. London: Henry Jackson Society, 2019.

[51]John Hemmings. The Evolution of the US Alliance System in the Indo-Pacific since the Cold War's End[R]. Daniel K. Inouye Asia-Pacific Center for Security Studies, 2020: 145-160.

[52]Joshua Shifrinson. The rise of China, balance of power theory and US, national security: Reasons for optimism[J]. Journal of Strategic Studies, 2018, 43(2): 175-216.

[53]Kai He. Contested multilateralism 2.0 and regional ordertransition: causes and implications[J]. The Pacific Review, 2019, 32(2): 210–220.

[54]Kei Koga. Japan's strategic interests in the South China Sea: beyond the horizon[J]. Australian Journal of International Affairs, 2018, 72(1): 16–30.

[55]Lawless Scott. American Grand Strategy for an Emerging World Order[J]. Strategic Studies Quarterly, 2020, 14(2): 127-147.

[56]Luke Patey. Developing a European Indo-Pacific Strategy for a Changing Global Order: Asia beyond China[R]. Danish Institute for International Studies, 2020.

[57]Madhu Bhalla. Thinking About the Indian Ocean and the Mausam Initiative[J]. India Quarterly: A Journal of International Affairs, 2020, 76(3): 361-374.

[58]Marvin C. Ott. Southeast Asian Security: A Regional Perspective[J]. Asian Perspectives on the Challenges of China: Papers from the Asia-Pacific Symposium, 2000: 39-48.

[59]Michael Tkacik. Understanding China's goals and strategy in the South China Sea: bringing context to a revisionist systemic challenge —— intentions and impact[J]. Defense & Security Analysis, 2018, 34(4): 321-344.

[60]Michal Kolmaš & Šárka Kolmašová. A 'pivot' that never existed: America's Asian strategy under Obama and Trump[J]. Cambridge Review of International Affairs, 2019, 32(1): 61-79.

[61]Miles Kahler. Multilateralism with Small and Large Numbers[J]. International Organization, 1992, 46(3): 681-708.

[62]Montgomery Blah. China's Belt and Road Initiative and India's Concerns[J]. Strategic Analysis, 2018, 42(4): 313-332.

[63]Muhammad Saeed. From the Asia-Pacific to the Indo-Pacific Expanding Sino-U.S. Strategic Competition[J]. World Century Publishing Corporation and Shanghai Institutes for International Studies China Quarterly of International Strategic Studies, 2017, 3(4): 499-512.

[64]Munich Security Conference. Munich Security Report 2019-The Great Puzzle: Who Will Pick Up the Pieces?[R]. Strategic Studies, 2019.

[65]Munich Security Conference. Munich Security Report 2020-Westlessness[R]. Strategic Studies, 2020.

[66]Nan Li. The Evolution of China's Naval Strategy and Capabilities: From 'Near Coast' and 'Near Seas' to 'Far Seas'[J]. Asian Security, 2009, 5(2): 144-169.

[67]Nandini Jawli. South China Sea and India's Geopolitical Interests[J]. Indian Journal of Asian Affairs, 2016, 29(1/2): 85-100.

[68]Paul van Hooft. Erosion, then Collapse: The end of the US-led liberal global order[J]. Atlantisch Perspectief, 2018, 42(4): 35-39.

[69]Phillip C. Saunders & Julia G. Bowie. US–China military relations: competition and cooperation[J]. Journal of Strategic Studies, 2016, 39(5-6): 662-684.

[70]Prashanth Parameswaran. ASEAN's Role in a US Indo-Pacific Strategy[R]. Woodrow Wilson International Center for Scholars, Asia Program, 2018.

[71]Prashanth Parameswaran. The Power of Balance: Advancing US-ASEAN Relations under the Second Obama[J]. The Fletcher Forum of World Affairs, 2013, 37(1): 123-134.

[72]Premesha Saha. The Quad in the Indo-Pacific: Why ASEAN Remains Cautious[J]. ORF Issue Brief, 2018, 26(29).

[73]Priya Chacko. The rise of the Indo-Pacific: understanding ideational change and continuity in India's foreign policy[J]. Australian Journal of International Affairs, 2014, 68(4): 433-452.

[74]Qiang Xin. Cooperation Opportunity or Confrontation Catalyst? The implication of China's naval development for China–US relations[J]. Journal of Contemporary China, 2012, 21(76): 603-622.

[75]Rajesh Basrur. 'Modi's foreign policy fundamentals: a trajectory unchanged'[J]. International Affairs, 2017, 93(1): 7-26.

[76]Renato Cruz De Castro. 21st Century U.S. Policy on an Emergent China: From Strategic Constrainment to Strategic Competition in the Indo-Pacific Region[J]. International Journal of China Studies, 2018, 9(3): 259-283.

[77]Robert O. Keohane. Multilateralism: An Agenda for Research[J]. International Journal, 1990, 45(4): 731-764.

[78]Rohan Mukherjee. Looking West, Acting East: India's Indo-Pacific Strategy[J]. Southeast Asian Affairs, 2019: 43-51.

[79]Ronja Kempin, Barbara Kunz. France, Germany, and the Quest for European Strategic Autonomy: Franco-German Defence Cooperation in A New Era[R]. French Institute of International Relations, 2017.

[80]Rory Medcalf and C. Raja Mohan. Responding to Indo-Pacific Rivalry: Australia, India and Middle Power Coalitions[R]. Lowy Institute for International Policy, 2014.

[81]Rory Medcalf. An Australian Vision of the Indo-Pacific and What it Means for Southeast Asia[J]. Southeast Asian Affairs, 2019(3): 53-60.

[82]Rory Medcalf. In defence of the Indo-Pacific: Australia's new strategic map[J]. Australian Journal of International Affairs, 2014, 68(4): 470-483.

[83]Rory Medcalf. Indo-Pacific Visions: Giving Solidarity a Chance[J]. Asia policy, 2019, 14(3): 79-95.

[84]Sinderpal Singh. The Indo-Pacific and India-U.S. Strategic Convergence: An Assessment[J]. Asia Policy, 2019, 14(1): 77-94.

[85]Stewart Patrick. the New 'New Multilateralism': Minilateral Cooperation, but at What Cost?[J]. Global Summitry, 2015, 1(2): 115–134,.

[86]Sven Biscop. The EU Global Strategy 2020[R]. Egmont Institute, 2019.

[87]Tanguy Struye de Swielande. American Leadership and Grand Strategy in an Age of Complexity. No. UCL-Université Catholique de Louvain[R]. Egmont Institute, 2019.

[88]Titli Basu. India-Japan Vision 2025: Deciphering the Indo-Pacific Strategy[J]. Indian Foreign Affairs Journal, 2018, 13(3): 242-255.

[89]Tomohiko Satake. Japan's 'Free and Open Indo-Pacific Strategy' and Its Implication for ASEAN[J]. Southeast Asian Affairs, 2019(3): 69-82.

[90]Torrey Taussig. Germany's Incomplete Pivot to The Indo-Pacific[R]. German Marshall Fund of the United States, 2019.

[91]Troy Lee-Brown. Asia's Security Triangles: Maritime Minilateralism in the Indo-Pacific[J]. East Asia, 2018(35): 163–176.

[92]Vinod Khanna. India's Soft Balancing with China and the US in the Twenty-first Century[J]. Indian Foreign Affairs Journal, 2011, 6(3): 293-304.

[93]Walter C. Ladwig III, Anit Mukherjee. India and the United States: The Contours of an Asian Partnership[J]. Asia Policy, 2019, 14(1): 3-18.

[94]Weixing Hu. The United States, China, and the Indo-Pacific Strategy[J]. China Review, 2020, 20(3): 127-142.

[95]Weixing Hu, Weizhan Meng. The US Indo-Pacific Strategy and China's Response[J]. China Review, 2020, 20(3): 143-176.

[96]William T. Tow. Minilateral security's relevance to US strategy in the Indo-Pacific: challenges and prospects[J]. The Pacific Review, 2019, 32(2): 232–244.

[97]Wu Shicun, Jayanath Colombage. Indo-Pacific Strategy and China's Response[R]. Institute for China-America Studies, 2019.

[98]Xiaodi Ye. Explaining China's Hedging to the United States' Indo-Pacific Strategy[J]. China Review, 2020, 20(3): 205-238.

[99]Xiaoyu Pu. One Mountain, Two Tigers: China, the United States, and the Status Dilemma in the Indo-Pacific[J]. Asia Policy, 2019, 14(3): 25-40.

[100]Xue Gong. The Role of Chinese Corporate Players in China's South China Sea Policy[J]. Contemporary Southeast Asia: A Journal of International and Strategic Affairs, 2018, 40(2): 301-326.

[101]Yuichi Hosoya. FOIP 2.0: The Evolution of Japan's Free and Open Indo-Pacific Strategy[J]. Asia-Pacific Review, 2019, 26(1): 18-28.

[102]Zhengyu Wu. Towards naval normalcy: 'open seas protection' and Sino-US maritime relations[J]. The Pacific Review, 2019, 32(4): 666-693.